Postone

Deutschland, die Linke und der Holocaust

Moishe Postone

Deutschland, die Linke und der Holocaust

Politische Interventionen

Herausgegeben von der
initiative kritische geschichtspolitik:
Barbara Fried, Olaf Kleist, Steffen Küßner,
Sebastian Wehrhahn, Gerhard Wolf

Aus dem Amerikanischen von
Christine Achinger, Dan Diner, Fred Kiefer,
Felix Kurz, Ralf Schweimeier, Ingwer Schwensen und
Renate Schumacher

ça ira

Danksagung Dieser Band wäre ohne die Hilfe politischer Bündnispartner und vieler Freunde nicht zustandegekommen. Ausdrücklich erwähnen wollen wir die ehemaligen Mitglieder von [ikg] Nele Allenberg, Martin Schellenberg, Johanna Schwarz und Katrin Reimer, die mitgeholfen haben, das Projekt mit viel Elan zu beginnen. Die Auswahl der Texte erleichterte uns eine vollständige Übersicht über alle von Postone verfaßten und in verschiedenen Sprachen und Ländern erschienenen Texte, die uns freundlicherweise von der Hamburger Studienbibliothek zur Verfügung gestellt wurde. Bei den im größeren Umfang als erwartet notwendig gewordenen Übersetzungen konnten wir uns auf die kurzfristig angefragte und zugesagte Hilfe von Christine Achinger, Fred Kiefer, Felix Kurz und Ralf Schweimeier verlassen. Danke an Euch alle.

3. unveränderter Nachdruck 2020

Postfach 273 www.ca-ira.net
79002 Freiburg info@ca-ira.net

Umschlag: Martin Janz, Freiburg
Druck: cpi, Birkach

ISBN 3-924627-33-X

Die Deutsche Bibliothek verzeichnet diese Publikation in der Deutschen Nationalbibliografie; detaillierte bibliografische Daten sind im Internet über www.dnb.d-nb.de abrufbar.

Inhalt

Vorwort

„Kein Vergessen“ war über Jahrzehnte hinweg eine zentrale Losung der Linken in der BRD. Der Anspruch, sich kritisch ins Verhältnis zur nationalsozialistischen Vergangenheit zu setzen, einte unterschiedlichste Fraktionen mit teilweise stark divergierenden Interessen. Zwar blieb das Spezifische des Nationalsozialismus meist unverstanden, und die proklamierten „Lehren aus der Geschichte“ waren nicht selten das Ticket, auf dem viele meinten, ausgerechnet Israel die Existenzberechtigung absprechen zu können. Dennoch war die deutsche Vergangenheit ein wesentlicher Referenzpunkt bei der Bestimmung linker und linksradikaler Politik. Noch in den neunziger Jahren stand die Kritik an Wiedervereinigung, Asylrechtsänderung, Rassismus, Antisemitismus und dem Krieg gegen Jugoslawien in diesem Bezugsrahmen. Nicht zufällig hatte die Antifa das größte Mobilisierungspotential.

Mit dem Aufstieg der Anti-Globalisierungsbewegung im Zuge der ersten militanten Proteste 1999 in Seattle (USA), spätestens jedoch seit den Terroranschlägen vom 11. September 2001 begann in der deutschen Linken ein Prozeß der schleichenden Vergangenheitsentledigung. Was ein paar Jahre zuvor in der Mitte der deutschen Gesellschaft und noch früher im neurechten Spektrum begonnen hatte, setzte sich nun in der radikalen Linken fort, wenn auch in spezifischer Form. Die Kritik an Nation, Volk und romantischem Antikapitalismus, in den bewegungsarmen neunziger Jahren regelmäßig Gegenstand kontroverser Debatten, wurde zum lähmenden Ballast, als es galt, die globalisierten Massen zu agitieren. Heute mobilisieren die meisten Nachfolgeorganisationen der Antifa zum 3. Oktober mit Aufrufen, die in jedem x-beliebigen kapitalistischen Land verfaßt worden sein könnten. Was Deutschland von Frankreich, England und selbst Italien und Spanien unterscheidet, ist in der (radikalen) Linken kein Thema mehr.

Gegen diesen Trend der Vergangenheitsentledigung soll die Veröffentlichung von Aufsätzen und Kommentaren von bzw. Interviews mit Moishe Postone eine Ermutigung sein, die kritische Reflexion über Normalität und Anormalität Deutschlands und seiner Vergangenheit wieder aufzunehmen. Moishe Postones Texte zeichnen sich dadurch aus, daß sie konsequent auf der Zentralität des Nationalsozialismus für die emanzipatorische Kritik der Gesellschaft beharren. Die wiederkehrenden Fragen seiner Beiträge bieten hier Anstöße: Wie begründet man als radikaler Linker – zumal in Deutschland – seine Opposition zum Bestehenden, und welche Rolle spielt dabei der Nationalsozialismus? In welchem Maße ist man sich der Dialektik von Normalität und Anormalität, in der man sich bewegt, überhaupt bewußt?

Seine Einsichten in die politischen Mechanismen der hiesigen Linken gewann Postone, als er Ende der siebziger, Anfang der achtziger Jahre in Deutschland lebte. Nachdem er 1983 an der Frankfurter Goethe-Universität promoviert hatte, kehrte er in die Vereinigten Staaten zurück, wo er heute als Professor für europäische Geistesgeschichte und Gesellschaftstheorie an der Universität von Chicago arbeitet. Während seiner Zeit in Deutschland entwickelte er eine kritische Solidarität mit verschiedenen Strömungen der hiesigen Linken, die er sich auch nach seiner Rückkehr in die USA erhielt. Die in diesem Buch teilweise zum ersten Mal in deutscher Sprache dokumentierten politischen Interventionen Postones zeugen davon: angefangen von frühen Einwänden gegen die Fallstricke nationaler Befreiung über sein Entsetzen angesichts des historischen Versagens der Linken im Zusammenhang mit dem versöhnenden Händedruck von Kohl und Reagan über den SS-Gräbern von Bitburg bis hin zur Thematisierung der zunehmenden Entfremdung zwischen jüdischem und neudeutschem Selbstverständnis im Zuge der 'deutschen Einheit'. In ihrer Gesamtheit vermitteln die Beiträge linke Geschichte in Deutschland aus der Sicht eines Intellektuellen, der seine kritische Distanz zur Linken nie aufgegeben hat. Die Interventionen waren Diskussionsangebote an eine Linke, die selten sensibel genug war, diese wirklich aufzugreifen. Traurige Aktualität erhält diese Diagnose, wenn man Postones Kritik an der Friedensbewegung von 1991 liest, die sich nahezu wortwörtlich auch auf die politische Stoßrichtung der Bewegung gegen den Irakkrieg im Februar 2003 beziehen läßt. Der einzige, wenn auch nicht unerhebliche Unterschied besteht darin, daß sich die Bewegung gegen den Golfkrieg 1991 (auch) noch gegen die eigene – damals dem alten Atlantizismus verpflichtete – Regierung richtete, während sie im Jahr 2003 den deutschen Interessen treu zur Seite stand.

Dennoch gab es in den neunziger Jahren innerhalb der Linken eine Auseinandersetzung mit der nationalsozialistischen Vergangenheit und ihrer sogenannten Aufarbeitung in der alten BRD. Es war in diesem

Kontext ein älterer Aufsatz Postones, der ausführliche Debatten über Antisemitismus in Deutschland im allgemeinen und in der Linken im besonderen anstieß. Der mehrfach unter verschiedenen Titeln publizierte Aufsatz *Antisemitismus und Nationalsozialismus* war einer der zentralen Texte, auf die sich nach dem Schock der 'deutschen Einheit' die Neukonstitution eines Teils der radikalen Linken in Deutschland gründete. Ebenso war die Wiederveröffentlichung von Postones *Brief an die westdeutsche Linke* – den er anläßlich des Bitburg-Besuchs von Kohl und Reagan im Jahr 1985 verfaßt hatte – ein wichtiger Impuls für die Auseinandersetzung mit einem spezifisch linken Normalisierungswunsch. Postones Texte beeinflußten damit bei einem relevanten Teil der radikalen Linken die Aneignung einer kritischen Theorie der Gesellschaft, die den selbstkritischen Umgang mit der nationalsozialistischen Vergangenheit zum Ausgangspunkt nimmt. Die erneute Veröffentlichung dieser Texte soll dazu beitragen, den Diskussionsstand der neunziger Jahre nicht in Vergessenheit geraten zu lassen und zugleich Anstöße für weiterführende Debatten geben.

In diesem Sinne versammelt das vorliegende Buch auch neuere Texte Postones. Sie handeln von der kritischen Vermittlung von Geschichte und Gesellschaft und der Möglichkeit, Veränderungen denkbar zu machen, ohne sie theoretischer Beliebigkeit zu überlassen. Im Zentrum stehen dabei die Dynamik von Vergesellschaftungs- und Denkformen, die Widersprüchlichkeit von Geschichte im Kapitalismus und die Bedingtheit ihrer Erkenntnis. In den letzten zehn Jahren hat Postone diese Dynamik des 20. Jahrhunderts vor dem Hintergrund politischer und kultureller Fragen behandelt. Er begreift den Verlauf der Geschichte des letzten Jahrhunderts in globalen Phasen und legt dabei besonderes Augenmerk auf das sich verändernde Verhältnis von Gesellschaft und Staat, als historische Bedingung und Beschränkung kritischer Theoriebildung und Erinnerung. Die hier versammelten theoretischen Beiträge Postones bilden somit eine Basis für die Analyse der aktuellen Potentiale und Beschränktheiten der Linken unter veränderten gesellschaftlichen Bedingungen.

* * *

Der erste Teil dieses Buches dokumentiert zunächst politische Interventionen Postones aus den letzten drei Jahrzehnten. Der Text *Stammheim und Tel Zaatar*, den er 1977 unter Pseudonym veröffentlichte, ist eine Kritik an der Politik der RAF, die ihre Legitimität ausschließlich moralisch – aus der Gewalttätigkeit der Verhältnisse – begründete. Auch wenn Postone darin u.a. eine frühe Kritik nationaler Befreiung liefert, zu einer Zeit, als die kämpfenden Völker der Welt der Linksradikalen liebstes Kind waren, enthält der Text auch verschiedene Einlassungen zum Charakter Israels, die den notorischen Antizionisten von heute gefallen dürften. Vor dem Hintergrund des grassierenden Antisemitismus im Zusammenhang mit der weltweiten 'Intifada' erscheint uns daher der Hinweis auf den historischen Kontext des Beitrages geboten. Ausgewählt haben wir den Aufsatz vor allem deshalb, weil er auf den Unterschied zwischen Politik und Moral aufmerksam macht. So sehr Moral die eigene Kritik und daraus folgende politische Handlungen anleitet, so wenig reicht der Verweis auf die moralische Berechtigung des eigenen Handelns aus.

Die *Thesen zu Fassbinder, Antisemitismus und Deutschland* von 1985 kritisieren den spezifisch deutschen Normalisierungsdiskurs auf der konservativen wie der progressiven Seite des politischen Spektrums. Damals kam es im Zusammenhang mit der Aufführung des Theaterstücks Rainer Werner Fassbinders *Die Stadt, der Müll und der Tod* zu Diskussionen, ob das Stück antisemitisch sei. Während dieser Vorwurf vor allem von Protagonisten des linken Milieus zurückgewiesen und die Forderung nach Nichtaufführung als Zensur kritisiert wurde, besetzte die Frankfurter jüdische Gemeinde auf dem Höhepunkt der Auseinandersetzungen in einer spektakulären Aktion die Bühne. Auch und gerade die radikale Linke war im Zusammenhang dieser Debatte mit ihrem Pochen darauf, „daß es möglich sein muß, Juden zu kritisieren“, wie Postone diese selbstgerechte Haltung paraphrasiert, Teil des deutschen Normalisierungsstrebens. Diese abstrakt universalistische Argumentation, welche naiv das Recht für sich reklamiert, einen Grundstücksspekulanten als das bezeichnen zu dürfen, was er ist, findet sich auch im aktuellen Einheitssprech wieder. Auch heute tarnt sich der Antisemitismus als 'Meinung' wenn gefordert wird, es müsse möglich sein, Israel und die Juden zu kritisieren. In beiden Fällen spielt das verquere Verhältnis zur Vergangenheit unbewußt eine größere Rolle, als die Protagonisten selbst sich eingestehen.

Letzteres ist auch das zentrale Thema von Postones *Brief an die westdeutsche Linke.* Das übermächtige Bedürfnis dieser Linken, eine normale Opposition in einem normalen Land zu sein, trug dazu bei, daß anläßlich von Reagans Besuch zwar massenhaft gegen den US-Imperialismus demonstriert wurde, es jedoch Opferverbänden und der jüdischen Gemeinde vorbehalten blieb, die versöhnende Geste Kohls und Reagans in Bitburg öffentlich zu skandalisieren. Postone macht in diesem Brief deutlich, daß das Selbstbild, radikale Opposition zu sein, vor der tatsächlichen Reproduktion des deutschen Unwesens nicht schützt. Und er verweist auf den unauslöschlichen Bruch, dem sich vor allem Deutsche nach dem Nationalsozialismus immer wieder stellen müssen. Dies gilt, Postone zufolge, „unabhängig von der Frage, wie Leute sich selbst zu definieren wünschen".

Der Text *Nach dem Holocaust: Geschichte und Identität in Westdeutschland* erschien 1990 in einem englischsprachigen Sammelband und wird hier erstmals auf Deutsch veröffentlicht. Postone schließt darin argumentativ an frühere Texte an und analysiert die politische Entwicklung der BRD nach dem zweiten Weltkrieg. Während auf einer institutionellen Ebene an entscheidenden Punkten ein Bruch mit der nationalsozialistischen Vergangenheit vollzogen worden sei, wirke diese auf einer tieferen psychologischen Ebene fort. Dies betrifft Postone zufolge sowohl die konservativen als auch die progressiven Teile der Gesellschaft. So sei der inadäquate Begriff, den sich die Linke hierzulande vom Nationalsozialismus gemacht habe, durch das psychische Fortwirken der nationalsozialistischen Vergangenheit überdeterminiert. Darin sieht Postone den wesentlichen Grund für die schwachen Reaktionen der Linken auf den geschichtsrevisionistischen Rollback der achtziger Jahre.

Wie eingangs bemerkt, liest sich das 1991 im *Arbeiterkampf* (heute: *Analyse und Kritik*) veröffentlichte Interview *Die deutsche Linke muß anerkennen, nunmehr Opposition in einer Großmacht zu sein* streckenweise wie eine aktuelle Kritik an der nationalen Erweckungsbewegung des Februars 2003, als sich 500 000 Menschen anläßlich des drohenden Irak-Kriegs in Berlin versammelten und dabei, gemeinsam mit der Bundesregierung, u.a. an den Schrecken der Bomben auf Dresden und Hamburg im zweiten Weltkrieg erinnerten. Die Minimalforderungen an eine aufgeklärte Linke in Zeiten der Zuspitzung werden von Postone in diesem Interview in wenigen Sätzen skizziert. Daß sich solche grundlegenden Einsichten im Bewußtsein der Linken zwölf Jahre nach der damaligen Solidaritätsverweigerung mit Israel nicht verallgemeinert haben, läßt für ihre Zukunft nichts Gutes erwarten. Darüber hinaus setzt sich Postone in diesem Interview mit Einwänden zu seinem Erklärungsansatz des modernen Antisemitismus auseinander, der in diesem Buch in erweiterter Fassung neu aufgelegt wird.

Der letzte im engeren Sinne politische Beitrag Postones, der hier ebenfalls zum ersten Mal auf Deutsch dokumentiert wird, ist sein 1995 veröffentlichter Kommentar *Das Ende der Nachkriegszeit und die Wiederkehr der Vergangenheit*. Der Text thematisiert insbesondere das Verhältnis von Juden und Nicht-Juden im vereinten Deutschland und die unterschiedliche Entwicklung ihrer Identität. Das jüdische Interesse am Wachhalten der Erinnerung und damit das Festhalten am Besonderen, Nicht-Normalen und Partikularen geraten zunehmend in Widerspruch zur Dynamisierung des deutschen Wunsches nach Normalisierung. Diesen leitet Postone zwar noch wesentlich aus dem konservativen Rollback der achtziger Jahre und den Folgen der deutschen Einheit her, allerdings identifiziert er bereits die Schwäche der Reaktionen von SPD und Grünen auf diese Entwicklungen, die ihren Grund ebenfalls im Bedürfnis nach Normalisierung hat. Die politischen Verschiebungen im Zuge des rot-grünen Regierungswechsels, die Walser-Bubis-Debatte und die Möllemann-Affäre bestätigen Postones These nachdrücklich.

Im zweiten Teil des Buches finden sich vier stärker theoretisch akzentuierte Texte: Der Aufsatz *Kritische Theorie und die Problematik der Geschichte des 20. Jahrhunderts* widmet sich dem Verhältnis von kritischer Theoriebildung zu ihren eigenen Voraussetzungen, d.h. der Frage, wie sich Kritik in historisch-selbstreflexiver Weise begründet. Postone betont hierbei die Zentralität der „Kategorie des Kapitals, die einen dynamischen geschichtlichen Prozeß beschreibt, der mit einer Vielzahl historischer Formen verbunden ist. … Diese Dynamik ist es, die begriffen werden muß, wenn kritische Theorie ihrem Gegenstand gerecht werden will."

Hier anknüpfend unternimmt der Text *Der Holocaust und der Verlauf des 20. Jahrhunderts* den Versuch, „ein mögliches Verhältnis zwischen dem Holocaust und seinen Folgen und übergreifenden

Geschichtsmustern des 20. Jahrhunderts zu untersuchen – und zwar unter Bezugnahme auf die Kategorie des Kapitals". Der vollständige Text ist die überarbeitete Fassung eines Vortrages, den Postone im Sommer 2000 auf einer Diskussionsveranstaltung der *initiative kritische geschichtspolitik* in Berlin gehalten hat. In diesem Beitrag referiert er zunächst die grundlegenden Annahmen seiner Antisemitismustheorie. Der moderne Antisemitismus wird darin ins Verhältnis zu einer Denkform gesetzt, die in der Wertvergesellschaftung begründet liegt. Die Juden seien demnach im deutschen Vernichtungsprojekt zu Objekten einer „verschobenen Raserei" geworden, „zu Opfern eines fetischisierten, perversen Versuchs, die Menschheit vom geschichtlichen Prozeß zu befreien". Daran anschließend entwickelt Postone die These, daß ein wechselseitiger Erklärungszusammenhang zwischen der Erinnerung des Holocaust und zentralen Aspekten der verschiedenen Nachkriegsepochen und ihren je spezifischen Reproduktionsbedingungen besteht. Hier führt Postone jene Zusammenhänge zum Verhältnis von Geschichte und Gegenwart theoretisch weiter aus, die in den stärker politischen Beiträgen meist nur angedeutet wurden, und diskutiert sie im Kontext der Dialektik von Transformation und Rekonstitution des Kapitalismus.

Wie eingangs bemerkt, war Postones Antisemitismustheorie in den neunziger Jahren höchst einflußreich. Der in verschiedenen Fassungen publizierte Aufsatz *Antisemitismus und Nationalsozialismus* dürfte zu seinen bekanntesten Texten zählen und prägt bis heute Diskussionen über Antisemitismus und angrenzende Themenbereiche. Erstmals veröffentlicht wurden seine darin enthaltenen Überlegungen bereits 1979 in einer polemischen Auseinandersetzung mit den deutschen Reaktionen auf die Ausstrahlung der Fernsehserie 'Holocaust' und dem politischen Umgang mit der deutschen Vergangenheit. Dieser kritische Kontext ist in späteren Veröffentlichungen stets gekürzt worden. Zugleich jedoch wurde der wertkritische Teil des Textes von ihm überarbeitet, erweitert und die Übersetzung verbessert. Da der Text seit geraumer Zeit in keiner der diversen Versionen mehr im Handel erhältlich ist, haben wir uns für einen erneuten Abdruck dieses Klassikers entschieden. Wir legen in diesem Buch zum ersten Mal eine Zusammenstellung aller Teile dieses Aufsatzes auf, die in den zwanzig Jahren seit seiner Erstveröffentlichung erschienen sind. Dabei kommt es in Teilen zu Überschneidungen mit dem Text *Der Holocaust und der Verlauf des 20. Jahrhunderts.* Diese Doppelung lohnt sich unseres Erachtens jedoch aufgrund der reichhaltigen Überlegungen und weiterführenden Anregungen, die in beiden Versionen enthalten sind. Viele Aspekte aus der Originalversion von 1979 hat Postone in späteren und hier (wieder-) veröffentlichten Aufsätzen weiter ausgeführt. Wir bieten damit eine ultimative Referenz für Postones Beitrag zur Kritik des Antisemitismus, die als Anregung für weitere Auseinandersetzungen dienen kann.

Im letzten und aktuellsten Beitrag dieses Buches analysiert Postone den islamistischen Terror, seine ideologischen Hintergründe und die fatalen Fehleinschätzungen der Linken. Der Text *Geschichte und Hilflosigkeit. Massenmobilisierung und aktuelle Formen des Antikapitalismus* ist die überarbeitete Fassung seines Vortrages auf dem *Indeterminate*-Kongreß im November 2003 in Frankfurt/Main. Die Dynamisierung des arabischen Antisemitismus und der Siegeszug des Islamismus in den letzten zwanzig Jahren werden darin als eine fetischisierte Reaktion auf den Niedergang des Fordismus analysiert, die eine Affinität zu bestimmten Aspekten linker Ideologien, wie etwa dem Antiamerikanismus hat. Darüber hinaus kritisiert er eindringlich eine unter Linken weitverbreitete Tendenz, die Anschläge des 11. September 2001 wie auch die suizidalen Massenmorde palästinensischer Attentäter vermittels von Kategorien wie 'Wut' und 'Verzweifelung' zu erklären und – sei es implizit oder explizit – zu rechtfertigen. Der Text legt die theoretische Hilflosigkeit einer Linken offen, die dem Ressentiment schon immer näher war als der Kritik. In diesem Sinne ist der radikale und endgültige Bruch mit den Theoriederivaten des Antiimperialismus, des fetischistischen Antikapitalismus und aller sonstigen Welterklärungsmodelle die Bedingung der Möglichkeit, daß von der Linken jemals wieder emanzipatorische Impulse ausgehen.

inititative kritische geschichtspolitik [i.k.g.]

I. Politische Interventionen

Stammheim und Tel Zaatar
Versuch über Moral und Politik

I.

In den letzten Jahren hatte ich immer Schwierigkeiten mit der Art, in der das Thema der Gewalt in der linken Öffentlichkeit diskutiert wurde. Auf der einen Seite gibt es jene, die, ausgehend von einer Position des radikalen Humanismus, die jesuitische bzw. stalinistische Rechtfertigung aller Mittel durch das Endziel ablehnen und so zu einer kategorischen Ablehnung aller Gewaltanwendung kommen. Sie betonen, daß das Ziel der Schaffung einer besseren Welt in jedem Schritt, der dahin führt, klar erkennbar sein muß. Obwohl ich grundsätzlich dieser Position nahestehe, habe ich Probleme mit der Art und Weise, in der sie häufig vertreten wird. Für mich bleibt es zu abstrakt. Ich kritisiere diese Haltung nicht als zu moralisch – im Gegenteil, es ist erstaunlich, daß manche Leute, die aus einer Bewegung kommen, deren treibende Kraft stets auch die Moral war – das moralische Entsetzen über die Nazis, über Vietnam, über die Lage der Dritten Welt –, heute eine Position als zu moralisch ablehnen und dadurch in gewisser Weise einen Teil ihres Selbst verdrängen. Nein, mein Problem ist, daß bei dieser Diskussion die Frage der Gewalt aus jedem politischen und geschichtlichen Zusammenhang gerissen wird. Es entsteht der Eindruck, daß Gewalt von allen Bewegungen und Gruppen ungeachtet ihrer konkreten historischen Situation abgelehnt werden soll. Aber nicht nur das. Ich glaube nicht, daß diese Position alleine ausreicht, eine adäquate Kritik der Politik der Stadtguerilla zu leisten.

Ich lehne die Politik der Guerilla nicht nur aus moralischen, sondern auch aus politischen Gründen ab, denn folgt man der Guerilla auf das von ihr vorgegebene Feld, so ist es eine politische Auseinandersetzung, die mit ihr geführt werden muß. Die Guerilla schätzt sich selbst als „realistisch", als „effektiven Widerstandsfaktor" ein und wirft dem Rest der Linken Naivität und Liberalismus vor. Diese Selbsteinschätzung möchte ich problematisieren, da sie meiner Ansicht nach selber zutiefst unpolitisch ist. Ich möchte dies im folgenden erklären.

Die meisten Argumente der Verteidiger der Metropolenguerilla sind auch abstrakt und moralisch. Aber der Charakter ihrer Argumente unterscheidet sich stark von denen der Vertreter der „radikal-humanistischen" Position. Während jene die Beziehung zwischen Ziel und Mittel von Gesellschaftsveränderung problematisieren, leitet die Guerilla die moralische Rechtfertigung ihrer Gewalt nur aus der bestehenden gesellschaftlichen Gewalt ab, nicht aber aus den Veränderungen, die durch ihre Politik erreicht werden sollen. Sie erklärt nur die Ursachen ihrer Gewalt, nicht aber deren Wirkung und Ziel.

Ich kritisiere nicht ihre Wut – sie ist auch meine. Ich kenne auch den Wunsch, diese Wut unmittelbar in Gewalt ausdrücken zu wollen. Obwohl Wut die Antriebskraft vieler politischer Aktionen ist, so muß doch eine Aktion, um zur politischen zu werden, nicht nur einem kleinen Kreis emotional verständlich sein; die Frage, ob man sie unternimmt oder nicht, darf nicht nur an ihrer moralischen Rechtfertigung, sondern muß an ihren Wirkungen diskutiert werden.

(Die erste Demonstration in den USA gegen den Krieg in Südostasien, an der ich teilnahm, war 1963. Wir waren zu zehnt. Passanten spuckten uns an. Aber wir wußten, welche Schrecklichkeiten dort geschahen, wir wollten sie beenden, aber sahen uns isoliert in einem Meer von reaktionären amerikanischen Patrioten. Was wäre geschehen, wenn wir aus unserer Wut und unserer Isolation heraus zu Sabotageakten gegriffen hätten? Es wäre moralisch gerechtfertigt gewesen, aber wir hätten auch die Möglichkeit einer breiten Opposition gegen den Krieg zerstört. Wir, und mit uns alle Antikriegspositionen, wären von der breiten Öffentlichkeit als Verräter und Feinde des amerikanischen Volkes verurteilt worden. Man hätte uns benutzt, um noch mehr Unterstützung für den Krieg zu mobilisieren. Dies war nicht mehr so leicht möglich, als nach langer Agitation es 1967 bereits 300000 waren, die auf das Pentagon marschierten, als 1970 in Washington bereits eine Million Leute demonstrierten, und als es ebenfalls 1970 in einem nationalen Studentenstreik gegen die Invasion Kambodschas und für die Freilassung Bobby Seales gelang, mehr als 1000 Universitäten gleichzeitig lahm zu legen. Es war eine breite Bewegung entstanden, welche die US-Regierung viel effektiver behinderte als jede Art von Sabotage. Die eigentliche Frage ist doch die: Wollen wir unsere Wut unmittelbar 'rausschreien, und so moralisch sauber bleiben, oder wollen wir das, was unsere Wut erzeugt, verändern oder zerstören? Das ist nicht das Gleiche.)

Die Sprache der Verfechter der Guerillaposition ist die Sprache von Anwälten, welche die Aktion ihrer Klienten rechtfertigen, sie verständlich machen, sie erklären, aber es ist nicht die Sprache politisch Handelnder, die Gewalt als ein Mittel zur Erreichung politischer Ziele ansehen.

Aber wie könnte es anders sein? Welches halbwegs „realistische" Argument spräche für einen möglichen Erfolg der Guerilla in diesem Land? Es geht nicht um die Berechtigung des Zorns, es geht nicht um die Brutalität des Staates und der Gesellschaft, es geht nicht darum, ob die Guerilla an der Repression schuld ist oder nicht – die Frage heißt: Was ist erreicht worden? Bzw. was könnte auf diesem Weg überhaupt in einer Metropole erreicht werden? – Nichts.

Seit einigen Jahren sagen uns die RAF-Genossen, daß wir in einem faschistischen Land leben und daß daher der militärische Widerstand die einzige Möglichkeit des Handelns sei. Okay. Ich will darauf nicht länger eingehen, nur, wenn hier Faschismus herrschen würde, gäbe es diesen Artikel, diese Zeitung und all diese Teach-ins nicht mehr. Aber was wäre zu tun, falls der Faschismus vor der Tür steht? Man müßte mit allen Mitteln versuchen, ihn zu verhindern, meiner Ansicht nach wäre dies nur durch eine möglichst große antifaschistische Bewegung möglich.

(Die deutsche Arbeiterbewegung wurde 1933 nicht geschlagen, sie gab auf, ohne gekämpft zu haben. Die Taktik der KPD, bereits vor der Machtübernahme Hitlers in den Untergrund zu gehen, und das Festhalten an der Sozialfaschismusthese bezeichnen die Schritte dieser kampflosen Aufgabe. Der Untergrund wurde dann mehr oder weniger schnell zerschlagen. Was damals der Untergrundarbeit einer der größten kommunistischen Parteien der Welt nicht gelang, soll nun einer kleinen Gruppe möglich sein? Die Leute, die hier an den erfolgreichen jugoslawischen oder französischen Widerstand erinnern, dürfen das nationale Element des Kampfes gegen eine ausländische Besatzungsarmee nicht vergessen. Deutschland ist nicht von einer ausländischen Militärmaschinerie besetzt. Legitimationsprobleme bestehen in der BRD nach wie vor, sie sind nicht einfach durch Fragen der Angst und Angsterregung ersetzt.)

Die Grundidee einer antifaschistischen Front ist die Gemeinsamkeit des Gegners – jenseits aller Unterschiede in den positiven Bestimmungen des Kampfziels. Die Genossen, die für sich in Anspruch nehmen, hier und heute gegen den Faschismus zu kämpfen, haben an einer derartig breiten Bewegung offensichtlich kein Interesse.

Noch mal ein Blick auf die USA zur Zeit der großen politischen Prozesse Ende der 60er Jahre, vor allem auf den Bobby Seale-Prozeß. Die Panthers der Black-Panther-Bewegung verlangten keine Identifikation mit ihrer Politik, sie verlangten Unterstützung gegen die Angriffe des Staates. Auf dieser Grundlage gelang die Schaffung einer breiten Front, einer gemeinsamen Bewegung, deren Ziel über die Freilassung von Bobby Seale hinaus die Anklage der brutalen und terroristischen Methoden des Staates gegen die Panther und gegen das Ghetto waren.

Agitationspunkt war der Bruch zwischen dem liberalen Anspruch eines angeblich nach klar definierten Gesetzen handelnden Staates und der praktizierten Realität. Natürlich ist solch ein Vorgehen „liberal" – aber man sah es als ersten Schritt in Richtung einer sich stetig radikalisierenden breiten Bewegung, zumindest aber war die Schaffung dieses liberalen Schutzschildes notwendige Verteidigungslinie der Linken. Jede Linke braucht dieses Schild, braucht Raum, um zu leben. In der Dritten Welt ist es die Unterstützung der Bauern, in den Metropolen eine starke Arbeiterbewegung, oder eben eine liberale Öffentlichkeit, die der Linken diesen Raum garantieren. Dieser (Spiel-)Raum ist ein politischer, er ist nicht einfach da, er muß aufgebaut werden. (Der 'Raum', den die Großstadtanonymität der Stadtguerilla bietet, ist dafür kein Ersatz, ist nur die verdinglichte Übertragung einer politischen Konstellation ins technische, analog der Verdinglichung des Begriffs von politischer Macht zur Knarre.)

Wie lief es bei uns ab? Meiner Ansicht nach lehnte die RAF Unterstützung gegen das Stammheimer Landrecht, gegen die Haftbedingungen ab, wenn diese Unterstützung nicht bereit war, bis zur Identifikation mit der Politik der RAF zu gehen. Es gab und gibt viele, die protestieren wollten gegen die Behandlung der Gefangenen, gegen den Versuch, durch die RAF die Repression zu legitimieren, aber viele wollten dies tun, ohne sich quasi automatisch mit der Politik der RAF identifizieren zu müssen. Nicht aus Angst, nicht aus Schwäche – sondern weil sie diese Politik schlicht falsch fanden. Diese Art von Unterstützung wurde von der RAF nicht zugelassen. Das, was der Staat ihnen antat, wurde als moralisches Druckmittel benützt. Moralischer Druck als Rekrutierungsmaßnahme – diese Haltung ist so avantgardistisch, daß sie selbst die vorrevolutionären Bolschewiki als reinste Rätesozialisten erscheinen läßt. Für mich ist dies einer der Gründe für die lähmende Wirkung vieler RAF-Diskussionen in den letzten Jahren – ein Beitrag zur Lähmung einer eh' schon gelähmten Linken.

Man fragt sich natürlich, was hinter der Ablehnung dieser Unterstützung steht. Ein sich erstmals seit langem regender Protest zur Zeit der Abhöraffären war mit dem Buback-Attentat zu Ende. Man fragt sich, warum der RAF eine breitere Öffentlichkeit egal war. Meiner Vermutung nach setzte die RAF, aus der Erkenntnis der Brutalität des Imperialismus und des „demokratischen Kapitalismus", diese Formen von Herrschaft gleich mit faschistischer Brutalität. Diese moralische Wertung, die alle Differenzierungen hinwegfegt, ist nicht nur analytisch falsch, sondern auch politisch tödlich. Sie negiert jeglichen politischen Spielraum, verwirft ihn als moralischen Kompromiß.

Es kommt dann nur noch darauf an, den Staat als faschistisch zu 'entlarven'. Scheinbar glaubten sie, würde die Bevölkerung dieses erkennen, so würde sie sich darüber moralisch empören. Eigene moralische Wertungen wurden als Norm gesetzt und auf die Gesellschaft projiziert, als ob Empörung etwas wäre, was einfach da ist, und nicht etwas, was erst herzustellen ist. Oder sie vertraten das gleiche Weltbild wie der Weather Underground in den USA, also die These, daß die USA/BRD das absolut Böse und die Bewegungen der Dritten Welt das absolut Gute sind, daß sich die Metropolenguerilla also als kleine Einheit einer Weltbefreiungsbewegung begreifen kann, die hinter den Linien des Feindes operiert.

Dieses manichäische Weltbild, zusammen mit der absoluten Vereinfachung und Glorifizierung der Dritten Welt, war bereits Ende der 60er Jahre ein Fehler, heute ist es nur noch traurig.

Ich habe zwei Assoziationen zur RAF. Die eine ist die Faszination, die die Idee des bewaffneten Widerstandes – speziell gegen die Nazis – vor ein paar Jahren auf mich hatte. Ich würde heute sagen, daß Teil dieser Faszination (die keineswegs vorbei ist) die Vorstellung war, keinen Alltag mehr leben zu müssen. Jede Minute meines Lebens hätte einen Sinn, bekäme ihn durch einen Kampf, der moralisch nötig und richtig ist, und der, da stets die Frage von Leben und Tod gestellt ist, keinen Alltag kennt. Bei diesem Gedanken fiel mir auf, daß mir eine andere Vorstellung von Alltag als die des langsamen grauen Todes des Lebens im Kapitalismus fremd geworden war, ich eine verächtliche Haltung gegenüber alltäglichen Kämpfen hatte. Es gab keine anderen Vorstellungen eines Lebens anstelle des Lebens im langsamen Tode. Ich sage dies, weil mir klar wurde, daß meine Vorstellung eines Lebens ohne Alltäglichkeit den Flirt mit dem Tod bedeutete. Ich wollte den grauen Tod durch einen andern ersetzen. Kampf kann aber auch durch ein anderes Leben bestimmt sein.

Die zweite Assoziation dreht sich um die Vergangenheitsbewältigung. Ich fühle mich emotional dem Antifaschismus der RAF eng verbunden. Aber manchmal kommt mir der Gedanke, daß sie in ihrem Abscheu vor der allgemeinen Verdrängung der Nazi-Vergangenheit dieses Volkes bis zu dem Wunsch kamen, die 30er und 40er Jahre in einer neuen Auflage erleben zu wollen, um sich selber zu beweisen, daß sie doch moralisch besser sind, als es die erbärmlichen Eltern waren. Ich habe manchmal ähnliche Phantasien, Phantasien, mit denen ich mich auseinandersetzen muß, da die Reaktion auf die allgemeine Verdrängung der Vergangenheit nicht der Wunsch nach einem Nochmalerleben sein darf.

Aber trotz meiner Assoziationen, und obwohl ich mich emotional bis zu einem gewissen Grad mit solch einer Haltung identifizieren kann, heißt das noch lange nicht, daß ich die Politik der RAF gut finde. Ich habe oben klarstellen wollen, daß eine politische Haltung durch den Willen zur sozialen Veränderung und durch eine Diskussion der anzuwendenden Mittel zur Erreichung dieses Ziels bestimmt ist. Die meisten von uns wollen, daß das Ziel sich in den Mitteln ausdrückt, viele von uns bemühen sich, politisches und privates Leben miteinander zu verbinden. Es gibt einen großen Schuß Existentialismus in unserer Politik. Mir erscheint aber der Existenzialismus der Stadtguerilla als ein anderer. Sein Ziel ist nicht die soziale Veränderung, sondern diese existentielle Haltung wird sich selbst zum Ziel.

Ich betone dies, weil ich wütend bin. Ich habe nichts gegen eine nicht-politische existentialistische Haltung. Man kann von niemandem verlangen, er solle „politisch“ sein und dies zum höchsten aller Werte des Lebens erklären. Aber ich bin wütend auf das, was in den letzten Jahren geschah. Wütend auf die RAF-Leute, die sich selbst als die politischsten überhaupt erklärten, und so auf viele von uns, die ohnehin unter der Machtlosigkeit und der Isolation litten, einen ungeheuren moralischen Druck ausübten, einen Druck, der so weit ging, all' die, die nicht mit der RAF übereinstimmten, als naiv, unpolitisch zu diffamieren. Mir geht es darum, die Selbsteinschätzung der RAF als politische Gruppe in Frage zu stellen.

Ich sehe in der oben beschriebenen Haltung nicht nur die Gründe für die Ablehnung aller Bündnisse, sondern auch die Grundlage jener Konstruktion, welche die eigene Gewalt stets nur aus der existierenden, nie aber aus den eigenen Zielen heraus erklärt. Man kann diese Haltung nicht nur moralisch kritisieren, da sie selbst zutiefst moralisch ist.

Moralisch steht nun die Ablehnung des Mordes durch die radikalen Humanisten gegen die Notwendigkeit, das Böse mit allen Mitteln zu bekämpfen. Letztere Moral kann zu einer Haltung führen, die Zahlenspiele mit Toten betreibt, und vier Tote und die Möglichkeit des Todes von 86 weiteren als unwichtig gegenüber der viel höheren Zahl der staatlichen Opfer erklärt. An diesem Punkt, beim Aufrechnen der Toten, beginnt die Haltung der Guerilla zum Spiegelbild ihres Gegners zu werden, zumindest qualitativ, die quantitativen Unterschiede sind klar.

Ich will mehr sagen, als daß die RAF eine Gruppe ist, deren Mittel ich ablehne. Da ihre Grundhaltung ein spezifischer Existentialismus ist, werden alle Fragen nach Zielen etc. verschwommen und unklar. Die Haltung ist alles andere als das, was sie sein will, nämlich effektive Politik und Widerstand.

II.

Um dies klarer zu machen, will ich nun einige Aktionen von bestimmten politischen Gruppen aus dem Nahen Osten darstellen. Es geht dabei um Organisationen, denen die RAF auf unselige Weise verbunden war, deren ausgeführte Aktionen jedoch, im Gegensatz zu denen der RAF, ein klares strategisches Ziel verfolgten. Die Planer der Flugzeugentführung nach Mogadischu kalkulierten sehr wohl die Wirkungen – aber diese Wirkungen hatten wenig mit der RAF zu tun. Ich betone dies nicht nur, um zu zeigen, inwiefern andere Gruppen über ein

Verhältnis von Mitteln und Zielen verfügen (wenn auch eines, das ich in diesem Fall ablehne), sondern auch, weil ich meine, daß sie die RAF für ihre eigenen Zwecke benutzten. Letzteres konnten sie aufgrund der Haltung der RAF zur Gewalt, ebenso wie aufgrund einer gewissen in der Linken weit verbreiteten Art Anti-Imperialismus, der mit dieser Haltung eng verknüpft ist.

Zunächst kurz zum Hintergrund: Israel ist – aus Gründen, auf die ich noch eingehen werde – lediglich bereit, mit den existierenden arabischen Staaten „Frieden" zu schließen, nicht jedoch mit den Palästinensern. Die Möglichkeit eines Friedens mit den Palästinensern wird von Israel permanent unterminiert. Alle palästinensischen Gruppen widersetzen sich selbstverständlich jeglicher Art von Friedensverhandlungen, die sie ausschließen und nicht zu einer irgendwie gearteten palästinensischen nationalen Einheit führen würden. Innerhalb der palästinensischen Bewegung gibt es jedoch Gruppierungen, wie z.B. die PFLP (Volksfront für die Befreiung Palästinas) und verschiedene Splittergruppen, die sich aus ihr heraus und neben ihr gebildet haben, die jede Art von Friedensregelung mit Israel ablehnen. Auf dieser Ebene ist ihre Position in Bezug auf Israel aus anderen Gründen komplementär zu der Israels in Bezug auf die Palästinenser. Unabhängig davon, wie man diese Position beurteilen will (ich halte wenig davon, was ich weiter unten zu erklären versuche), können bestimmte Aktionen der PFLP, besonders Flugzeugentführungen, nur als Versuche, diese Positionen durchzusetzen, oder zumindest um andere Lösungsbemühungen zu torpedieren, verstanden werden. Das bedeutet, daß der letztliche strategische Zweck jeder Flugzeugentführung, obwohl sie stets die Freilassung politischer Gefangener forderten, ein anderer war.

Beispiele

1) September 1970: Israel und Ägypten hatten gerade einen Waffenstillstand beschlossen, der den Abnutzungskrieg am Suezkanal beendete. Der amerikanische Außenminister Rogers brachte einen 'Friedens'-Plan für den Nahen Osten ein. Zu diesem Zeitpunkt waren die palästinensischen Gruppen in Jordanien äußerst stark geworden, fast ein Staat innerhalb eines Staates. Die jordanische Armee wurde immer unruhiger, suchte nach einer Gelegenheit zum Angriff. In dieser Situation entführten Leute der PFLP drei Flugzeuge – angeblich um die

Freilassung palästinensischer Gefangener zu erreichen. Die Wirkung war natürlich, daß in Jordanien Krieg ausbrach. Und das war der tatsächliche und unmittelbare Zweck der Flugzeugentführungen. Die PFLP nahm wahrscheinlich an, daß die palästinensische Bewegung Husseins Armee schlagen könnte. Und wenn sie in Jordanien an der Macht wären, brauchten die Palästinenser an keinen Friedensverhandlungen interessiert zu sein. Der Rogers-Plan wäre so unterminiert. Tatsächlich führte der Krieg zu einem großen Massaker an Palästinensern; die politische und militärische Macht der Palästinenser in Jordanien wurde gebrochen. Ob die PFLP dies nun mit einkalkulierte oder nicht – das gleiche „letztendliche" Ziel war erreicht, daß nämlich alle Gespräche über Friedenspläne vom Tisch waren. Dies war die strategische Absicht der Entführungen – die Forderungen nach Befreiung von politischen Gefangenen dienten nur als Vorwand. (Eines muß ich noch klarstellen: Wenn ich von Versuchen bestimmter palästinensischer Bewegungen spreche, mögliche Friedenspläne zu sabotieren, so sollte klar sein, daß Israel mit anderen, brutaleren Mitteln das gleiche Ziel verfolgt: gewaltsame Enteignung palästinensischen Landes, Besiedlung besetzter Territorien, Militärangriffe auf Palästinenserlager, Überfälle auf benachbarte Gebiete. Die israelische Politik brutaler Angriffe und Tatsachenschaffung ist eine permanente Provokation der Palästinenser und der benachbarten arabischen Länder und ist als solche beabsichtigt. Historisch als auch aktuell sind die Aktionen der Israelis die größten Hindernisse für einen Frieden. Der Grund, daß ich mich auf die Palästinenser konzentriere, ist ihr starker Einfluß auf die heutige Linke, ist die Frage, die ich hier aufwerfen will, die eines politischen Lernprozesses innerhalb der Linken.)

2) Sommer 1976: Krieg und Bürgerkrieg im Libanon. Die lange und mörderische Belagerung von Tel Zataar – das palästinensische Flüchtlingslager in Beirut, das als Hochburg der PFLP galt – näherte sich ihrem Höhepunkt. Die Belagerung wurde nicht nur durch die israelische Unterstützung der christlichen Falangisten möglich, sondern auch durch den Einzug der syrischen Truppen in den Libanon – als 'Ordnungsfaktor'. In diesem Sinn ersetzten sie die PLO, die bisher diese Rolle erfüllt hatte, dies aber sowohl politisch als auch militärisch nicht mehr konnte. Die PFLP sah die unmittelbare Gefahr der Zerstörung des Lagers, sowie auf politischer Ebene, das faktische Rapprochement

zwischen Israel und Syrien. Syrien war bisher derjenige sog. Frontstaat gewesen, der der palästinensischen Sache am stärksten Unterstützung gewährt hatte.

Dies war der Hintergrund der Flugzeugentführung nach Entebbe. Auch diesmal verschleierte die Forderung nach Freilassung politischer Gefangener ein anderes Ziel: den Versuch, eine israelisch-syrische Annäherung zu verhindern und, falls möglich, den Druck auf Tel Zataar zu verringern. Wie? Die Planer der Entführung wußten, daß die Israelis noch nie Gefangene für Geiseln ausgetauscht haben. Sie konnten jedoch kaum damit rechnen, daß ein israelisches Kommando auf einem so weit entfernten Flughafen stürmen würde. Welche Reaktion der Israelis erwarteten sie also? Ich glaube, daß sie auf einen massiven israelischen Angriff auf den Libanon spekulierten, und zwar einen Angriff, der sich nicht auf die von Syrien als israelische Einflußsphäre implizit konzedierten Gebiete Südlibanons beschränken würde. Wenn ein solcher Angriff massiv erfolgt wäre, hätte Syrien unmöglich passiv zusehen können und noch weniger ein faktisches Einvernehmen mit Israel aufrechterhalten können. Selbst wenn es zu keinem Krieg zwischen Israel und Syrien gekommen wäre, so wäre zumindest ihre Annäherung zunichte gemacht worden. Syrer, PLO und PFLP wären auf derselben Seite der Barrikaden gewesen, die Belagerung Tel Zataars wäre beendet worden (der Preis wäre allerdings eine noch größere Zerstörung im Libanon gewesen).

Ich glaube, daß dieses Ziel die spezifische Form der Aktion erklärt. Zwei Tage, nachdem die Air France-Maschine Entebbe erreichte, wurden die etwa 150 nicht-jüdischen Passagiere freigelassen. Die etwa 100 jüdischen Passagiere wurden als die eigentlichen Geiseln festgehalten. Und unter denen, die die Selektion der Passagiere in jüdische und nicht-jüdische vornahmen (nicht etwa israelische und nicht-israelische, was schlimm genug gewesen wäre), waren junge Deutsche. Ich glaube nicht, daß dies ein Zufall war, sondern es war eine bewußte Inszenierung (ob die unmittelbar beteiligten Entführer dies nun realisierten oder nicht). Die Absicht war, so extrem zu provozieren, daß eine extrem gewalttätige israelische Reaktion ausgelöst würde. Der Welt wurde, wieder einmal, vorgeführt, wie Deutsche Juden und Nicht-Juden voneinander selektieren. Und so wurde es wahrgenommen (außer vielleicht in Teilen der Linken, dazu werde ich noch kommen). Eine ungeheure Welle traumatischer Erinnerungen brach überall auf. Alle kleinen Erfolge, die progressive Antizionisten bei ihrem Versuch, die enge Verbindung von jüdischem Selbstverständnis und Zionismus zu brechen, erzielt hatten – eine Verbindung, die erst nach dem Zweiten Weltkrieg zu einer so allgemeinen wurde – waren weggefegt. Die Absicht war, eine Einheitsfront aller palästinensischen Gruppen und Araber gegen alle Israelis und Juden herzustellen, alle Konflikte innerhalb der jeweiligen „Lager" zu verkleistern, so daß jede Seite in der anderen die „wirklichen Nazis" sah – eine Absicht, die nichts mehr mit einer progressiven Befreiungsbewegung zu tun hat.

3) Oktober 1977: Flugzeugentführung nach Mogadischu: Wieder wurde die Freilassung politischer Gefangener gefordert – obwohl es diesmal hauptsächlich Deutsche waren. Weder glaube ich allerdings, daß dies das wirkliche Ziel war, noch daß die Entführung von der RAF initiiert wurde. Selbst von einem RAF-Standpunkt aus ergab sie wenig Sinn. Erstens stand der massive Angriff auf beteiligte deutsche Bürger in Widerspruch zur bisherigen RAF-Politik. Zweitens minderte die Entführung, taktisch gesehen, die Bedeutung von Schleyer als Geisel, der jetzt nur noch einer von 87 war. Ich glaube, daß die RAF nur als Vorwand benutzt wurde und daß der tatsächliche strategische Grund wieder im Nahen Osten gesucht werden muß.

Am gleichen Tag, als die GSG 9 in Mogadischu zuschlug, wurde im Libanon ein Anschlag auf Arafats Leben unternommen. Er hatte die PFLP unter Druck gesetzt, ihre Fedajin aus dem Südlibanon zurückzuziehen. Der wahrscheinliche Grund für Arafats Druck war, daß er – in Anbetracht der amerikanischen und sowjetischen Bemühungen, die Genfer Konferenz diesen Herbst wieder zusammentreten zu lassen, und in Anbetracht der israelischen Versuche, diese Bemühungen durch die Legalisierung neuer Siedlungen auf dem Westufer zu unterminieren etc. – eine Situation vermeiden wollte, die die Israelis als Vorwand für weitere Aktionen zur Verhinderung der Konferenz hätten nutzen können. (Inzwischen, am 8. November, haben – als eine vorgebliche Vergeltungsmaßnahme für einen Raketenangriff auf die nordisraelische Stadt Nahariya, bei der 3 Menschen getötet wurden – Angriffe der israelischen Luftwaffe und Artillerie auf mehrere Dörfer und Lager im Südlibanon diese völlig zerstört und weit über 100 Menschen getötet.)

Ein weiterer Aspekt der Konstellation, in dem die Aktion stattfand, ist der von den Westmächten, besonders den Europäern, auf Israel in letzter Zeit ausgeübte Druck, die Palästinenser als Verhandlungspartner in Genf zu akzeptieren. Israel hat sich hartnäckig geweigert: es beabsichtige nicht, mit „Terroristen" zu verhandeln.

In diesem Kontext wird von einer palästinensischen Gruppe eine Aktion ausgeführt, die sich gegen den mächtigsten Staat Europas richtet. Das Ergebnis ist ein Aufschrei in der ganzen westlichen Welt gegen den 'internationalen Terrorismus', der eng mit den Palästinensern identifiziert wird. Israels Position erscheint verständlicher. Dies ist kaum ein Zufall.

Es ist noch zu früh, um sehen zu können, ob dieses Ziel erreicht wurde. Das wäre der Fall, wenn arabische Frontstaaten – aus dem Gefühl, daß die Palästinenser einen nicht mehr zu akzeptierenden Ballast darstellen – sich auf Verhandlungen mit Israel einlassen, ohne signifikante palästinensische Partizipation. Dies würde natürlich *alle* palästinensischen Gruppen zwingen, diese Friedensverhandlungen zu torpedieren. (Die Frage, wie innerarabische Rivalitäten – Libyen versus Ägypten, Irak versus Syrien – sich auf vermittelte Weise in widerstreitenden palästinensischen Gruppen darstellen, ist zu kompliziert, als daß sie hier dargestellt werden könnte.)

Es ist jedoch möglich, daß diese Kalkulation der PFLP nicht aufgeht, und daß die Amerikaner und Europäer fortfahren werden, auf eine palästinensische Anwesenheit in Genf zu drängen. Das würde lediglich indizieren, daß die europäischen Mächte und die USA sich ihrer eigenen Interessen sehr wohl bewußt sind und daß, gleichwohl Israel den Imperialismus braucht, das Gegenteil nicht unbedingt der Fall ist. Der Imperialismus und seine Strategie hat sich seit 1967 im Nahen Osten erheblich verändert.

Der Punkt bei all diesen Beispielen ist, daß diese Aktionen sehr wohl taktische und strategische Ziele haben, egal, was man von ihnen halten mag. Diese Ziele sind nicht bloß Ausdruck von Wut, dienen nicht bloß der Gefangenenbefreiung. In dieser Hinsicht sind sie sehr verschieden von den RAF-Aktionen in der BRD, enthüllen letztere als – trotz ihrer „Härte" – ziemlich naiv. Weil die RAF leider nicht über einen Politikbegriff verfügte, der ihrer moralischen Empörung angemessen gewesen wäre, glaubte sie wahrscheinlich den Slogans, die ihnen angeboten wurden, und konnte deshalb von anderen Gruppen für deren Zweck eingespannt werden.

Aber dies bedarf näherer Erklärung. Wie konnten junge deutsche Linke sich auf eine Weise instrumentalisieren lassen, z.B. in Entebbe, wo ihre primäre Funktion genau ihr Deutschsein war? Ich glaube, sie haben das wahrscheinlich nicht realisiert – aber der Grund dafür kann nicht in individueller Naivität gesucht werden. Wie ich schon gesagt habe, ich glaube, es hat viel mit der Haltung der RAF, Gewalt mit Verweis auf existierende Gewalt zu rechtfertigen, zu tun – aber ebenso mit einer damit zusammenhängen Form von Anti-Imperialismus, die keineswegs auf die RAF beschränkt ist.

III.

Ich möchte etwas zu der weitverbreiteten Form des Antiimperialismus sagen, wie er auch von der RAF repräsentiert wurde, und zwar an Hand des Nahen Ostens. Hieran möchte ich die Frage politischer Lernprozesse im allgemeinen diskutieren.

Für viele von uns erscheint rückblickend die Erfahrung der meisten Kommunisten der 30er und 40er Jahre schwer nachzuvollziehen. Wir haben Schwierigkeiten, uns subjektiv dazu zu verhalten. Wie konnten Leute – selbst angesichts der welthistorischen Bedrohung durch den Faschismus – dermaßen blind auf einem Auge sein? Wie konnten sie ihre Kritikfähigkeit in einem solchen Maß suspendieren, daß sie – trotz der Schrecken von Zwangskollektivierung, Massendeportationen, Schauprozessen, Spanien, Hitler-Stalin-Pakt, Arbeitslagern – sich der Realität der Sowjetunion so verschließen konnten?

Wir fragen uns, ob es selbst im Kampf gegen den Faschismus nötig war, die Sowjetunion als das Paradies der Arbeiterklasse zu 'sehen' – statt sie als das geringere von zwei Übeln zu akzeptieren.

Wir sagen das – aber geht es uns denn viel anders, selbst ohne Direktiven von einer Zentrale in Moskau und ohne eine hierarchische Organisation? Wenn wir sagen, daß es, um gegen den Faschismus zu sein, nicht notwendig war, alle Kritikfähigkeit über Bord zu werfen und die Sowjetunion total zu akzeptieren und zu glorifizieren, dann sollten wir vielleicht unsere eigene Haltung gegenüber verschiedenen politischen Bewegungen genauer überprüfen: Müssen wir, um den antiimperialistischen Standpunkt, den sich die meisten von uns im Laufe des letzten Jahrzehnts angeeignet haben, beizubehalten, alle Bewegungen, die sich als antiimperialistische deklarieren, dermaßen *unkritisch* umarmen?

Was mir z.B. auffiel, war, daß ich seit Entebbe niemals in der deutschen Linken habe öffentlich darüber reden hören, was dort vor dem israelischen Angriff passierte. Was für eine Art von Blindheit, welche Verdrängung erforderte das von Linken hier, deren politische Sozialisation im Abscheu vor dem Nazismus begann, heute eine Aktion, bei der Deutsche wieder Juden von anderen selektierten, nicht zu erkennen? (Es gab hier sogar Leute von solcher politischer, historischer und moralischer Bewußtlosigkeit, daß sie die Aktion feierten.) Befürchten sie, daß, falls sie die Aktion in Frage stellen würden, man ihren Antizionismus anzweifeln könnte?

Diese beiden Dinge haben jedoch nichts miteinander zu tun. Das Bewußtsein über Verbrechen, die an einem Volk oder irgendeiner Gruppe von Menschen begangen wurden, und der Wunsch, zu versuchen, damit Schluß zu machen, sollte nicht zwangsläufig unkritische Solidarität mit jeder politischen Auflehnung gegen diese Unterdrückung implizieren – besonders nicht mit nationalistischer. Es reicht einfach nicht aus, auf diese Unterdrückung hinzuweisen, um damit jede Politik, die dagegen kämpft, zu legitimieren. Eine solche Haltung ist, nicht zufällig, derjenigen ähnlich, die ich oben als die der Verteidiger der Stadtguerilla beschrieben habe, die die Gewalt mit Hinweis auf deren Ursachen rechtfertigen, und nicht unter Berücksichtigung ihrer Wirkung.

Ich möchte ein Beispiel aus meiner eigenen Erfahrung erzählen. Als ich auf die Schule ging, war ich in der zionistischen Bewegung. Es dauerte viele Jahre des „Sehens“ – sowohl moralisch als auch politisch – und der Auseinandersetzung mit mir selbst, bevor ich diese Position ablehnen und eine antizionistische Kritik entwickeln konnte. Aber warum war ich Zionist gewesen, was bedeutete (und bedeutet) diese Bewegung für die meisten Juden seit dem zweiten Weltkrieg? (Früher unterstützte nur eine Minderheit von Juden den Zionismus.)

Die meisten Juden haben den Zionismus niemals analysiert. Er bedeutet für sie, wie es auch für mich der Fall war, einfach nationale

Selbstbestimmung. Um zu verstehen, weshalb nationale Selbstbestimmung den meisten Juden so selbstverständlich als notwendige Lösung erschien, muß man verstehen, daß wir wußten, daß nicht nur die deutschen Faschisten für die Ausrottung von 6 Millionen Juden und die Zerstörung der traditionellen Zentren europäisch-jüdischer Kultur in Osteuropa verantwortlich waren. Wären 'nur' sie es gewesen, wäre Nationalismus gar keine so selbstverständliche Reaktion. Aber ich lernte schon früh, daß die deutschen Faschisten – obwohl sie die Endlösung initiierten und dirigierten – massiv von Nicht-Deutschen unterstützt wurden. Zum Beispiel von französischen Faschisten und rumänischen Faschisten, aber auch von flämischen, kroatischen, slowakischen, ukrainischen, litauischen und lettischen Faschisten.*

In Polen wurden Juden, die die Aufstände in den Ghettos und die KZs überlebt hatten, oft von polnischen nationalistischen Partisanen, weil sie Juden waren, umgebracht; Zionisten wurden oft von Kommunisten erschossen. Zur aktiven Unterstützung durch die Nazis kam die passive der USA, Kanadas, Großbritanniens, die sich weigerten, ihre Einwanderungsquoten zu verändern. Als nach dem Krieg und nach 1948 der Antisemitismus sich auch in den kommunistischen Ländern zu regen begann – der Slansky-Prozeß in der CSSR, das „Ärztekomplott" in Moskau –, war der Kreis für die meisten Juden geschlossen. Der Zionismus, der von den meisten schlicht als nationale Selbstbestimmung begriffen wurde, wurde nun allgemein unterstützt.

Wir „sahen" nicht, was mit den Palästinensern passierte. Dieses „Nicht-Sehen" wurde durch einige Vorkommnisse noch begünstigt: daß der Mufti von Jerusalem die Kriegsjahre in Berlin verbracht hat, daß die anti-britische Revolte von Raschid Ali im Irak von den deutschen Faschisten unterstützt wurde, daß Hakenkreuzfahnen auf den Straßen Kairos erschienen, als Rommels Armee sich Ägypten näherte. Diese

---

* Alle Bewegungen in der zweiten Gruppe kamen von Völkern, die sich von einer Zentralgewalt beherrscht sahen, die selbst von einem anderen Volk dominiert wurden: die Flamen von den Wallonen, die Kroaten von den Serben, die Slowaken von den Tschechen, die Ukrainer, Litauer und Letten von den Russen. Die Frage regionaler Autonomie und Unabhängigkeit ist allerdings komplizierter als sie in der gegenwärtigen Diskussion meist dargestellt wird. Solche Bewegungen sind nicht immer progressiv.

Geschichten, zusammen mit den Reden reaktionärer palästinensischer Nationalisten, wie z.B. Schukeiry, ließen in unserer Wahrnehmung die Palästinenser als einen weiteren Feind, der auf unsere Zerstörung aus ist, erscheinen. Aber diesmal würden wir uns wehren. Wir „sahen" die Palästinenser nicht als das, was sie waren: Bauern und Handwerker, kleine Kaufleute und Arbeiter, die enteignet und terrorisiert, ja verjagt wurden und – in Fällen wie Deir Yassin – von den Zionisten massakriert wurden, und die versuchten, sich dagegen zu wehren.

Ich führe den Zionismus hier als extremes Beispiel an für eine Bewegung, die in Bezug auf ihre Ursache völlig verständlich ist, also in Bezug auf die Leidensgeschichte eines Volkes, die jedoch hinsichtlich ihrer Wirkungen überhaupt nicht gerechtfertigt werden kann. Wenn Leute jetzt sagen: „Okay, aber es ist eine reaktionäre Bewegung!" so haben sie recht, aber es erschien nicht immer so – und es ist die Frage der Erscheinung, die ich thematisieren will. In den späten 40er Jahren hatte der Zionismus ein anderes Image. Er wurde von vielen linken und liberalen Bewegungen als progressiv begrüßt. Die hauptsächlichen Waffenlieferungen kamen aus der Tschechoslowakei, nicht aus dem Westen. Die UDSSR war das erste Land, das Israel *de jure* anerkannte. Teile der zionistischen Bewegungen präsentierten sich in ihren Kämpfen mit den Briten als antiimperialistisch. Die Armee der Zionisten des rechten Flügels, geführt von Menachem Begin (gegenwärtig der Premierminister Israels) hatte gute Beziehungen zur IRA (der gemeinsame Feind waren die Briten). Die Kibbuzim wurden als Beispiele utopischen Sozialismus gefeiert.

Es ist natürlich nicht entscheidend, daß der Zionismus einmal progressiv war und es jetzt nicht mehr ist. Vielmehr muß eine Bewegung, egal, wie verständlich sie in Bezug auf ihre Ursache ist, hinsichtlich der Wirkungen, die sie hat und die sie haben könnte, unabhängig von ihrem Bild und dem Selbstverständnis ihrer Mitglieder innerhalb eines bestimmten gesellschaftlichen und historischen Kontexts begriffen werden. Viele der aktiven Zionisten verstanden sich tatsächlich als progressiv, als Sozialisten. Aber der Wunsch linker Zionisten, ein progressives Land, getragen vom jüdischen Arbeiter in Industrie und auf dem Land, zu errichten, wurde im Kontext der Besiedelung eines Landes, das schon bewohnt war, zum besten Mittel, eine soziale Infrastruktur herzustellen, welche die ursprünglichen palästinensischen Bewohner ausschließen mußte. Unabhängig von ihren subjektiven Absichten schufen die linken Zionisten eine Struktur, die den Erfolg der jüdischen Besiedelung Palästinas sicherstellte. Auf arabische Arbeit gegründet, hätte diese niemals überleben können. Es ist nicht notwendig, dies Wissen den meisten Zionisten zu unterstellen. Es genügt, aufzuzeigen, daß in diesem Kontext progressive Vorstellungen davon, nicht von der Arbeit anderer zu leben, eine faktische Wirkung hatte, die anders war als die ursprüngliche Absicht. Diese Bewegung konnte innerhalb des realen Kontexts des Nahen Ostens überhaupt nicht progressiv sein.

Durch meine Auseinandersetzung mit dem Zionismus habe ich begriffen, Ursache und Wirkung einer Bewegung getrennt zu sehen – daß es nicht genügt, eine Bewegung mit Verweis auf die Unterdrückung der Menschen, die sie repräsentiert, zu rechtfertigen. Ich habe auch die Bedeutung begriffen, die der Analyse eines gesellschaftlichen und politischen Kontexts zukommt, um zu verstehen, wie subjektive Absicht und tatsächliche Wirkung divergieren können. „Objektive" Faktoren einzubeziehen ist absolut notwendig und ist nicht unbedingt Objektivismus. Nachdem ich einen langen und emotional schwierigen Lernprozeß in Bezug auf den Zionismus durchgemacht habe, habe ich keine Lust, den gleichen Fehler in Bezug auf andere Bewegungen zu wiederholen. Ich möchte an dem festhalten, was ich gelernt habe, und es nicht auf eine Bewegung partikularisieren und dann vergessen.

Daraus erklärt sich, was ich im folgenden zu den meisten der palästinensischen Bewegungen sagen möchte. Es ist inzwischen schon ein Allgemeinplatz, zu behaupten, daß durch das Leiden der Juden in Europa das Leiden der Palästinenser nicht gerechtfertigt wird. Die umgekehrte Seite dieser Medaille ist jedoch problematisch. Die Palästinenser waren nicht für das Leiden der Juden verantwortlich, aber die Palästinenser wurden von den Juden vertrieben. Die Palästinenser haben deswegen ein Recht, ihr Heimatland wieder in Besitz zu nehmen. Problematisch an dieser Position ist jedoch, daß – obwohl sie verständlich und in gewissem Sinn moralisch richtig ist – ihre Wirkungen viel zweideutiger werden, wenn man ihren gesellschaftlichen und politischen Kontext mit betrachtet.

Denn das Schwierige am palästinensisch-israelischen Konflikt ist, daß Modelle wie Algerien oder, noch weniger, Vietnam, hier nicht funktionieren können, da die Situation eine total andere ist. Die israelischen Juden sind keine kleine Minderheit gegenüber einer großen palästinensischen Mehrheit. Es gibt etwa 3 Millionen Juden in Israel und etwa 3 Millionen Palästinenser im Nahen Osten. Die Besonderheit der zionistischen Wirtschaft im Gegensatz zu den meisten imperialistischen Ökonomien besteht darin, daß sie nicht primär von palästinensischer Arbeit abhängt. Das bedeutet nicht, daß die Palästinenser weniger gelitten hätten als z.B. die Algerier. Aber es bedeutet, daß innerhalb eines solchen Kontexts (von dem ich nur zwei besonders hervorstechende Merkmale beschrieben habe) eine klassische nationale Befreiungsbewegung – die sich auf Guerillakrieg und/oder Streikbewegungen stützt – und die „Befreiung“ gesamt Palästinas zum Ziel hätte, überhaupt keinen Erfolg haben kann. Nur in Gebieten, in denen die Palästinenser eine Mehrheit darstellen (d.h. hauptsächlich in Gebieten, die die Israelis nach 1967 besetzt haben), könnte – gemeinsam mit anderen Faktoren – eine palästinensische Bewegung stark genug werden, die Israelis zum Rückzug zu zwingen. Aber in den meisten Gebieten innerhalb der Grenzen von vor 1967 würde jede „Befreiung“ die Eroberung eines anderen Volks implizieren – egal, wie dies Volk dahin gekommen ist – und nicht den Umsturz einer relativ kleinen herrschenden Gruppe, die auf der Arbeit arabischer Bauern, Arbeiter und Handwerker ruht. Und das ist sowohl politisch als auch militärisch höchst unwahrscheinlich. Entgegen aller palästinensischen und israelischen Propaganda haben die Fedajin niemals eine Bedrohung für die israelische Existenz dargestellt.

Innerhalb eines solchen Kontexts könnte die Schaffung eines 'demokratischen säkularen Staates', den die Palästinenser programmatisch fordern, nur das Ergebnis eines multinationalen Kampfes sein, nicht aber das Ergebnis eines rein nationalen Kampfes. Aber genau solch einen Kampf haben die palästinensischen Guerillaorganisationen bisher geführt. Ich meine natürlich nicht, daß die Palästinenser ihren Kampf hätten aufgeben und abwarten sollen, bis große Teile der israelischen Bevölkerung mit ihnen gemeinsam den Kampf gegen den Zionismus aufnehmen würden. Aber trotzdem muß jede Bewegung, die als ihr Ziel einen „demokratischen säkularen Staat“ setzt, in dem Juden, Moslems und Christen zusammen leben sollen – sogar im Guerillakrieg – unter den Israelis differenzieren zwischen denen, die mögliche Verbündete sein können und denen, die nie Verbündete sein werden. Ich will hier nicht auf die Tatsache eingehen, daß – bezeichnenderweise – das Programm der PLO die Gruppen nach religiösen und nicht nationalen Gesichtspunkten bestimmt, und daß es mit den Juden, die in einem zukünftigen Palästina leben dürften, nur diejenigen meint, die – je nach der Version – bereits vor 1917 oder 1948 dort lebten. Das ist nicht als ein abstraktes Argument gedacht in dem Sinne, daß multinationale Kämpfe besser seien als nationale. Eine rein nationale palästinensische Bewegung könnte höchstens jene Gebiete befreien, in denen die Palästinenser eine Mehrheit der Bevölkerung darstellen; ein nationalistischer Versuch, auch den Rest Palästinas zu 'befreien', wäre kein nationaler Befreiungskrieg mehr, sondern ein Krieg zwischen zwei Nationen. Wenn ein Kampf tatsächlich antizionistisch wäre, und sich nicht einfach gegen Juden, die in Palästina leben, richtet, dann müßte sich dieses Programm auch in den Aktionen selbst manifestieren.

Und dies ist nicht der Fall. Die Guerillaaktionen machten keine Unterschiede. Das gilt selbst für die Demokratische Volksfront für die Befreiung Palästinas (PDFLP), die immer die Notwendigkeit von Kontakten zu progressiven Elementen innerhalb Israels betont hat und die auf ein mögliches Klassenbündnis mit den „orientalischen" Juden in Israel gehofft hat. (Orientalische Juden sind solche, die nach 1948 aus arabischen Ländern emigriert sind und die heute den Großteil der israelischen Arbeiterklasse bilden, ca. 60% der israelischen Bevölkerung ausmachen). 1974 griff die PDFLP eine Schule in der nordisraelischen Stadt Maalot an und nahm Schüler als Geiseln. Die Bevölkerung in dieser Stadt besteht fast vollständig aus orientalischen Juden der Arbeiterklasse. Die Aktion fiel hinter das Programm zurück. Es ist wichtig, die Handlungen der politischen Gruppen zu sehen und nicht nur ihr Programm zu lesen. Die Guerillaaktionen ließen den Nationalismus erkennen, den das Programm der Fedajin bestreitet. Solche Aktionen tragen dazu bei, in den Augen der meisten Israelis den Zionismus zu legitimieren und den Massen der Palästinenser den Kampf als rein nationalen erscheinen zu lassen, ohne gesellschaftlichen Inhalt. Dies hat verheerende politische Wirkungen auch im Hinblick auf die Kämpfe in Jordanien und im Libanon gehabt.

Im Gegensatz zu vielen anderen Kämpfen zeichnet sich der israelisch-palästinensische Konflikt dadurch aus, daß der Krieg die gesellschaftlichen Widersprüche auf beiden Seiten nicht verschärft, sondern verschleiert. Daher stelle ich die möglichen Wirkungen von Gruppen wie der PFLP, die jegliche Verhandlungen mit den Israelis ablehnen und die die „militärische" Befreiung ganz Palästinas zum Ziel haben, in Frage. (Unbeachtet bleibt auch hier, wie verschiedene arabische Regimes verschiedene palästinensische Bewegungen benützen, um ihre eigenen Rivalitäten auszutragen.) Der Effekt solcher Politik ist nicht die Entzündung, sondern die Einfrierung der gesellschaftlichen Konflikte im Nahen Osten, oder deren Übersetzung in nationale Kategorien.

Aus diesem Grund ist die israelische Politik so komplementär dazu. Für die Zionisten ist der permanente nationale Kampf oder seine Androhung notwendig, sowohl für ihre *raison d'être* als auch für die interne Stabilität.

In den arabischen Staaten hat er in der Vergangenheit die Funktion erfüllt, die „arabische Revolution" mit der „palästinensischen Revolution" gleichzusetzen, und letztere mit der Wiedereroberung Palästinas. So werden alle gesellschaftlichen Konflikte in nationalen aufgehoben.

Wer eine Friedenslösung, die einen palästinensischen „Teilstaat" einschließt, ablehnt, ist zu kurzsichtig. Natürlich ist eine solche Friedenslösung im unmittelbaren Interesse des Imperialismus. Natürlich wäre ein solcher Staat nichts anderes als ein von einer Nationalbourgeoisie und PLO-Bürokraten regierter Ministaat, durch saudi-arabisches Geld am Leben erhalten. Natürlich würde ein solcher Staat die Struktur des Zionismus untangiert lassen – zunächst. Aber indem eine solche Friedensregelung den nationalen Konflikt entschärfen würde, könnte sie viel effektiver zur Unterminierung des Zionismus beitragen als Jahrzehnte wirkungsloser Guerillakriege. Nur dann wäre die Möglichkeit für gesellschaftliche Auseinandersetzungen gegeben, die nationale Grenzen überschreiten – Auseinandersetzungen, die vielleicht schließlich zur Etablierung „demokratischer säkularer" Staaten führen könnten – nicht nur in Palästina, sondern im ganzen Nahen Osten.

Deshalb ist Israel bereit, mit den existierenden arabischen Ländern Frieden zu schließen, nicht aber – jedenfalls nicht ohne extrem starken ausländischen Druck – mit den Palästinensern. Ein Frieden mit ihnen ist aber absolut notwendig, um den nationalistischen Charakter der Auseinandersetzungen in Nahost zu entschärfen, und genau das will Israel nicht, da damit die politische Legitimität des Zionismus angegriffen wäre. Und deshalb behaupte ich, daß Gruppen wie die PFLP, die ihren nationalistischen Maximalismus ins Gewand marxistisch-leninistischer anti-imperialistischer Phrasen kleiden, genau das gleiche Spiel wie die Israelis spielen.

Anti-Imperialismus kann nicht nur Widerstand gegen den unmittelbaren Unterdrücker und die ihn stützenden Mächte bedeuten. Er muß auch die Absicht erkennbar werden lassen, eine Gesellschaft zu errichten, deren Struktur anti-imperialistisch ist. In diesem Sinn hat der Anti-Imperialismus der PFLP z.B. viel weniger mit dem des Vietcong gemein als etwa mit dem der rechten Zionisten der 40er Jahre, die einen militanteren Untergrundkampf gegen die Briten führten als die übrigen Zionisten. Der Grad militärischer Militanz in einem nationalen Kampf ist kein notwendiger Indikator gesellschaftlicher Radikalität.

Nichts von all dem ist als Vorwurf gegen die Palästinenser gemeint. Ihr Nationalismus ist total verständlich, nicht nur moralisch, sondern auch materiell. Welche andere Haltung wäre denn möglich für Menschen, die vertrieben wurden und seither außerhalb jeder realen gesellschaftlichen Struktur gelebt haben: seit über einer Generation in Flüchtlingslagern, die permanent das Ziel brutaler israelischer Angriffe waren und von den arabischen Staaten in deren Konflikten untereinander als Spielball benutzt wurden? Natürlich wollen sie ihr Land zurück. Das ganze. (Es gibt dabei wichtige latente Unterschiede zwischen Palästinensern, die in Flüchtlingslagern leben und denen, die in den besetzten Gebieten leben.)

Ich will also hier nicht anklagen, sondern eine Einschätzung versuchen, um so den Grad bestimmen zu können, zu dem ich als Antizionist bereit bin, mich aktiv mit verschiedenen palästinensischen Gruppen zu solidarisieren. Auf einer Ebene existiert gleichwohl ein Vorwurf, der sich aber nicht gegen die Palästinenser richtet. Er richtet sich gegen die hiesige Linke, die Schwierigkeiten hat, antiimperialistische Politik mittels einer Analyse und Einschätzung einer Situation zu machen und so zu einer kritischen Unterstützung antiimperialistischer Bewegungen kommen könnte – eine Haltung, die einen andauernden politischen Lernprozeß bedeuten würde. Statt dessen gibt es oft nur die unkritische Identifizierung mit solchen Bewegungen. Wenn wir diese Bewegungen aber nicht mit offenen Augen sehen, werden wir später möglicherweise enttäuscht oder desillusioniert – ohne irgendwas gelernt zu haben. Statt dessen wird das nächste Identifikationsobjekt ausgesucht. Dieser Antiimperialismus ist wie die Haltung der RAF zur Gewalt: Bewegungen werden in Bezug auf ihre Ursache, nicht in Bezug auf ihre politischen Wirkungen gerechtfertigt.

Ist es das Geheimnis eines so großen Teils der Linken, daß wir verkehrte Nationalisten sind? Nationalisten, deren Heimat irgendwo anders liegt? Wenn nicht offensichtlich und dogmatisch in Moskau oder Peking, so doch wechselnd in Algerien, Vietnam, Kuba, Palästina, Portugal? Ist es notwendig, daß wir das Gefühl von Hilflosigkeit und Ohnmacht hier durch unkritische Identifikation mit Bewegungen und Regimes anderswo kompensieren? (Die westlichen KPs, die am moskautreusten geblieben sind, sind die schwächsten: die DKP und die KPUSA.) Ist es ein Zufall, daß genau die Teile der Linken, die sich der Mutterbrust Moskaus oder Pekings entwöhnt haben, in ihrem Ohnmachtgefühl am empfänglichsten für die Glorifizierung des bewaffneten Kampfs im Ausland zeigten? Können wir nicht auf unseren eigenen Füßen stehen?

Wenn wir in dieses Identifikationsmuster fallen, geben wir etwas von dem auf, was uns ursprünglich zu Linken gemacht hat: unsere kritischen Reflexionen von unseren eigenen Erfahrungen und ihre Vermittlung zu der Gesellschaft, in der wir leben. Wir wurden zu Linken, indem wir uns weigerten, uns länger von unserer Gesellschaft verdummen zu lassen. Aus unserer Ohnmacht heraus waren wir nur allzu anfällig für neue Arten der Verdummung.

1977

Thesen zu Fassbinder, Antisemitismus und Deutschland

Ein Frankfurter Herbst

1. Ich werde im folgenden einige Aspekte des Kontexts und der Hintergründe der 'Fassbinder-Affäre' skizzieren, die sich diesen Herbst in Frankfurt abgespielt hat. Die Frage ist dabei meines Erachtens nicht, ob Fassbinders Stück antisemitisch ist oder nicht, oder worin die Grenzen künstlerischer Freiheit bestehen sollten. Vielmehr ist die Kontroverse über Fassbinders Stück hier von Interesse, insofern sie die Art und Weise aufzeigt, in der mit dem Antisemitismus und dem Verhältnis Deutschlands zu seiner Vergangenheit umgegangen wird.

2. Um diese Frage zu beantworten, werde ich kurz einige Hintergrundinformationen über die jüdische Gemeinde in Frankfurt, die linke 'Szene' oder 'Subkultur' dieser Stadt, den sogenannten Frankfurter 'Häuserkampf' der frühen siebziger wie auch den Charakter der 'Normalisierungsbewegung' in der Bundesrepublik in den achtziger Jahren geben.

3. Natürlich ist alles, was ich hier beschreiben werde, stark bestimmt durch die nationalsozialistische Vorgeschichte, den Zweiten Weltkrieg und den Holocaust. Mein Text drückt eine komplexe Dialektik von Normalität und Nicht-Normalität aus. Gleichzeitig ist er selber Ausdruck dieser Dialektik, die die deutsche Geschichte seit 1945 charakterisiert – seit dem Jahr also, in dem die Alliierten und nicht die Deutschen das Dritte Reich zu Fall brachten. Die Mehrheit der Deutschen nämlich begrüßte den Sieg der Alliierten weder noch widersetzte sie sich ihm. 1985 trat in Deutschland die innere Spannung zwischen diesen beiden Polen der deutschen Nachkriegsgeschichte hervor.

4. Die 'Anormalität' der Normalität im Nachkriegsdeutschland erweist sich deutlich im Charakter seiner jüdischen Gemeinden. Heute leben in der Bundesrepublik etwa 30 000 Juden. Die beiden größten Gemeinden befinden sich in Frankfurt und in Berlin, von denen jede ungefähr 5000 Mitglieder zählt. Die überwiegende Mehrheit dieser Juden stammt ursprünglich nicht aus Deutschland. Das heißt, es handelt sich bei ihnen nicht um Menschen, die aus persönlichen, politischen oder kulturellen Gründen nach 1945 in ihre Heimat zurückgekehrt sind. Vielmehr

stammen die meisten eigentlich aus Polen und entschieden sich nach 1945 in Deutschland zu bleiben, als die Lager für Displaced Persons aufgelöst wurden.

5. Warum blieben sie? Oder, in manchen Fällen: Warum kehrten sie zurück? (Einige gingen nach 1948 erst nach Israel und kamen dann in den fünfziger Jahren wieder nach Deutschland.) Man mag auf die Tatsache hinweisen, daß sie sich unter dem Schutz der amerikanischen Besetzung nicht nur relativ sicher fühlten, sondern auch in der Zeit unmittelbar nach 1945 Empfänger von Zuwendungen und Hilfe von Seiten amerikanischer jüdischer Organisationen und der amerikanischen Besatzungsmacht waren; Zuwendungen, die später in Form von Reparationszahlungen durch die westdeutsche Regierung empfangen wurden.

6. Gründe dieser Art geben natürlich kaum eine adäquate Erklärung ab. Was bedeutete es und bedeutet es noch heute psychologisch und emotional für Juden, die zumeist Überlebende der Konzentrationslager waren, sich dafür zu entscheiden, nach 1945 in Deutschland zu bleiben, wenn nur eine verschwindende Minderheit von ihnen vor 1939 irgendein direktes kulturelles oder politisches Verhältnis zu Deutschland oder den Deutschen gehabt hatte? Wie auch immer man sich das erklären mag, es ist klar, daß diese Menschen durch die Erfahrung des Holocaust und ihres Überlebens bestimmt blieben.

7. Tatsächlich verhält es sich nach ihrem eigenen Selbstverständnis so, daß diese Juden sich niemals entschieden, in Deutschland zu leben. Sie betrachteten ihr Leben dort immer nur als zeitlich begrenzt, als einen vorübergehenden Aufenthalt, der nun schon vierzig Jahre andauert. Diese Dualität: in Deutschland zu leben und zugleich wieder nicht, hat ihrem Leben seine Form gegeben. Aufgrund dieses Lebens in Deutschland fühlten sie sich nicht-identisch, defensiv und vielleicht sogar schuldig. Sie pflegten geschäftlichen Kontakt mit den Deutschen, aber keinen sozialen. Sie versuchten die öffentliche und politische Sphäre zu meiden und waren sehr auf Israel orientiert.

8. Aus denselben Gründen sahen die Juden außerhalb Deutschlands auf sie herab. Die Form ihres Lebens machte sie besonders anfällig für Druck sowohl von anderen Juden als auch von Nicht-Juden.

9. Was ihre Berufe angeht, sind sie meistens in der Kleinindustrie tätig, insbesondere im Textilbereich. Andere eröffneten Geschäfte,

die ursprünglich der Versorgung der amerikanischen Soldaten dienten (Bars etc.). Eine Gruppe schließlich stieg ins Grundstücksgeschäft ein und zwar zu einer Zeit, als Frankfurt eine strukturelle Transformation durchlief – ein Thema, auf das ich noch zurückkommen werde.

10. Erst in den letzten fünf oder zehn Jahren realisieren die meisten dieser Menschen langsam, daß ihr Aufenthalt in Deutschland nicht länger als vorübergehend zu betrachten sei; daß sie dort leben. Daran schloß sich natürlich unmittelbar die Frage an, wie ein solches 'normales' Leben möglich wäre. Mit anderen Worten stellte sich die Frage der 'Normalisierung', die beinahe alle Segmente der westdeutschen Gesellschaft berührte, für die Juden nun in doppelter Hinsicht: einerseits, was Normalisierung für sie bedeuten sollte, andererseits, was ein Normalisierungsprozeß für die Deutschen bedeuten würde und welche Implikationen dies wiederum für die Juden hätte.

11. Im folgenden möchte ich kurz den Charakter und die Geschichte der Linken in Frankfurt in den späten sechziger und in den siebziger Jahren beschreiben, ebenso die soziale Auseinandersetzung der frühen Siebziger, die sich um die Themen Wohnen und Grundstücksspekulation drehte, den Frankfurter 'Häuserkampf'. Diese Auseinandersetzung bildet den unmittelbaren Hintergrund zu Fassbinders Stück, das er kurz nach dem Ende dieses Kampfes schrieb, als er gerade als Theaterdirektor nach Frankfurt gekommen war.

12. Im Deutschland der siebziger Jahre, und besonders in Frankfurt, verschwand die Neue Linke nicht von der Bildfläche wie z.B. in Frankreich oder den USA, sondern blieb als soziale und kulturelle Kraft von einiger Bedeutung erhalten, obwohl sie ständigen Wandlungs- und Transformationsprozessen unterlag.

13. Für die Neue Linke in Frankfurt war charakteristisch, daß weder der orthodoxe Kommunismus noch der Maoismus jemals großen Einfluß gewinnen konnten. Die 'hegemoniale Strömung' bildeten in Frankfurt vielmehr die 'Spontis', also die 'spontane Linke'. Ihre Geschichte kann entlang diverser, locker organisierter Kämpfe und Kampagnen nachgezeichnet werden, von den Organisationsversuchen in den Fabriken und unter den Fremdarbeitern in den frühen Siebzigern, der Bildung verschiedener Solidaritätskomitees, über die Anti-Atomkraft-Bewegung der späten siebziger Jahre und die Friedensbewegung der Achtziger bis zum Aufstieg der Partei der Grünen. Einen wichtigen

Wendepunkt stellte zwischen 1974 und 1977 die politische Debatte über die Taktik und das politische Weltbild der Roten Armee Fraktion (RAF) dar. Verbunden war dies mit einer zunehmenden Betonung, auch unter dem Einfluß des Feminismus, der 'subjektiven Dimension' wie es vielfach genannt wurde. Der Kern der sogenannten 'Realo-Fraktion' der Grünen, die, mittlerweile erfolgreich, für eine Koalition mit der SPD im Bundesland Hessen argumentierten, stammt aus der alten Frankfurter 'Sponti'-Bewegung.

14. Für unsere Belange ist der Häuserkampf zentral: In den späten sechziger Jahren entwickelte die Stadt Frankfurt zusammen mit einem Unternehmenskonsortium (das sich im Wesentlichen aus den großen Banken zusammensetzte) einen Plan zur Umgestaltung des Westends – eines Stadtteils, der früher einmal bürgerlich, wenn nicht großbürgerlich geprägt gewesen war, aber inzwischen von Studenten, Fremdarbeitern und Teilen der deutschen unteren Mittelschicht bewohnt wurde – von einem Wohn- in ein Geschäftsviertel.

15. Grundstücksspekulanten wurden kräftig ermutigt, sich in diesen Transformationsprozeß einzubringen. Viele Wohnhäuser wurden aufgekauft und dann, wenn die Mieter nicht gekündigt werden konnten, dem Verfall überlassen, bis sie unbewohnbar waren – woraufhin eine Abrißgenehmigung erwirkt wurde, in der Hoffnung, auf dem Grundstück ein neues Hochhaus zu errichten. Unter den Grundstücksspekulanten war eine überproportional hohe Anzahl von Juden. Und als solche wurden sie von der Bevölkerung auch wahrgenommen.

16. Diese Entwicklung fiel mit einer anderen zusammen. Zur gleichen Zeit war die Linke in Frankfurt sehr von den Versuchen von Lotta Continua und anderen linken Gruppen in Italien beeinflußt, Agitationsformen zu entwickeln, die Arbeitsplatzthemen mit solchen des Wohnumfelds der Arbeiter (oder in der damaligen Sprache, der Sphären der Produktion und der Reproduktion) verbanden.

Es hatte in der Frankfurter Gegend viele linke 'Betriebsgruppen' gegeben. Jetzt begann eine hochpolitisierte Hausbesetzerbewegung, leerstehende Häuser zu besetzen und zu renovieren. Einige Jahre später, und nach heftigen Auseinandersetzungen mit der Polizei, waren die meisten der besetzten Häuser geräumt und abgerissen. In vielen Fällen blieben die Grundstücke auf Jahre hinaus ungenutzt. Diese Erfahrung hinterließ insgesamt starke Gefühle der Wut und der Bitterkeit.

Außerdem hat dieser Kampf in Frankfurt eine ganz andere inhaltliche Bedeutung erlangt als in Italien. Es konnte keine wirkliche Verbindung zwischen Betriebs- und Wohnungsfragen hergestellt werden. Statt dessen verdrängte der soziale Kampf den Betriebskampf, was negative Konsequenzen beinhaltete, die nicht klar begriffen wurden.

17. Jetzt möchte ich hier das Thema der Normalisierung einführen, indem ich mich auf das Problem des Antisemitismus beziehe. Für das Selbstverständnis der Linken in Deutschland – ob alte oder Neue Linke – bildet ihr Antifaschismus einen zentralen Bestandteil. Das galt in besonderem Maße für die erste Generation der Neuen Linken, deren Revolte sich auch gegen die ihres Erachtens starke Kontinuität zwischen den Werten und Institutionen des nationalsozialistischen Deutschlands und der Bundesrepublik richtete. Viele aus dieser Generation, die früher in den sechziger Jahren Mitglieder der Deutsch-Israelischen Studiengruppen gewesen waren, standen unter dem starken Eindruck von Rolf Hochhuths Theaterstücken, von Anne Franks Tagebuch, dem Eichmann-Prozeß und den Auschwitz-Prozessen, die 1964 in Frankfurt stattfanden.

Ich kann hier jetzt nicht alle Veränderungen im Verhältnis der Neuen Linken zu Israel nachzeichnen. Festhalten möchte ich, daß trotz des eben erwähnten Hintergrundes wohl nicht viele, auch nicht auf Seiten der Linken, den Antisemitismus, den die Nazis verkörperten, und die Unterschiede zwischen dem Holocaust und den anderen mörderischen Taten der Nazis wirklich verstanden. Statt dessen wurde der Antisemitismus nur als eine bloße Vorurteilsform behandelt und der Holocaust als ein extremes Beispiel rassischer und politischer Verfolgung. Derartig unterbelichtet konnten der Antisemitismus und die von ihm ausgehenden Gefahren nicht wirklich wahrgenommen werden.

18. (Ich sollte hinzufügen, daß sich dies in den späten siebziger und frühen achtziger Jahren zu wandeln begann – teils als Reaktion auf die Ausstrahlung der 'Holocaust-Serie' im deutschen Fernsehen und der sich anschließenden Diskussionen über dieses historische Medienereignis, teils als Reaktion auf die Gründung einer mehr oder weniger formellen Gruppe linker Juden in Frankfurt, die diese Fragen offener und mit mehr Nachdruck thematisierten, teils aufgrund anderer übergreifender Veränderungen des politischen Klimas. Diese Veränderun-

gen verallgemeinerten sich jedoch nicht – auch nicht innerhalb der Linken –, wie man heute in Frankfurt feststellen kann.)

19. Auf Seiten der Konservativen gibt es die Tendenz, den Nationalsozialismus auf Antisemitismus zu reduzieren, wobei letzterer ebenfalls nur in Begriffen von Vorurteil und Verfolgung aufgefaßt wird. Es bestand die Neigung, von der Nazi-Herrschaft zu sprechen, als wenn diese den Deutschen übergestülpt worden wäre; sich bei öffentlichen Ereignissen gegen den Nazi-Antisemitismus auszusprechen, diente als willkommene Möglichkeit, sich von der Nazi-Vergangenheit zu distanzieren, ohne diese Vergangenheit oder ihr Fortleben in der Gegenwart genauer in Betracht zu ziehen.

20. In Deutschland ist das Thema Antisemitismus untrennbar mit dem der 'Normalität' verbunden. In den letzten Jahren wurde ein Bedürfnis, zur 'Normalität' zurückzukehren, auf verschiedene Weise über das ganze politische Spektrum hinweg zum Ausdruck gebracht. Dieses Bedürfnis rührt zum Teil von den veränderten weltweiten Machtverhältnissen her.

Auf Seiten der Sozialdemokraten hat es sich zum Beispiel in dem zunehmenden Verlangen geäußert, daß Westdeutschland gegenüber Osteuropa und der Sowjetunion politisch und ökonomisch mit voller Souveränität agieren könne.

Unter der Kohl-Regierung wird das Bedürfnis, die Nachkriegsperiode endlich zu beenden, auf andere Art zum Ausdruck gebracht, als Wunsch nämlich nach einer Aussöhnung mit der deutschen Vergangenheit. Ein Beispiel dieser Veränderung bildet das neue, vom Bundestag verabschiedete Gesetz, das es unter Strafe stellt, in leichtfertiger Weise vom Holocaust oder der Vertreibung der Deutschen aus dem Osten in den Jahren 1944/45 zu sprechen; mit anderen Worten ein Gesetz, das die Leiden der Deutschen mit denen der Juden gleichsetzt und damit die historische Bilanz reinzuwaschen versucht. Ein anderes Beispiel stellt die Verleihung des Goethepreises der Stadt Frankfurt durch den christdemokratischen Bürgermeister an Ernst Jünger dar. Am stärksten schließlich sticht Kohls Gleichsetzung des Ersten und Zweiten Weltkriegs hervor, die sich in seinem Beharren darauf ausdrückte, daß Präsident Reagan in Bitburg in einer Geste der Versöhnung seine Hand halten sollte, wie es schon Mitterand in Verdun getan hatte. Die Gleichsetzung dieser beiden Kriege sollte natürlich implizieren, daß bis auf einige marginale Ausnahmen (also den Holocaust) der Zweite Weltkrieg, wie er von Nazi-Deutschland geführt wurde, ein Krieg war wie jeder andere auch. Sie implizierte, daß die Deutschen sich mit ihrer Vergangenheit weder konfrontieren noch sie überwinden müßten, noch daß sie sie weiterhin verstecken müßten. Innerhalb gewisser Grenzen, wurde bedeutet, konnte die eigene Vergangenheit nun affirmativ angenommen werden.

21. Reagans Besuch in Bitburg, so intendierte es die Kohl-Regierung, sollte also symbolisch das Ende der Nachkriegszeit markieren. Indem die Regierung dieses Ende in Form einer Versöhnung mit der deutschen Vergangenheit interpretierte, brachte sie ein Verhältnis zur Vergangenheit zum Ausdruck, das der Haltung, die eine Versöhnung mit den Gegnern und Opfern der Nazi-Vergangenheit auf Grundlage einer Zurückweisung dieser Vergangenheit suchte, wie sie Willy Brandt fünfzehn Jahre früher mit seinem Kniefall am Mahnmal des Warschauer Ghettos demonstriert hatte, diametral entgegengesetzt war. Implizit versuchte der Bitburg-Besuch, Brandts Geste in die Nachkriegszeit (also in eine nicht-normale Zeit) zu verbannen.

22. Es dürfte klar sein, daß diese Art von Normalisierung mehr als nur eine Schwierigkeit für die jüdische Gemeinde darstellte – die gerade ihre eigene Position in Deutschland zu normalisieren suchte.

23. Die Reaktionen auf Bitburg mit denen auf die Aufführung des Fassbinder-Stückes zu vergleichen, ist erhellend. Notwendigerweise muß ich hier vereinfachen. Die Art der Versöhnung mit der Vergangenheit, wie Kohl sie propagierte, wurde von den Konservativen stark unterstützt, erfuhr von Seiten der Sozialdemokraten eine schwache Gegnerschaft und im Parlament eine heftige Opposition durch die Grünen, obwohl weder sie noch irgend jemand sonst in der Linken breite Proteste gegen den Bitburg-Besuch zu organisieren versuchten.

Woraus erklären sich diese unterschiedlichen Reaktionen? Die konservative Position brauche ich wohl nicht zu erläutern. Ich möchte lediglich festhalten, daß mit Zunahme der Proteste aus den Vereinigten Staaten und Israel die rechtsgerichtete Illustrierte *Quick* einen Artikel über Macht und Einfluß der Juden in den USA veröffentlichte, und daß die *Frankfurter Allgemeine Zeitung* in einer kaum verhüllten Drohung schrieb, die Juden sollten sich vorsehen, das Verhältnis nicht überzustrapazieren, denn die Konsequenzen könnten nur negativ ausfallen – für die Juden selber und für Israel.

Die Sozialdemokraten nahmen, nachdem sie durch Meinungsumfragen festgestellt hatten, daß der Besuch von Reagan und Kohl in Bitburg recht populär wäre und weil sie sich ihre Siegeschancen in den Landtagswahlen der darauffolgenden Woche in Nordrhein-Westfalen nicht zunichte machen wollten, eine lauwarme Position ein.

Warum gab es auf Seiten der Linken so wenige Proteste? Ich bin mir nicht sicher. Grundsätzlich allerdings, glaube ich, wollten sich viele gern vom Ballast der Vergangenheit befreien. In diesem Sinne drückten sie ebenfalls ein Bedürfnis aus, zur Normalität zurückzukehren, wenn nicht sogar in derselben Form wie die Konservativen. Andere Faktoren, denke ich, spielten außerdem eine Rolle, wie zum Beispiel die Weigerung zu begreifen, daß so ein Spektakel eine tiefe politische Bedeutung haben könnte. Anstatt also zum Beispiel direkt gegen Bitburg zu demonstrieren, beschloß der Parteivorstand der Grünen den vierzigsten Jahrestag des Kriegsendes in Europa durch eine Reise nach Auschwitz zu begehen – eine Geste, die natürlich von den Medien gar nicht wahrgenommen wurde.

24. Als Fassbinders Stück diesen Herbst in Frankfurt zu einem öffentlichen Thema wurde, schienen die Positionen vertauscht. Die Konservativen und insbesondere die *Frankfurter Allgemeine* argumentierten, das Stück sei antisemitisch und den Gefühlen der Juden sollte Rechnung getragen werden. Die SPD und, soweit ich weiß, viele andere auf der Linken, vor allem im Umfeld der 'fundamentalistischen' Fraktion der Grünen, meinten, es ginge hier um eine Frage der Zensur. Zusätzlich haben viele verlautbart, das Stück handele im wesentlichen von Grundstücksspekulation und der Zerstörung der Städte. Die 'Realo'-Fraktion der Grünen war sich da weniger sicher und zeigte sich den Argumenten der jüdischen Gemeinde gegenüber zugänglicher, deren Mitglieder, wie vielleicht bekannt ist, die Bühne besetzten, um die Premiere des Stückes zu verhindern – soweit ich weiß, markiert diese Tat das erste Mal, daß die jüdische Gemeinde das politische Feld in solch direkter und öffentlicher Manier betreten hat.

25. Im September 1984 habe ich eine Filmversion von Fassbinders *Die Stadt, der Müll und der Tod* gesehen und an einer anschließenden Podiumsdiskussion teilgenommen. Soweit es mich betrifft, handelt das

Stück von einer zerstörten Gesellschaft und vom Antisemitismus. Wer sich mit Fassbinders Arbeiten einigermaßen auskennt, weiß, in welch hohem Maße er sich, wahrscheinlich mehr als jeder andere deutsche Künstler der Nachkriegszeit, mit der Problematik von Deutschlands unmittelbarer Vergangenheit, der Verschränkung von Vergangenheit und Gegenwart, von Normalität und Anomalität in der deutschen Gesellschaft und bei sich selbst auseinandergesetzt hat. Als Fassbinder sein Stück schrieb, nahm er sich einen Roman von Gerhard Zwerenz zur Vorlage, *Die Erde ist unbewohnbar wie der Mond*, der von der Zerstörung des Westends handelte und der meiner Meinung nach in Bezug auf den Antisemitismus zumindest als problematisch zu bezeichnen ist, und versuchte, dieses historische und literarische Material in ein Theaterstück über Antisemitismus zu transformieren. In seiner expressionistischen Grobschlächtigkeit sollte das Stück ein Spiegel sein, in dem Frankfurt sich wiedererkennen sollte. Es spiegelte den starken Antisemitismus in Teilen der Frankfurter Bevölkerung zur Zeit des 'Häuserkampfes' wieder.

26. Anstatt allerdings als Spiegel zu dienen, wurde das Stück von den meisten als eine Art Fenster wahrgenommen – und diesen Umstand halte ich für das eigentliche Problem. Von der überwiegenden Mehrheit (mit einigen bedeutenden Ausnahmen) wurde *Die Stadt, der Müll und der Tod* entweder als ein Stück über einen reichen Juden und eine Reihe anderer unappetitlicher Charaktere oder als ein Stück über Grundstücksspekulation aufgefaßt. Die Positionen, die in dieser Kontroverse eingenommen wurden, waren sehr entlarvend.

27. Unklar ist, warum sich letztes Jahr Ulrich Schwab, der gerade Generalintendant der Alten Oper geworden war, oder warum sich dieses Jahr Günther Rühle als Direktor der Kammerspiele, der vorher Kulturredakteur der *Frankfurter Allgemeinen* gewesen war, dafür entschieden, das Stück aufzuführen. Interessant finde ich, daß, sobald die jüdische Gemeinde sich gegen eine Aufführung des Stückes auszusprechen begann, die *Frankfurter Allgemeine* sich in die erste Reihe im Kampf gegen Fassbinders angeblichen Antisemitismus stellte. Um noch einmal zu erinnern: dies war dieselbe Zeitung, die die jüdische Gemeinde mehr oder weniger gewarnt hatte, zu viel gegen den Bitburg-Besuch zu unternehmen. Ich glaube, daß der Unterschied in der Haltung der *Frankfurter Allgemeinen* zu Bitburg und zu Fassbinder

verdeutlicht, wie das Thema Antisemitismus von den Konservativen instrumentalisiert worden ist.
28. Ich sagte, daß die konservative Auffassung von Normalisierung eine Versöhnung mit der Vergangenheit einschließt. Natürlich kann diese Vergangenheit nicht voll und ganz in die Arme geschlossen werden. Eine Lösung für dieses Problem hat darin bestanden, den Antisemitismus (verstanden lediglich als ein antijüdisches Vorurteil) als das unakzeptable Element des Nationalsozialismus zu isolieren. Die periodisch wiederkehrende Antisemitismuskritik (die schließlich, im Abstrakten, kaum politisch problematisch ist) erlaubt die kontinuierliche Normalisierung Deutschlands. Tatsächlich stellt sie eine ihrer Bedingungen dar.

Wenn allerdings die Bedenken der Juden sich außerhalb der fein gezogenen Grenzen bewegen, wenn sie, wie es bei Bitburg der Fall war, in politisch relevante Gebiete vordringen, dann werden die Juden schnell an ihren wirklichen Platz erinnert.

Was auch immer man von Fassbinders Stück halten mag, in keiner Weise repräsentiert es eine Versöhnung mit der Vergangenheit wie sie der Bitburg-Besuch erreichen sollte. Tatsächlich stellt Fassbinder, 'vulgär', homosexuell und die moralischen Grundlagen der Republik infragestellend, ein perfektes Ziel für die *Frankfurter Allgemeine* dar. Ihn des Antisemitismus zu bezichtigen, erlaubt es den Konservativen, ihre Distanz zur nationalsozialistischen Vergangenheit in einer Art und Weise zu betonen, die sie nichts kostet, und sie schlagen zwei Fliegen mit einer Klappe.
29. Auf der anderen Seite demonstrieren diejenigen Linken, die behaupten, es ginge hier nur um Zensur (womit sie implizit dem Urteil, daß das Stück antisemitisch sei, Recht geben), oder die behaupten, es ginge um Grundstücksspekulation und für sich in Anspruch nehmen, daß es möglich sein muß, Juden zu kritisieren, daß sie sich selbst in dem Spiegel, den Fassbinder ihnen vorgehalten hat, nicht wiedererkannt haben. Sollte Fassbinders Stück, wie ich behauptet habe, nicht antisemitisch sein, so waren es sicherlich die meisten Reaktionen darauf in der einen oder anderen Form.

Zu erkennen, daß das Stück vom Antisemitismus statt von Grundstücksspekulation handelt, würde für die Linken notwendigerweise nach sich ziehen, die Blindheit auf Seiten der meisten von ihnen während der frühen siebziger Jahre zu reflektieren. Eine Blindheit gegenüber dem Grad, in dem ihr Kampf öffentliche Unterstützung als ein populistischer Kampf fand, als eine Kampfform, die oft dahin tendierte, antisemitische Formen anzunehmen.

Statt dessen wird regelmäßig eine abstrakt universalistische Haltung dazu benutzt, das Thema des Antisemitismus zu verdecken. Ständig hört man Leute sagen, sie seien gegen Spekulation und würden sich um die Identität des Spekulanten nicht scheren. So eine Einstellung leidet natürlich an einer ahistorischen und ungesellschaftlichen Abstraktheit. Sie vermeidet, sich die Frage zu stellen, warum, obwohl tatsächlich Juden unter den Frankfurter Grundstücksspekulanten der späten sechziger und frühen siebziger Jahre überproportional vertreten waren, die einzigen allgemein mit Namen bekannten Spekulanten Juden waren (mit Ausnahme eines Iraners).

Nötig gewesen wäre nicht nur eine Reflexion über das Ausmaß der Aktualität des Antisemitismus in Deutschland, sondern, wesentlich grundsätzlicher, darüber, was Antisemitismus ist. Solch eine Diskussion hätte einige Fragen aufgeworfen über die Fallstricke eines sozialen Kampfes in Deutschland, der im Bereich – man möge mir die Terminologie verzeihen – der Zirkulationssphäre ausgefochten wurde und daher notwendigerweise in populistischer Manier.*

Das wiederum hätte eine nochmalige Analyse von Form und Inhalt der diversen sozialen Kämpfe erfordert, außerdem ein Herausarbeiten jener Aspekte des Nationalsozialismus, die von einer orthodoxen marxistischen Analyse seines Verhältnisses zum Kapital nicht erfaßt werden.

30. Tatsächlich haben solche Diskussionen während der letzten fünf Jahre im kleinen Kreise stattgefunden. Allgemein stelle ich fest, daß eine größere Offenheit herrscht, den Antisemitismus zu diskutieren, als, sagen wir, vor zehn Jahren. Der Aufführungsversuch des Fassbinderstücks hat sowohl gezeigt, wie problematisch das Thema immer noch

---

* Für eine ausführlichere Diskussion dieser Frage siehe meinen Beitrag „Antisemitismus und Nationalsozialismus" (in diesem Band). Darin führe ich aus, daß der moderne Antisemitismus mit einer bestimmten Form des Protests gegen den Kapitalismus des späten 19. Jahrhunderts verbunden ist, der auf einem falschen Verständnis des Wesens des Kapitals beruht.

ist, als auch eine große Menge an sehr notwendiger öffentlicher Diskussion ausgelöst.

31. Eines noch: Zum ersten Mal haben Mitglieder der jüdischen Gemeinde in Frankfurt versucht, als politische Subjekte und eben nicht als passive Objekte zu handeln. Ich bin mir sicher, daß darauf ein Rückzug aus der Öffentlichkeit folgen wird, aber es könnte einen Wandel bedeuten. Der Erfolg einer solchen Veränderung wird natürlich davon abhängen, ob eine ausreichende Anzahl Deutsche mit dem Thema des Antisemitismus umgehen können, wenn es von Juden aufgebracht wird, die als politische Subjekte agieren.

1985

Übersetzt von Ingwer Schwensen

Bitburg: 5. Mai 1985 und danach

Ein Brief an die westdeutsche Linke

Liebe Leute,

dieser Tag der Schande ist Anlaß meines Briefes. Daß ich die Politik und Ideologien Reagans, Kohls und ihrer entsprechenden Regierungen kenne und verachte, hat mich nicht vor dem Horror, der Wut und dem tiefen Gefühl der Beleidigung bewahrt, den ihr obszöner Versuch, den gemeinen Nazi zu rehabilitieren, in mir auslösten. Hauptsächlich schreibe ich jedoch wegen meiner tiefen Enttäuschung über die westdeutsche Linke.

Historisch bedeutsam war der 5. Mai 1985 leider auch insofern, als er den Mangel an Bewußtheit über seine ganze Tragweite in großen Teilen der westdeutschen Linken offenkundig machte.

Zur Debatte stand die Frage der Beziehung des heutigen Deutschland zu Nazi-Deutschland. Die Frage ist natürlich nicht neu. Aber sie liegt nun offen zutage und erregte Aufmerksamkeit in großen Teilen der Welt – zu einer Zeit, da die Bundesrepublik eine Macht geworden ist und an einem kulturellen und politischen Scheideweg steht. Weil die Deutschen sich nicht gegen das Dritte Reich aufgelehnt hatten – selbst dann nicht, als es am Zusammenbrechen war –, und weil eine post-faschistische Ordnung von ihnen selbst nicht installiert wurde, ist ein System psychischer Verdrängung und Verleugnung geschaffen worden, auf dem sowohl die BRD als auch die DDR aufgebaut wurden. Die Ereignisse der letzten zwei Wochen haben gezeigt, daß dieses System – zumindest in Westdeutschland –auseinanderzufallen beginnt, und daß die beiden einzigen schon immer vorhandenen grundlegenden Alternativen nun klar zutage treten: Entweder eine Identität, die auf einer offenen und kontinuierlichen Auseinandersetzung mit und der Ablehnung der Nazi-Vergangenheit basiert, oder aber eine letztendliche Versöhnung mit dieser Vergangenheit (gesäubert vielleicht von einigen zu anstößigen Führern an der Spitze und von den ein oder zwei 'Exzessen', für welche diese Führer allein die Verantwortung tragen sollen und von denen 99,9 % der deutschen Bevölkerung angeblich nichts wußten).

Kohls Bestehen auf Reagans Besuch eines Soldatenfriedhofs, auf dem sich auch Gräber von SS-Leuten befinden, war natürlich ein Versuch, die offizielle amerikanische Legitimation für die letztere Möglichkeit zu erlangen – für eine Versöhnung mit der deutschen Vergangenheit. Auf der einen Seite war das der Ausdruck der in Deutschland weitverbreiteten Gesinnung, daß – mit ein paar nebensächlichen Ausnahmen vielleicht – der Zweite Weltkrieg ein Krieg wie jeder andere und daß die Mitglieder der Wehrmacht und der Waffen-SS-Soldaten wie alle anderen gewesen wären; eine ungeheuer unehrliche und selbstbetrügerische Einstellung, die letztendlich in der beharrlichen Verdrängung wurzelt, die für das Nachkriegsdeutschland konstitutiv war. Andererseits sollte Kohls Hartnäckigkeit auch im Kontext einer generellen offensiven Bewegung von Teilen der Rechten (z. B. jener Intellektuellen, die den 'kosmopolitischen Einfluß' der Frankfurter Schule zu überwinden trachten) gesehen werden, die verschiedene Aspekte des 'Deutschtums' von vor 1945 wiederbeleben wollen und die bemüht sind, in der politischen Öffentlichkeit die Hegemonie zurückzugewinnen, indem sie all die Sehnsüchte, an denen viele Deutsche, die in ihrem Innern nie von der Schlechtigkeit des Nazismus überzeugt waren, privat festgehalten hatten, auf den öffentlichen Diskurs übertragen und so respektabel machen.

Bitburg offenbarte ebenso, welche Bedeutung der Atlantizismus für viele Konservative hatte. In die NATO eingebettet und der treueste Verbündete der USA zu sein, wird als ausreichend angesehen, um Westdeutschland als eine vollwertige Demokratie zu konstituieren. Es erlaubt der BRD, sich selbst als Demokratie zu begreifen, ohne sich gänzlich mit der Nazi-Vergangenheit befassen zu müssen. Die vollständige Demokratisierung Deutschlands setzt aber eine weitaus grundsätzlichere Veränderung im allgemeinen politischen Bewußtsein voraus – eine Veränderung, die nur auf der Basis einer Konfrontation mit dieser Vergangenheit eintreten könnte. Das militärische Bündnis ermöglicht jedoch zwei Ebenen deutscher Nachkriegsrealität: demokratische Institutionen plus Versöhnung mit der Geschichte.

Vielleicht liegt hier eine wesentliche Dimension, um zu erklären, warum die jüngsten deutschen Regierungen eine amerikanische Rüstungspolitik begünstigt – oder zumindest unterstützt – haben, die den Interessen der Bundesrepublik sehr stark zu widersprechen scheint.

Vielleicht müssen wir die Existenz einer anderen Art von 'Interesse' erkennen. Da es eine grundsätzliche interne Demokratisierung nicht gegeben hat, wurde die westliche Allianz für viele Liberale und Sozialdemokraten der externe Garant für Demokratie, während sie für viele Konservative zur Voraussetzung wurde, Westdeutschland, ohne mit der Vergangenheit voll gebrochen zu haben, als 'erneuert' betrachten zu können.

Kohl und Reagan sollten in Bitburg jene konservative Vision einer ehrenhaften Versöhnung mit der Nazi-Vergangenheit sanktionieren. Mit der Anerkennung durch die größte westliche Macht, daß Deutschland wieder Deutschland sein dürfe, sollte die Nachkriegsperiode endgültig zum Abschluß gebracht werden. Alle Versuche, eine andere Grundlage deutscher Identität auf der Basis einer gründlichen Ablehnung des Nazismus und der Aspekte des 'Deutschtums', deren äußerster krimineller Ausdruck er war, zu schaffen, sollten in diese Nachkriegsperiode verwiesen werden. Der Abschluß dieser Periode sollte durch Deutschlands Wiedererlangung seines älteren Ichs markiert werden.

In diesem Sinn muß der Kohl-Reagan Besuch in Bitburg als der Versuch gesehen werden, jene Version von deutscher Identität historisch zu negieren, die Willy Brandt ausdrückte, als er vor dem Mahnmal des Warschauer Ghettos niederkniete. Brandt signalisierte, daß die Frage der Versöhnung eine Frage zwischen Deutschland und seinen Opfern sein sollte als notwendige Bedingung für die Versöhnung Deutschlands mit der Humanität* (eine Versöhnung, deren Notwendigkeit sich viele Deutsche zugegebenermaßen nicht einmal bewußt sind). Deutschland sollte sich, um eine neue Identität zu gewinnen, seiner grausamen Vergangenheit offen stellen, die Verantwortung für sie annehmen und die Vergangenheit zurückweisen.

Diese beiden historischen Gesten und die Konzeptionen deutscher Identität, die sie ausdrücken, schließen sich gegenseitig aus. Deshalb gab es viele Menschen außerhalb Westdeutschlands, die nicht nur hofften, sondern ehrlich erwarteten, daß das Kohl-Reagan-Spektakel in Deutschland sehr starken Protest von Seiten der Liberalen, Sozialdemokraten, der Linken und anderer auslösen würde. Schließlich war

---

* *Humanity* kann beides bedeuten: *Humanität* und *Menschheit*

erkennbar, daß der Bitburger 'Akt der Versöhnung' nicht nur ein obszöner und brutaler Akt der Gewalt gegen die Opfer des Nazismus darstellte, sondern daß auch die gesellschaftliche Definition der deutschen Identität auf dem Spiel stand. Doch die Reaktionen jener Segmente der deutschen Gesellschaft, die für sich in Anspruch nehmen, ein anderes, progressives Deutschland zu repräsentieren, waren vollkommen unangemessen. Und ich, wie viele andere, bin nicht nur von Grund auf enttäuscht und erbittert, sondern auch emotional erschüttert.

Das Verhalten der SPD war schlichtweg beschämend. Ich muß zugeben, daß ich – trotz all meiner Kritik an dieser Partei – noch immer angenommen hatte, daß sie in einem solchen Fall nicht mitmachen würde. Ich war schockiert, als ich las, daß die SPD ebenfalls im Bundestag gegen den sehr guten, ehrlichen und vollkommen angemessenen Antrag der Grünen zu Bitburg gestimmt hatte. Der Antrag, den die SPD einbrachte, war schwach, opportunistisch und unangemessen. Ich war angewidert.

Der SPD sind traditionellerweise historische Aufgaben aufgebürdet worden, die in anderen Ländern nicht allein in der Verantwortung der Sozialdemokraten lagen. Das ist jedoch keine ausreichende Erklärung dafür, daß sie sich so oft als unzulänglich gegenüber den Erfordernissen eines historischen Augenblicks erwiesen hat, wie sie es in Bezug auf Bitburg ein weiteres Mal tat. Vielleicht verhalten sich die Sozialdemokraten so feige, weil sie die überwiegende Mehrheit der deutschen Bevölkerung für Krypto-Faschisten halten. Wenn dem so ist, hat die SPD durch ihre Feigheit und Blindheit zur Verewigung dieser politischen Kultur beigetragen.

Obwohl ich vom Verhalten der SPD schockiert war, hat mich die Stärke des Antrags der Grünen im Bundestag gefreut und getröstet. Aber eben wegen dieses Antrags hatte ich fest erwartet, daß es massive Demonstrationen geben würde, daß Leute gegen die Rehabilitierung der Nazi-Vergangenheit protestieren und so denjenigen das Feld der Identität streitig machen würden, die eine Kontinuität mit der Vergangenheit zu legitimieren suchen. Ich empfinde es als Verlust, daß dies nicht geschah.

Wieso gab es keine großen Demonstrationen? Die unangemessene Reaktion derer, die sich als Repräsentanten eines 'anderen' Deutschlands bezeichnet haben, hat gezeigt, wie wenig der Versuch Fuß gefaßt hat, dieses andere Deutschland durch offene und kritische Auseinandersetzung mit der Nazi-Vergangenheit zu schaffen. Es ist noch nicht einmal klar, ob es überhaupt Proteste in Westdeutschland gegeben hätte, wenn Reagans Pläne nicht solch massive Kritik in den USA und anderswo hervorgerufen hätten. Daß so viele Linke die ganze Angelegenheit offenkundig als eine zweitrangige Störung, als ein Stück Show-Business ohne politische Bedeutung betrachteten, bringt ein Maß an Blindheit zum Ausdruck, das seinerseits nur bestätigt, wie weitgehend die fundamentale Verdrängung im Kern des nachkriegsdeutschen sozialen Bewußtseins die Gegenwart durchdrungen hat und an eine neue Generation übertragen worden ist.

Wie ich hörte, hatten einige in Frankfurt gemeint, man solle große Demonstrationen in Bergen-Belsen und Bitburg durchführen, um sich mit den Juden und Sinti solidarisch zu zeigen. Obwohl zweifellos gut gemeint, enthüllt dieser Vorschlag doch einen Mangel an Bewußtsein und einen Widerwillen zu erkennen, was für Deutsche gilt: daß für die Deutschen die Geschichte der Nazis ihr Problem ist und nicht bloß das Problem der Opfer des Nazismus. Das Problem, das sich der Nachkriegsgeneration stellt, ist nicht eines der Schuld. Es besteht vielmehr darin, daß es in Deutschland keine 'Normalität' geben kann, die sich auf der Basis einer Verdrängung oder Verleugnung der Vergangenheit konstituiert. Das gilt genauso für die bürgerliche Kultur wie für jegliche Art oppositioneller oder emanzipatorischer Bewegung. Viele Linke haben sich dieser Vergangenheit nie wirklich gestellt, außer in einer sehr abstrakten und selektiven Art und Weise (z.B. mittels Verdinglichungen wie Bürokratie, Kapital, Männerphantasien etc.) und als hätte sie sich vor Jahrhunderten ereignet. Aber es geschah vor 40 Jahren und die meisten Eurer Verwandten haben sie geschaffen und unterstützt. Vielleicht ist das auch der Grund dafür, daß es so viele vorziehen, außer in sehr allgemeiner Form, so wenig darüber zu erfahren, was die Nazis und deren Unterstützer wirklich in der Welt bewirkt haben.

Ich glaube, daß die Verdrängung der Nazi-Vergangenheit reale und deformierende Auswirkungen auf die Linke gehabt hat. Ein Beispiel dafür ist das Fehlen einer Identität und daher auch einer Kontinuität in der linken Politik in den letzten 15 Jahren. Positionen, Richtungen, Analysen und Wahrnehmungen wurden ausprobiert und dann verworfen. Kaum etwas wurde beibehalten. Es gibt anscheinend keinen Mittelpunkt der Identität. Statt dessen scheint es, als ob – unterschwellig – die Mehrheit derer, die von sich glauben, in Opposition zur herrschenden Ordnung zu stehen, diese Ordnung in einer Hinsicht, nämlich durch ihre Unfähigkeit, mit der Vergangenheit umzugehen, reproduzieren. Ich spreche von dem Ausmaß, in dem Proteste gegen Imperialismus, Unterdrückung und Ungerechtigkeit unwissentlich als ein Mittel instrumentalisiert worden sind, einer Konfrontation mit der Vergangenheit der vorangegangenen deutschen Generation aus dem Weg zu gehen, oder schlimmer noch, als ein impliziter Beweis dafür, daß die Nazis immerhin nicht die einzigen gewesen seien.

Ich meine natürlich nicht, daß sich die deutsche Linke nur um die deutsche Vergangenheit kümmern sollte. Aber wenn Hunderttausende bereit sind, gegen den amerikanischen Imperialismus zu demonstrieren, und nur ein paar Hundert gegen die Rehabilitation der Nazi- Vergangenheit, denke ich schon, daß der erste Anlaß instrumentalisiert worden ist. Auf dieser Ebene (und nicht auf der Ebene der Rechtmäßigkeit der Sache selbst) reproduziert die Linke diese in Deutschland weit verbreitete Denkart, die immer wieder versucht, den Nazismus dadurch zu entschuldigen, daß sie ihn relativiert (gewöhnlich mit Verweis auf die UdSSR). Diese Geisteshaltung fand kürzlich ihren entsprechenden Ausdruck in dem neuen Gesetz, das den Holocaust mit der Vertreibung der Deutschen aus dem Osten am Ende des Zweiten Weltkriegs gleichsetzt. Die Linke hat zu oft, auf einer Ebene, das Muster vorherrschender deutscher Einstellungen, das zurückzuweisen sie angetreten war, reproduziert.

Es ist nicht der Punkt, daß nur Deutsche gigantische Verbrechen begangen hätten. Der Punkt ist, daß Ihr Deutsche seid, und daß – wenn Ihr nicht die Verantwortung übernehmt, Euch der Nazi-Vergangenheit zu stellen – auch Ihr mitschuldig seid an der Übertragung und Reproduktion des Systems von Lügen und kollektiver Verdrängung, das seit 1945 für Deutschland charakteristisch war – weil die Deutschen es versäumten, sich selbst zu befreien. Es kann auf der Grundlage einer Leugnung der Vergangenheit oder des Versuchs, ihr zu entfliehen oder sie zu ignorieren, kein anderes Deutschland geben. Es gibt in der Tat nur zwei Möglichkeiten: Eine endgültige Versöhnung mit dieser Vergangenheit oder aber der konstante, d.h. in fortwährender Auseinandersetzung zu vollziehende Bruch mit ihr.

Es hört sich vielleicht ungerecht an, daß diejenigen, die keine Schuld haben, die sein müssen, die die Verantwortung für diese Nazi-Vergangenheit übernehmen, aber meiner Meinung nach gibt es keinen anderen Weg. So etwas wie einen 'Schlußstrich' gibt es nicht. Das hat nichts mit Kollektivschuld zu tun. Es meint eher, daß die Deutschen niemals fähig sein werden, sich selbst zu befreien, es sei denn, dieses andere Deutschland definiert sich selbst konstant als Anderes. Und das kann nicht dadurch geschehen, daß man auf 1832 oder 1848 oder auf die Arbeiterbewegung verweist. 'Anders' kann seit 1933 nur heißen: anders als Nazi-Deutschland und die Elemente, die es aufkommen ließen. Dies gilt unabhängig von der Frage, wie Leute sich selbst zu definieren wünschen – ob als Deutsche in einem etwas emphatischen Sinn oder als Europäer, also als Kosmopoliten. In beiden Fällen richtet sich die Selbstdefinition gegen die Vergangenheit.

Im letztgenannten Fall ist dies offenkundig. Doch gilt dies auch für den vorhergenannten Fall. Man kann nicht einfach 'deutsch' sein und vorgeben, nicht zu wissen, daß der moderne deutsche Nationalismus – im Gegensatz zur Situation vieler anderer Länder – immer reaktionär gewesen ist.

Falls Leute, aus welchen Gründen auch immer, Wert darauf legen, sich selbst als Deutsche begreifen zu können, ohne ihre Köpfe hängen zu lassen, dann sollten sie erkennen, daß dieser Wunsch notwendigerweise die Erschaffung von etwas Unterschiedlichem erfordert. Und dieser Unterschied kann nicht dadurch geschaffen werden, daß man etwas Neues zu sein oder zu tun versucht, wenn dieses Neue nicht fortwährend und bewußt im Gegensatz zu dem bestimmten Alten der deutschen Vergangenheit definiert wird. Das mag eine Last darstellen, aber meiner Meinung nach gibt es keine andere Möglichkeit, daß es jemals ein 'anderes' Deutschland geben könnte.

Die Linke selbst hat in der jüngsten Vergangenheit dazu beigetragen, daß dieses Thema auf den Tisch kam. Da sie eine starke Kraft im Bestreben um größere Unabhängigkeit Westdeutschlands von den USA und für eine weitergehende Souveränität Deutschlands war, trägt die Linke nun eine besondere historische Verantwortung. Denn es stellte sich sofort die Frage, von welcher Art dieses souveräne Deutschland sein sollte. Wie sehr die Kritik an der NATO und der amerikanischen Rüstungspolitik auch gerechtfertigt sein mag, die Wurzel von Deutschlands Problem ist Deutschland und nicht die USA. Die Bewegung gegen die NATO kann nur dann progressiv sein, wenn sie gleichzeitig mit dem Versuch gekoppelt ist, ein neues, anderes Deutschland zu schaffen. Wenn dies nicht geschieht, wird die historische Rolle der Linken in diesem kritischen Augenblick eine verheerende gewesen sein. Das Ergebnis wäre die schlechteste aller möglichen Welten: eine Ablehnung der NATO; nicht aufgrund ihres Militarismus, sondern als Teil einer traditionellen deutschen Ablehnung des Westens, einhergehend mit der Rückkehr zu jenen teutonischen Tugenden, die Deutschland in der Vergangenheit zur Geißel der Erde gemacht haben.

In den Jahren, in denen ich in Frankfurt. lebte, fühlte ich mich nicht nur mit meinen persönlichen Freunden eng verbunden, sondern – aus biographischen und politischen Gründen – auch mit jenen Gruppen von Menschen, deren Selbstdefinition den Versuch beinhaltete, ein anderes Deutschland begründen zu helfen.

Heute bin ich erschüttert. Ich bin mir nicht mehr sicher, ob es über einzelne Deutsche hinaus, die 'anders' sind, wirklich ein solches anderes Deutschland gibt. Ich habe das Gefühl, einen Ort verloren zu haben. Ich hoffe, daß ich mich irre.

Ich kann nur hoffen, daß Bitburg rückwirkend genügend Leute aus ihrem dogmatischen Schlummertraum – 'normale' Oppositionelle oder Linke zu sein – aufrütteln wird, so daß sie beginnen können, den Keim dessen zu bilden, was tatsächlich ein anderes Deutschland wäre. Ohne diesen Keim wäre das souveräne Europa oder Deutschland, das sich so viele herbeiwünschen, nur eine neuere und modernere Version des imperialistischen Deutschland oder des Europa der Vergangenheit.

1985

Übersetzt von Matthias Küntzel und Ingwer Schwensen

Nach dem Holocaust

Geschichte und Identität in Westdeutschland

> „Die Tradition aller toten Geschlechter lastet wie ein Alp auf dem Gehirne der Lebenden."
> *Karl Marx*

Menschen können Kontrolle über die Gegenwart erst dann erlangen, wenn sie fähig sind, die Vergangenheit zu beherrschen, statt von ihr beherrscht zu werden. Der Versuch, einen angemessenen Umgang mit der Vergangenheit zu entwickeln, war nach 1945 in Westdeutschland von entscheidender Bedeutung. Dies war jedoch auch deshalb besonders schwierig, weil die Gegenwart zutiefst geprägt und belastet war durch den Alp des Nationalsozialismus.[1] Die von den Nazis begangenen Verbrechen – insbesondere der Holocaust – sprengten die Grenzen eines normalen Verlaufs der Geschichte und damit jeder herkömmlichen Art der Vergangenheitsbewältigung. Der rational organisierte Versuch, das europäische Judentum vollständig auszulöschen, das Programm der Vernichtung um der Vernichtung willen, welches den Holocaust von allen anderen Formen des Massenmords abhebt, war sowohl moralisch als auch intellektuell kaum zu erfassen.[2] Sowohl durch die rationelle,

---

1 Die nationalsozialistische Vergangenheit hat natürlich auch die Entwicklung in Ostdeutschland und Österreich geprägt, in diesem Artikel gilt mein Interesse jedoch der Bundesrepublik Deutschland.

2 Damit soll weder behauptet werden, der Holocaust sei das einzige Verbrechen gegen die Menschheit, das die Nazis begangen hätten, noch, allein das nationalsozialistische Deutschland habe sich solcher Verbrechen schuldig gemacht. Es gab in der Geschichte viel zu viele Fälle von Massenmord und Genozid. Dennoch kann jeder dieser Fälle nur in seiner qualitativen Besonderheit verstanden und auch nur so damit moralisch umgegangen werden. Die moralische und historische Aufgabe der Deutschen ist es, zu versuchen, mit der NS-Vergangenheit in ihrer einzigartigen Besonderheit zurechtzukommen. Was sich intellektuell und moralisch verbietet, sind sowohl die Versuche seitens vieler Deutscher, die nationalsozialistischen Verbrechen gegen die Menschheit zu relativieren und implizit zu rechtfertigen, indem sie mit anderen historischen Verbrechen *gleichgesetzt* werden, als auch Positionen, denen zufolge Verbre-

bürokratisch-industrielle Art und Weise, in der der Holocaust organisiert wurde, als auch durch das gigantische Ausmaß seiner Immoralität entstand eine Form von Schuld, die jenseits des Bereichs individueller Strafbarkeit und politischer Verantwortlichkeit zu liegen schien. Sie stellt ein historisches Erbe dar, das sich letztlich dem normalen juristischen und politischen Zugriff entzieht, so wichtig solche Mittel für einen Umgang mit der Vergangenheit auch sein mögen.

Es waren genau diese Aspekte der nationalsozialistischen Vergangenheit, die von den meisten Deutschen nach 1945 in großen Teilen ausgeklammert und begraben wurden – eine Tendenz, die durch die schnellen Veränderungen im internationalen Machtgefüge und den Beginn des Kalten Krieges befördert wurde. Aufgrund des Ausmaßes der nationalsozialistischen Verbrechen und des Grades ihrer Verdrängung formierte sich die Geschichte Nachkriegsdeutschlands auf zwei Ebenen, einer sichtbaren und einer latenten.[3] Einerseits hat es in Westdeutschland nach 1945 wirkliche Veränderungen gegeben; andererseits blieb jedoch das Verhältnis der Gegenwart zur Vergangenheit in einem fundamentalen Sinne problematisch und unaufgelöst. Man kann durchaus sagen, daß Westdeutschland in der Überwindung des Erbes des Nationalsozialismus in vielerlei Hinsicht recht erfolgreich war. Die Bundesrepublik hat sich als stabile parlamentarische Demokratie erwiesen. Eine nähere Betrachtung zeigt jedoch, daß dies nur eine Ebene oder Dimension der sozialen und politischen Nachkriegsrealität darstellt. Auf einer anderen historischen und psychischen Ebene wirkt die durch die NS-Verbrechen, und insbesondere durch den Holocaust, bestimmte Vergangenheit weiterhin auf die Gegenwart ein. Sie steht mit der unmittelbaren sozialen und politischen Realität in einem komplexen dialektischen Verhältnis von Normalität und Nicht-Normalität, welches für das Leben in Nachkriegsdeutschland charakteristisch

---

chen gegen die Menschheit historisch einzig und allein von Nazi-Deutschland begangen wurden und die damit implizit die Taten aller anderen Staaten, Parteien, Bewegungen und Institutionen rechtfertigen.

[3] Eine zum Nachdenken anregende Thematisierung des Verhältnisses von Auschwitz und dem Unbewußten im Nachkriegsdeutschland findet sich bei Dan Diner, *Negative Symbiose. Deutsche und Juden nach Auschwitz*, in: *Babylon. Beiträge zur jüdischen Gegenwart* H. 1 (1986).

war.[4] Wie ich im folgenden ausführen werde, drückte sich diese unterschwellige moralische und historische Ebene unter anderem darin aus, daß viele Deutsche sich selbst als Opfer der Geschichte sahen oder sich mit diesen identifizierten. Wollte man ernsthaft versuchen, mit dieser verdrängten Vergangenheit, als deren Ausdruck eine solche Verkehrung betrachtet werden kann, zu rande zu kommen, müßte man auch den Versuch unternehmen, das Verdrängte ans Licht zu bringen, die Verantwortung dafür zu übernehmen und damit die Gespaltenheit der geschichtlichen Realität im Nachkriegsdeutschland zu überwinden.

Ich werde versuchen, die beiden Ebenen der Nachkriegsgeschichte und -identität in Westdeutschland zu skizzieren, indem ich einige Aspekte des Umgangs mit dem Antisemitismus und mit dem Verhältnis der Bundesrepublik zum nationalsozialistischen Deutschland nach 1945 diskutiere. Nach einer groben Periodisierung der Geschichte der Bundesrepublik im Hinblick auf das jeweils öffentlich proklamierte Verhältnis zur Vergangenheit werde ich aktuelle Bemühungen von Konservativen darstellen, in der Öffentlichkeit ein harmonischeres Verhältnis zur NS-Vergangenheit zu etablieren. Sie versuchen, die westdeutsche Gegenwart dadurch zu 'normalisieren', daß sie die beiden Ebenen der deutschen Nachkriegsgeschichte in einer Weise zusammenbringen, die große Teile der Vergangenheit einfach affirmiert, ohne sie zu verarbeiten. Auf diese Weise soll endlich die 'abnorme' Nachkriegszeit beendet werden.

Paradoxerweise haben jene Teile der westdeutschen Gesellschaft, deren Selbstverständnis sich in offener Kritik und in einem klaren Bruch mit der NS-Vergangenheit konstituiert hatte – wie beispielsweise die Sozialdemokratische Partei (SPD), die Gewerkschaften und die verschiedenen Gruppen und Organisationen, die aus der außerparlamentarischen Opposition der 60er entstanden waren – auf diese Entwicklungen eher passiv reagiert. Ich werde versuchen, dieses Paradoxon am Beispiel der zuletzt genannten Gruppen zu beleuchten,

---

4 Theodor W. Adorno beschrieb in seinem Aufsatz *Was bedeutet: Aufarbeitung der Vergangenheit* (in: Ders., *Gesammelte Schriften* 10/2, Frankfurt 1977) brillant, wie die NS-Vergangenheit weiterhin die Nachkriegsrealität der Bundesrepublik prägte.

indem ich genauer untersuche, auf welch komplizierte Art und Weise sie selbst in den Netzen eben jener Vergangenheit gefangen blieben, die sie kritisiert hatten und der sie zu entkommen suchten.[5]

Man darf nicht vergessen, daß in intellektueller Hinsicht ein wichtiger Schritt in der Auseinandersetzung mit der Vergangenheit darin bestünde, die immanente Beziehung von modernem Antisemitismus und Nationalsozialismus zu begreifen. In der öffentlichen Diskussion in der BRD ist es jedoch bisher nicht gelungen, zu einem angemessenen Verständnis dieses Verhältnisses zu kommen. Dazu wäre es nötig, den qualitativen Unterschied zwischen Massenmord und der geplanten vollständigen Auslöschung eines gesamten Volkes zu verstehen und, damit zusammenhängend, den Unterschied zwischen einer Vorurteilsform wie der des Rassismus und dem modernen Antisemitismus zu erkennen. Letzterer muß als eine kohärente Weltanschauung begriffen werden, die vielen Menschen eine Erklärung für die tiefgreifenden sozialen, ökonomischen und kulturellen Veränderungen bot, welche die schnelle Entwicklung des industriellen Kapitalismus mit sich brachte. Richtig verstanden, ist der moderne Antisemitismus untrennbar verbunden mit der 'utopischen' Dimension des Nationalsozialismus als Bewegung – einer Bewegung, welche sich selbst als Revolte verstand.[6] Statt von diesem Zusammenhang auszugehen, war die öffentliche Diskussion durch einen scheinbaren Widerspruch geprägt, wonach aufgrund eines verkürzten Verständnisses des Gegenstands der Antisemitismus von anderen Dimensionen des Nationalsozialismus getrennt oder diese einander sogar gegenübergestellt wurden. Die Ursachen für diesen scheinbaren Widerspruch waren nicht nur theoretischer, sondern auch politischer und historischer Art.

---

5 Für eine Analyse der SPD und der Gewerkschaften siehe Andrei S. Markovits' Artikel *Coping with the Past. The West German Labor Movement and the Left*, in: Kathy Harms u.a. (Hrsg.), *Coping with the Past. Germany and Austria after 1945* (Madison 1990), wie auch seine hervorragende Studie *The politics of the West German trade unions. Strategies of class and interest representation in growth and crisis* (Cambridge 1986).

6 Für eine Behandlung dieser Themen siehe Moishe Postone, *Antisemitismus und Nationalsozialismus*, in diesem Band.

Bei ihrer Gründung umfaßte die Bundesrepublik Deutschland sowohl Momente, die eine deutliche Kontinuität mit dem 'Dritten Reich' darstellten, als auch solche Momente, die einen Bruch mit diesem System markierten. Während zum Beispiel das parlamentarische System, formale Gewaltenteilung und westliche Bürgerrechte eingeführt wurden, wurde ein großer Teil des Verwaltungsapparates des NS-Staates ebenso beibehalten wie große Teile des staatlichen Personals – Verwaltungsbeamte, Polizei, Lehrer und Richter. In der Außenpolitik förderten die christdemokratischen Regierungen der 50er und 60er Jahre eine Kooperation mit dem Westen und unterstützten die Integration der Bundesrepublik in die Nato, gleichzeitig weigerten sie sich jedoch, die Nachkriegsgrenzen in Osteuropa anzuerkennen. Diese Form des unvollständigen Bruches mit der Vergangenheit auf dem Gebiet der internationalen Beziehungen hatte auch eine innenpolitische Entsprechung. Diese bestand unter anderem in der Weigerung, die vollen Konsequenzen des Nationalsozialismus zu akzeptieren, und folglich in der Weigerung, diesen von Grund auf abzulehnen. (Tatsächlich könnte man in bestimmter Hinsicht das Muster eines friedlichen Umgangs mit dem Westen bei gleichzeitiger Feindseligkeit gegenüber dem Osten selbst als fortgesetzten Ausdruck einer politischen Haltung interpretieren, wie sie gegen Ende des Zweiten Weltkrieges von vielen Konservativen und einigen wichtigen Nazis vertreten wurde.)

Im Rahmen dieses ambivalenten Verhältnisses von Kontinuität und Bruch mit der Vergangenheit wurden die öffentliche Kritik des Antisemitismus und die Verurteilung der Vernichtung der europäischen Juden – wie sie sich zum Beispiel im 1953 abgeschlossenen Abkommen über Wiedergutmachungszahlungen an den Staat Israel sowie individuelle Entschädigungszahlungen an Überlebende des Holocaust manifestierte – zu einem zentralen Legitimationsmoment der Bundesrepublik. Diese Haltung demonstrierte, daß Westdeutschland nicht nur ein Verbündeter des Westens war, sondern in den Jahrzehnten nach Kriegsende auch zum neuen Mitglied der westlichen Gemeinschaft geworden war. In dieser Hinsicht ist es bedeutsam, daß die Betonung des Antisemitismus tendenziell dazu führte, andere zentrale Aspekte des Nationalsozialismus auszuklammern, was außerdem dazu diente, die Diskontinuität zwischen dem 'Dritten Reich' und der Bundesrepublik zu unterstreichen und eine tiefergehende Konfrontation mit der sozialen, strukturellen und alltagskulturellen Wirklichkeit des Nationalsozialismus zu vermeiden, einer Realität, die 1945 sicherlich nicht einfach verschwunden war.[7] Mit anderen Worten, die öffentliche Ablehnung des Antisemitismus wurde zur Legitimationsideologie der konservativen Nachkriegsrepublik.

Auf intellektueller Ebene war eine solche Instrumentalisierung nur deshalb möglich, weil der Antisemitismus einfach als eine Variante anderer Vorurteilsformen behandelt wurde, als eine Sündenbockideologie. (Wie ich im folgenden zeigen werde, unterlag auch die Linke in Deutschland diesem Mißverständnis hinsichtlich des Charakters des modernen Antisemitismus.) Eine solche Sichtweise mißversteht den modernen Antisemitismus, sie macht seinen inneren Zusammenhang mit anderen Aspekten des NS unsichtbar und ermöglicht so eine abstrakte Verurteilung der Vergangenheit statt eines konkreten Umgangs mit ihr. In den Jahrzehnten nach Gründung der Bundesrepublik Deutschland definierte die offizielle und öffentliche Verurteilung des Antisemitismus einerseits, was als respektabler Diskurs gelten konnte, während sie andererseits politisch wie moralisch meist oberflächlich blieb. So wurden schwierige Aspekte der NS-Vergangenheit großenteils nicht thematisiert, obwohl scheinbar eine Auseinandersetzung mit ihnen stattfand.

Die Zeit der späten 60er – charakterisiert durch die Studentenbewegung und die erste Koalitionsregierung unter Beteiligung (und später unter Führung) der SPD – markierte einen scharfen Bruch in der deutschen Nachkriegsgeschichte. Obwohl die deutsche Studentenbewegung viele Gemeinsamkeiten mit ähnlichen Bewegungen in den westlichen Ländern aufwies, stand sie darüber hinaus auch ganz bewußt für eine Kritik an der NS-Vergangenheit und an dem Ausmaß, in dem Aspekte dieser Vergangenheit die Gegenwart prägten. Der Konflikt, den die Studenten und andere junge Menschen ausfochten, war natürlich auch ein Generationenkonflikt: Große Teile der Elterngeneration hatten das NS-Regime unterstützt. Darum versuchten die deutschen

[7] Es ist bezeichnend, daß die westdeutsche Regierung den jüdischen Opfern des NS Entschädigungszahlungen leistet, den Kommunisten, Sozialdemokraten und anderen verfolgten Oppositionellen und Opfern des Naziregimes jedoch kaum.

Studenten nicht nur, eine außerparlamentarische politische Bewegung aufzubauen, sondern beschäftigten sich zum Beispiel auch mit jenen Aspekten von Ausbildung und Kindererziehung, die sie für autoritär und hierarchisch hielten, und erklärten diese zu wichtigen Elementen der Kontinuität mit jener Alltagskultur, aus der das NS-System entstanden war. Generell versuchten sie, einen kulturellen und politischen Bruch mit der NS-Vergangenheit herbeizuführen, der auch jene Wertvorstellungen und Lebensbereiche umfassen sollte, die nach 1945 nicht grundlegend umgestaltet worden waren.

Der soziokulturelle Bruch der Studentenbewegung mit der Vergangenheit manifestierte sich politisch in der SPD/FDP-Koalition, die 1969 an die Macht kam. Dies galt vor allem für die Außenpolitik gegenüber den Ländern Osteuropas – die Ostpolitik von Willy Brandt: Durch die Anerkennung der Nachkriegsgrenzen erteilte die Koalition der Sehnsucht nach der Vergangenheit, welche als Motiv hinter dem Beharren der Christdemokraten auf einer möglichen Rückkehr zu den Grenzen von 1937 steckte, eine Absage. Dies war wohl der wichtigste Eckpfeiler der Entspannungspolitik. Dramatisch brachte Willy Brandt während eines Besuches in der polnischen Hauptstadt durch seinen Kniefall vor dem Mahnmal des Warschauer Ghettos die Möglichkeit eines anderen Verhältnisses Deutschlands zu seiner Vergangenheit zum Ausdruck. Er führte damit implizit die Vision einer anderen deutschen Nachkriegsidentität vor Augen, einer, die nicht auf der Vermeidung der Vergangenheit beruhte, sondern darauf, sich Deutschlands schrecklicher Vergangenheit offen zu stellen, die Verantwortung für diese Vergangenheit zu übernehmen, sie grundsätzlich zu verurteilen und so die notwendige Grundlage einer wahren Aussöhnung zwischen Deutschland und seinen Opfern zu schaffen. (Der verbreitete Unmut über Brandts Geste in konservativen Kreisen in Deutschland zeigt, wie oberflächlich und äußerlich die Verurteilung des nationalsozialistischen Völkermordes hier geblieben war.)

Trotz Brandts Geste und unabhängig davon, wie entscheidend der historische Bruch von 1968/69 in vielen politischen, kulturellen und sozialen Bereichen auch gewesen sein mag, zeigt ein Ereignis von 1979 rückwirkend, daß selbst dieser Bruch nur auf einer bestimmten Ebene der historischen Realität vollzogen wurde und keineswegs eine angemessene Auseinandersetzung mit dem nationalsozialistischen Versuch einschloß, die Juden auszulöschen. Ich beziehe mich auf die Ausstrahlung der amerikanischen Fernsehserie *Holocaust* in Westdeutschland im Januar 1979. Die Serie löste eine enorme öffentliche Diskussion aus – auf der Straße, zu Hause, in den Schulen, am Arbeitsplatz, in Kneipen ebenso wie in den Medien.[8] Diese öffentliche Diskussion war wie eine Art Erwachen: Sie erhellte rückwirkend den Charakter und das Ausmaß der Verleugnung der Nachkriegszeit und das Ausmaß der psychischen Verdrängung – auch nach 1968/69 (was vielleicht erklärt, warum so viele frühere Versuche von deutschen Pädagogen, Künstlern und Journalisten keine vergleichbare Wirkung hatten). Nun wurde offensichtlich, daß ungeachtet wichtiger Veränderungen der politischen Kultur in Westdeutschland nach 1945 sich die historische Realität seit Kriegsende auf zwei Ebenen abgespielt hatte. Veränderungen auf der unmittelbareren Ebene hatten wichtige Aspekte der tieferen Ebene unberührt gelassen.

Der Film löste in großem Maß Scham und Schrecken aus. Die öffentliche Diskussion konzentrierte sich auf die Frage, ob die meisten Deutschen während des Krieges vom Holocaust und den anderen NS-Verbrechen gegen die Menschheit gewußt hatten. Diese Debatte wurde im Fernsehen und in der Presse erhitzt und emotional geführt. Die öffentliche Reaktion machte klar, daß Millionen von Deutschen in der Tat darum gewußt hatten – auch wenn viele nicht über alle Details Bescheid wußten. Der Charakter der öffentlichen Diskussion warf ein neues Licht auf die Bedeutung dieses Wissens, auf die Funktion des typischen nachkriegsdeutschen Beharrens darauf, nichts gewußt zu haben von der Vernichtung der europäischen Juden, dem Massenmord an Sinti und Roma, Russen, Polen und den anderen NS-Verbrechen. Es scheint klar zu sein, daß diese Leugnung des Wissens auch ein Versuch war, die Schuld zu leugnen. Man könnte jedoch auch argumentieren,

---

[8] Die amerikanische Zeitschrift *New German Critique* veröffentlichte einige hervorragende Aufsätze zur Rezeption der Serie *Holocaust* in Westdeutschland und allgemeiner zu den Themenbereichen Holocaust, Antisemitismus und Deutschland. Siehe *New German Critique* 19 (Winter 1980); 20 (Frühjahr/Sommer 1980). Viele dieser Artikel wurden in dem Sammelband von Anson Rabinbach/Jack Zipes (Hg.), *Germans and Jews Since the Holocaust. The changing situation in West Germany* (New York 1986) zusammengestellt.

daß selbst wenn die Menschen von den NS-Verbrechen gewußt hätten, die meisten wenig dagegen hätten tun können, so daß dieses Wissen also nicht automatisch Schuld bedeutet. Aber welche Bedeutung hatte diese Leugnung nach dem Krieg, als die meisten mit Sicherheit davon wußten? Ich schlage vor, das Beharren der Nachkriegszeit auf dem Nicht-gewußt-Haben als fortgesetztes Nicht-wissen-Wollen zu interpretieren. 'Wir wußten es nicht' sollte verstanden werden als 'Wir wollen es immer noch nicht wissen.' Warum? Weil das Eingeständnis des Wissens – selbst wenn post factum erlangt – notwendig eine innere Distanzierung von der früheren Identifikation beinhaltet und nach weitreichenden persönlichen, politischen und sozialen Konsequenzen verlangt hätte.

Massenhafte Abscheu vor den Nazis stand jedoch am Ende des Krieges nicht auf der Agenda. Die Deutschen hatten sich nicht gegen das 'Dritte Reich' erhoben, nicht einmal, als es am Zusammenbrechen war. Sie errichteten – im Gegensatz etwa zu den Italienern – nicht selbst eine nachfaschistische Ordnung. Die Mehrheit begrüßte weder die alliierte Besatzung, noch widersetzte sie sich ihr. Das Ziel nach dem Krieg war 'Normalität' um jeden Preis – ein Ziel, das erreicht werden sollte, ohne sich mit der Vergangenheit auseinanderzusetzen. Die starke Identifikation mit dieser Vergangenheit wurde weder überwunden noch bestärkt. Sie wurde verleugnet und begraben. Wenn in der unmittelbaren Nachkriegszeit überhaupt eine fundamentale moralische Kategorie Gültigkeit hatte, war es eine, die unabhängig von Erinnerung existieren kann, nämlich die der Arbeit. Das Ergebnis war ein System von psychischer Verdrängung und Verleugnung. Es hat viele Interpretationen dieser massiven psychischen Verdrängung gegeben, etwa daß sie in der Angst vor Bestrafung begründet sei, in fortgesetzter Identifikation oder in der Verleugnung dessen, was einmal eine starke Identifikation gewesen war.[9] Welcher Erklärung man auch immer folgen mag, man könnte behaupten, daß das Ergebnis eine Art von kollektivem Somnambulismus gewesen sei, in dem die Mehrheit der Bevölkerung die Vergangenheit verdrängte und durch die Zeit des

---

[9] Siehe zum Beispiel Alexander Mitscherlich und Margarete Mitscherlich, *Die Unfähigkeit zu trauern. Grundlagen kollektiven Verhaltens* (München 1968).

Kalten Krieges, des 'Wirtschaftswunders' und selbst die Phase der Rückkehr der Politik mit der Studentenbewegung schlafwandelte.

Dieser schlafähnliche Zustand scheint im Frühjahr 1979 durchbrochen worden zu sein. Das war wahrscheinlich ebenso eine Folge der Dialektik von geschichtlicher Unmittelbarkeit und Tiefenstruktur wie der Fernsehserie *Holocaust.* Tatsächlich kann letztere selbst als ein Symptom der Veränderungen gegen Ende des Jahrzehnts betrachtet werden. Vierunddreißig Jahre nach dem Ende des Zweiten Weltkriegs hatte sich die Geschichte, im Sinne der Geschichte einer unmittelbaren empirischen Realität, verlangsamt. Die Vorwärtsgewandtheit der Nachkriegszeit – die schnelle Neustrukturierung der Welt in zwei Lager, die Periode der ökonomischen Expansion, als man Glück durch Konsum erlangen wollte, und die Periode der Studenten- und Jugendbewegung, als man glaubte, Glück durch experimentelle Politik zu erreichen – endete. Die Vergangenheit, die viele weit hinter sich gelassen zu haben glaubten, tauchte wieder auf. Sie war immer im Schlepptau geblieben, dicht unter der Oberfläche. Das wurde nun offensichtlich. Das Wiederauftauchen einer anderen Ebene von Geschichte enthüllte, daß ein großer Teil der Nachkriegszeit in Deutschland zeitlich abgekapselt und in gewisser Hinsicht durch die Flucht vor der Geschichte bestimmt gewesen war.

Die Vergangenheit wurde damit zugänglicher. Und zwar wurde sie dies für Juden wie für Deutsche. Genau daraus ergab sich allerdings ein neuer Konflikt zwischen unterschiedlichen Antworten auf diese Vergangenheit. Für viele Juden waren die 80er Jahre der zunehmenden Auseinandersetzung und Beschäftigung mit dem Holocaust. In Deutschland wurde diese Auseinandersetzung zu einem Teil der öffentlichen Diskussion durch die Publikationen jüngerer Juden, von denen einige nach Israel emigriert waren[10], während andere den Kern einer neuen jüdischen politischen Gruppe in Frankfurt bildeten.[11] Diese

---

[10] Siehe Lea Fleischmann, *Dies ist nicht mein Land. Eine Jüdin verläßt die Bundesrepublik* (Hamburg 1980); Henryk M. Broder, *Ihr bleibt die Kinder Eurer Eltern*, in: *Die Zeit*, 27. Februar 1981.

[11] Veröffentlichungen von Mitgliedern dieser Gruppe sind beispielsweise Dietrich Wetzel (Hrsg.), *Die Verlängerung von Geschichte. Deutsche, Juden und der Palästinakonflikt* (Frankfurt 1983) und die Zeitschrift *Babylon.*

Debatte wurde dann in einer Reihe von liberalen und linken deutschen Zeitschriften[12] aufgegriffen und fortgeführt und auch durch die amerikanische Zeitschrift *New German Critique* nachdrücklich angeregt und ermutigt.

Für viele Deutsche, vor allem Konservative, hatte jedoch das Wiederauftauchen der Vergangenheit die Form eines erneuten Rufs nach Rückkehr zur Normalität. Dieses Mal sollte Normalität jedoch nicht auf Verleugnung beruhen, sondern auf einer offen affirmativen Haltung zur Vergangenheit.

Einige Entwicklungen der jüngsten Vergangenheit können als Versuche der Konservativen – die im Jahre 1982 die politische Macht wiedererlangten – interpretiert werden, die zweite Nachkriegsperiode, die 1968/69 begann, kulturell und politisch zu beenden, und zwar unter positivem Bezug auf eine Kontinuität mit der Vergangenheit. Ich beziehe mich hier auf den Besuch des Soldatenfriedhofs in Bitburg durch Kohl und Reagan im Mai 1985 sowie auf eine Reihe von Kontroversen um die deutsche Geschichte, die von der konservativen *Frankfurter Allgemeinen Zeitung* (FAZ) im Sommer und Frühherbst 1986 initiiert worden waren.

Unter der Kohl-Regierung fand der Wunsch, die Nachkriegszeit möge endlich beendet werden, seinen Ausdruck im Wunsch nach Versöhnung mit der jüngsten deutschen Vergangenheit. Ein Beispiel für dieses Verständnis von Normalität war ein vom Bundestag verabschiedetes Gesetz, das die Leugnung oder Verharmlosung des Holocaust oder der Vertreibung der Deutschen aus dem Osten 1944/45 zu einem Verbrechen erklärte. Ein Gesetz, das, mit anderen Worten, das Leiden der Deutschen mit der Vernichtung der Juden gleichsetzt und so versucht, das historische Schuldkonto auszugleichen. Diese Form der Relativierung der NS-Verbrechen durch ihre Gleichsetzung mit den Leiden der Deutschen in den letzten Kriegsjahren oder mit den Verbrechen anderer, normalerweise denen der UdSSR, ist keineswegs ein neues Phänomen; es ist weit verbreitet in Westdeutschland, vor allem unter älteren Menschen.[13] Neu ist lediglich, daß die Kohl-Regierung

---

[12] Siehe zum Beispiel *Ästhetik und Kommunikation* 51 (Juni 1983); 52 (September 1983); 53/54 (Dezember 1983) und *Alternative* 140/41 (Dezember 1981).

beschlossen hat, dieses verbreitete Vorurteil durch seine gesetzliche Verankerung respektabel zu machen.

Der Besuch Kohls und Reagans auf dem Soldatenfriedhof von Bitburg war in dieser Hinsicht noch bedeutsamer. Von Kohls Seite aus implizierte der Besuch zunächst eine Gleichsetzung von Erstem und Zweitem Weltkrieg. Dies drückte sich in Kohls Beharren darauf aus, daß Reagan in Bitburg als Versöhnungsgeste seine Hand halten solle, genau wie es vorher der französische Präsident Mitterand in Verdun, dem Ort einer der blutigsten Schlachten des Ersten Weltkrieges, getan hatte. Diese Gleichsetzung sollte ganz offensichtlich implizieren, daß – vielleicht mit ein paar 'marginalen' Ausnahmen wie etwa dem Holocaust – der vom nationalsozialistischen Deutschland geführte Zweite Weltkrieg ein Krieg wie jeder andere gewesen sei. Das implizierte, daß die Deutschen sich ihrer Vergangenheit weder stellen und sie überwinden noch sie weiterhin verstecken müßten. Es bedeutete außerdem, daß sie sich nun, in gewissen Grenzen, auf ihre eigene Vergangenheit positiv beziehen könnten. Kohls Bestehen darauf, daß Reagan einen Soldatenfriedhof mit Gräbern von Waffen-SS-Soldaten besuchen solle, war ein Versuch, die amerikanische Legitimation für diese Versöhnung mit der deutschen Geschichte zu erhalten.

Bitburg machte darüber hinaus deutlich, was Westbindung mittlerweile für den rechten Flügel der CDU bedeutet: Die Einbettung in die NATO erlaubt der BRD, sich als Teil des Westens und in diesem Sinne als vollwertige Demokratie zu betrachten, ohne sich mit der Nazizeit wirklich auseinandersetzen zu müssen. Diese Vorstellung entsprach tatsächlich den Phantasien einiger Nazis, wie etwa Himmlers, gegen Ende des Krieges, mit dem Westen Frieden zu schließen und dann gemeinsam

---

[13] Diese Haltung ist nicht beschränkt auf den sprichwörtlichen 'kleinen Mann'. Man kann aus zwei kürzlich veröffentlichten Briefen von Herbert Marcuse an Martin Heidegger von 1947/48 schließen, daß Heidegger genau diese verbreitete Haltung teilte und äußerte. (Marcuse hatte Heidegger aufgefordert, rückblickend öffentlich Stellung zu nehmen zum NS-Regime und seiner eigenen Rolle nach 1933. In Reaktion auf Heideggers Antwort brach er danach jeden Kontakt ab.) Vgl. die Briefe von Herbert Marcuse an Martin Heidegger vom 28. August 1947 und 13. Mai 1948 (Hrsg. Beate Brick), in: *Pflasterstrand* 279/80 (23. Januar – 5. März 1988), S. 46 f.

mit England und den USA den Krieg im Osten fortzusetzen.[14] Insofern ging, was Kohl in Bitburg erreichen wollte, weit über die Gleichsetzung des Ersten und Zweiten Weltkrieges hinaus. Mit dieser Zeremonie war eine implizite Aussage beabsichtigt (ähnlich der expliziten Aussage Alfred Dreggers, des CDU-Fraktionsvorsitzenden, in einem Brief an amerikanische Senatoren)[15], nämlich, daß die Streitkräfte des 'Dritten Reiches', insofern sie die Rote Armee bekämpft hatten, immer schon Teil des Westens gewesen waren. Die Feierlichkeit zielte also tatsächlich darauf ab, eine Art rückwirkender Allianz zu symbolisieren; sie sollte ein schweigendes Eingeständnis der Vereinigten Staaten sein, vor vierzig Jahren einen Fehler gemacht zu haben, daß es sozusagen die NATO hätte früher geben sollen – beispielsweise im Frühjahr 1945.

Der Begriff von 'Versöhnung', der in Bitburg zum Ausdruck kam, war dem von Brandts Geste in Warschau diametral entgegengesetzt und war tatsächlich als dessen historische Negation geplant. Die Versöhnung von Bitburg ist die Versöhnung Deutschlands mit seiner NS-Vergangenheit – oder zumindest mit jenem Aspekt, der, da gegen den Osten gerichtet, nun als immer schon zum Westen gehörig dargestellt wird. Dieser Akt der Versöhnung ist gleichzeitig ein obszöner und brutaler Gewaltakt gegen die Opfer des Nationalsozialismus. Die Versöhnung von Warschau sollte eine Versöhnung zwischen Deutschland und seinen Opfern sein und wurde als notwendige Voraussetzung für die Versöhnung Deutschlands mit seiner eigenen Menschlichkeit betrachtet.

Als die Proteste in den USA gegen den Besuch Reagans in Bitburg zunahmen, wuchs in Deutschland der Unmut der Rechten gegen diese

---

[14] Diesen Zusammenhang beobachtet auch Michael Brumlik in seiner kritischen Besprechung von Andreas Hillgrubers *Zweierlei Untergang*. Siehe Michael Brumlik, *Neuer Staatsmythos Ostfront*, in: die *tageszeitung* vom 12. Juli 1986.

[15] Flora Lewis bemerkte auf der Kommentarseite der *New York Times* vom 26. April 1985, daß Dregger – in einem Brief an Senator Metzenbaum, der eine von 53 Senatoren unterschriebene Petition angeregt hatte, in der Präsident Reagan aufgefordert wurde, nicht nach Bitburg zu gehen – erklärte, er habe gegen die Russen gekämpft, sein Bruder sei an der Ostfront gestorben und damit sei die Petition des Senators eine Beleidigung von Dreggers Bruder und all seiner gefallenen Kameraden.

Proteste. Und dieses Ressentiment richtete sich, vielleicht nicht überraschend, aber dennoch beunruhigend, gegen die Juden. So erschien etwa im April 1985 in *Quick*, einem rechten Hochglanzmagazin, ein Artikel über die Macht der Juden in den USA, und die *FAZ* schrieb, die Juden sollten sich davor hüten, die Beziehungen zu Deutschland zu sehr zu belasten – die Konsequenzen könnten nur nachteilig für die Juden und Israel sein. In seinem Editorial vom 29. April 1985 schrieb Fritz Ullrich Fack, einer der Herausgeber der *FAZ*, in kaum verhüllten Worten über die mächtigen Interessengruppen in den USA, die das verzerrte Bild des 'häßlichen Deutschen' wiederbeleben wollten. Er besaß dann die Schamlosigkeit, diejenigen, die den Besuch von Bitburg ablehnten, zu beschuldigen, sie hätten keine Skrupel, die Toten zu sortieren – ein eindeutiger Verweis auf die 'Selektionen', mit denen die Nazis diejenigen, die direkt in die Gaskammern geschickt wurden, von denen trennten, die zunächst verschont blieben. Bemerkenswert an Facks Editorial war nicht nur, daß es eine psychische und moralische Verkehrung von Nazis und Juden bewerkstelligte, sondern dies auch noch in einer Art und Weise tat, in der sich die Ideologie des modernen Antisemitismus reflektierte. Eine solche Haltung war zu dieser Zeit unter vielen von der amerikanischen Presse befragten Deutschen nicht unüblich. Sie betonten sowohl die Macht wie auch die 'nachtragende' Art der Juden, die nicht einmal den Toten ihre Ruhe gönnten. Daß solch eine Meinung jedoch vom Herausgeber einer respektierten konservativen Zeitung öffentlich geäußert wurde, ist Zeichen eines historischen Wandels, eines Wandels, der die unbedingte offizielle Ablehnung des Antisemitismus in Frage stellt.

Bitburg war ein dramatisches, aber kein isoliertes Ereignis. Es war bezeichnend – wie auch die Verleihung des Goethepreises der Stadt Frankfurt an Ernst Jünger – für eine breitere kulturelle Offensive, die von Konservativen geführt wurde, um Hegemonie in der Sphäre des öffentlichen Diskurses zurückzugewinnen, und zwar gestützt auf eine deutsche Identität, die in der Kontinuität der jüngeren deutschen Geschichte begründet war. Die *FAZ* initiierte im Sommer und Herbst 1986 zum Beispiel eine Reihe von Diskussionen, die mit dem Thema einer neuen, offen affirmativen Haltung zur deutschen Geschichte verbunden waren. Diese Auseinandersetzungen wurden vor dem Hintergrund von Debatten um die Pläne von Kanzler Kohl geführt, zwei historische

Museen einzurichten – das Deutsche Historische Museum in Berlin und das Haus der Geschichte in Bonn –, die die Entwicklung einer historisch gegründeten deutschen Identität fördern sollten. Dies warf natürlich die Frage auf, in welcher Weise die Darstellung der NS-Vergangenheit dort institutionalisiert werden sollte.

Die von der *FAZ* angeregten Kontroversen geben einen Hinweis darauf, wie rechte Konservative diese Frage beantworten wollten. Die Auseinandersetzungen drehten sich um die Frage nach der Einmaligkeit und den Ursachen des Holocaust (der sogenannte Historikerstreit) und um die Invasion der Sowjetunion durch Nazideutschland im Jahre 1941. Ich werde diese Debatten nicht im Detail untersuchen, möchte jedoch darauf verweisen, daß die konservativen Positionen die Taten der Nazis durchgehend als Verteidigung darstellten, als Antwort auf eine Bedrohung von außen. So argumentierte der Historiker Ernst Nolte, dessen Artikel „Vergangenheit, die nicht vergehen will" diese öffentliche Kontroverse auslöste, daß, so bedauerlich der Holocaust auch gewesen sein möge, diese „asiatische Tat" Hitlers als im wesentlichen defensiv und präventiv verstanden werden müsse: Hitler sei angetrieben worden durch das Wissen um die Greueltaten, die angeblich von den Bolschewiki seit 1917 begangen wurden, und durch die Angst, diese würden eine „asiatische Tat" – nämlich Vernichtung – gegen die Deutschen planen. Darum habe er die Juden vernichtet.[16]

Sollte jemand glauben, dies sei nur die eigenwillige Meinung eines isolierten Historikers, sei hier noch folgendes angemerkt: Als Nolte daraufhin von Jürgen Habermas scharf kritisiert wurde (dieser attackierte die apologetische Haltung deutscher Historiker, wie neben Nolte etwa auch Andreas Hillgruber und Michael Stürmer, gegenüber dem NS-Regime und behauptete, deren Arbeit sei Teil konservativer Bestrebungen, die NS-Vergangenheit zu rehabilitieren)[17], beteiligten sich noch viele andere Historiker an der Schlacht. Sie griffen Habermas an und verteidigten implizit oder explizit Positionen, die, wie im Verlauf der sechsmonatigen öffentlichen Debatte klar wurde, tatsächlich

---

[16] Ernst Nolte, *Vergangenheit, die nicht vergehen will*, in: *FAZ*, 6. Juni 1986.

[17] Jürgen Habermas, *Eine Art Schadensabwicklung*, in: *Die Zeit*, 11. Juli 1986.

eine Apologie des NS-Regimes darstellten.[18] Darüber hinaus war die Tatsache, daß die *FAZ* sich entschloß, Noltes Artikel zu veröffentlichen, selbst von politischer Bedeutung. Joachim Fest, einer der Herausgeber der *FAZ*, schrieb einen Artikel, der Noltes These, derzufolge ein Kausalzusammenhang zwischen den Handlungen der Kommunisten in der Sowjetunion zwischen 1917 und 1941 und dem Holocaust besteht, nicht nur verteidigte, sondern sogar zuspitzte.[19] Daß diese Debatte von Konservativen tatsächlich als Teil eines grundsätzlicheren Versuchs einer positiven Revision der offiziellen Haltung zur NS-Vergangenheit initiiert worden war, zeigte sich in der zweiten Kontroverse in der *FAZ* im Sommer und Herbst 1986, in der es um die These ging, die Operation Barbarossa, der Nazi-Überfall auf die Sowjetunion im Juni 1941, sei in Wahrheit präventiv erfolgt – um damit die bevorstehende Invasion Deutschlands durch die Sowjetunion zu verhindern.[20]

Was all den von Neokonservativen in diesen Kontroversen vorgetragenen Argumenten gemeinsam ist, ist ihr legitimatorischer Charakter und ihr Bestehen auf der defensiven Natur der Politik NS-Deutschlands. (Zusätzlich zu den schon erwähnten Thesen war Hillgrubers Argument, daß die „Tragödie" der deutschen Soldaten an der Ostfront zwischen 1944 und 1945 darin bestanden habe, daß sie die Front gegen die Rote Armee halten mußten und damit die Fortsetzung der Judenvernichtung ermöglicht haben, um „das Schlimmste" – eine Racheorgie gegen die deutsche Zivilbevölkerung – zu verhindern.[21] Und Nolte behauptete,

---

18 Die meisten der relevanten Dokumente des Historikerstreits wurden in dem Band *Historikerstreit. Die Dokumentation der Kontroverse um die Einzigartigkeit der nationalsozialistischen Judenvernichtung* (München 1987) gesammelt und veröffentlicht. Zur breiteren Debatte unter Historikern darüber, ob der Nationalsozialismus historisiert werden könne, vgl. Dan Diner (Hrsg.), *Ist der Nationalsozialismus Geschichte? Zu Historisierung und Historikerstreit* (Frankfurt 1987).

19 Joachim Fest, *Die geschuldete Erinnerung*, in: *Frankfurter Allgemeine Zeitung*, 29. August 1986.

20 Dieses Argument wurde von Günther Gillessen in der *Frankfurter Allgemeinen Zeitung* vom 20. August 1986 vorgetragen und löste eine Debatte aus, die sich über Monate hinzog.

21 Andreas Hillgruber, *Zweierlei Untergang. Die Zerschlagung des Deutschen Reiches und das Ende des europäischen Judentums* (Berlin 1986), S. 18-21.

daß Nazi-Deutschland aus Angst vor Vernichtung mit seinem Krieg gegen die Juden auf eine angebliche Erklärung Chaim Weizmans, des späteren ersten Präsidenten Israels, reagierte.)[22] Bemerkenswert an all diesen Argumenten ist das Maß, in dem Deutschland als Opfer – oder zumindest potentielles Opfer – dargestellt wird. Auf dieses Motiv werde ich später zurückkommen.

Viele der im Zuge dieser Kontroversen vorgetragenen Positionen sind nicht neu. In Nazi- und Neonazikreisen waren sie schon lange verbreitet und oft zu hören, wenn ältere Deutsche am Stammtisch zusammenkamen. Neu daran ist die öffentliche Verbreitung durch eine mächtige und einflußreiche konservative Zeitung und respektable westdeutsche Akademiker.

Die verschiedenen Positionen und Initiativen, die in letzter Zeit von deutschen Konservativen vertreten werden, sollen mehrere Funktionen erfüllen. Sie stellen zum einen den Versuch dar, den politischen und kulturellen Bruch zu überwinden, der durch die Studentenbewegung und die SPD/FDP-Koalition von 1969 herbeigeführt worden war. Die Konservativen verfolgen dieses Ziel dadurch, daß sie eine Kontinuität mit der Vergangenheit betonen und so die gegenwärtige deutsche Sehnsucht nach Identität und Normalität befriedigen. Darüber hinaus behaupten sie diese Kontinuität in einer Art und Weise, die Deutschland als fest in der westlichen Allianz verwurzelt erscheinen läßt. Der Westen wird also definiert durch den militärischen und angeblichen kulturellen Gegensatz zum Osten, und nicht durch politische Institutionen und Werte.[23] Diese Argumente stimmen mit der Intention hinter dem Bitburg-Spektakel überein, insofern sie den Neokonservativen in Westdeutschland die Quadratur des Kreises erlauben: Sie können sich positiv auf große Teile der NS-Vergangenheit beziehen und gleichzeitig die

---

[22] Vgl. Ernst Nolte, *Die Sache auf den Kopf gestellt*, in: *Die Zeit* vom 31. Oktober 1986, wie auch Jürgen Habermas, *Eine Art Schadensabwicklung*, a.a.O.

[23] Dies hob auch Habermas hervor, der argumentierte, daß die Bindungen Deutschlands an den Westen in einer pluralistischen, demokratischen politischen Kultur und ebensolchen Institutionen gesehen werden sollten und *nicht* vor allem in einer militärischen Allianz gegen den Osten (vgl. ebd.). Während die erste Art der Bindung notwendig einen Bruch mit der NS-Vergangenheit beinhaltet, gilt dies für die zweite nicht.

Nachkriegsordnung sowie die Verortung Westdeutschlands als fester Bestandteil des Westens positiv unterstreichen. Dieser Prozeß der Herstellung von historischer Identität, mit einer Betonung der Bedrohung aus dem Osten, schließt den Versuch ein, die Dualität der deutschen Nachkriegsgeschichte dadurch zu überwinden, daß ein höherer Grad an Kontinuität mit der Vergangenheit auf eine Art und Weise erzielt wird, die notwendig eine moralische Relativierung des Holocaust und anderer NS-Verbrechen gegen die Menschheit impliziert.

Obwohl dieser neokonservative Versuch einer positiven Aneignung der NS-Vergangenheit bei vielen Einzelnen – allen voran Jürgen Habermas – heftige Reaktionen provoziert hat, ist das Bemerkenswerte an der gegenwärtigen Situation doch, wie passiv und wirkungslos jene politischen Parteien und gesellschaftlichen Gruppierungen, die 1968/69 den Versuch getragen hatten, mit der Vergangenheit zu brechen – die SPD und die verschiedenen Gruppierungen der außerparlamentarischen Linken, die Neuen Sozialen Bewegungen, die in den 60er Jahren entstanden und mittlerweile ihre parlamentarische Gestalt in den Grünen gefunden haben – angesichts dieser kulturellen Offensive geblieben sind.

Dies zeigt sich etwa an den Reaktionen auf das Bitburg-Spektakel. Die einzige Aktivität der SPD bestand darin, eine verhalten kritische Resolution in den Bundestag einzubringen, die mit 262 zu 155 Stimmen abgelehnt wurde. Die Grünen legten zwar eine deutlichere Resolution vor, in der der Friedhofsbesuch verurteilt und die SS als eine kriminelle und mörderische Organisation beschrieben wurde.[24] Sie organisierten jedoch keinerlei Demonstrationen oder andere Formen des politischen Protestes. Doch Bitburg war nicht nur ein Akt der Gewalt gegen die Opfer des Nationalsozialismus. Das Ereignis warf auch die Frage nach einer öffentlichen politischen Definition der deutschen Identität auf. Dennoch bekämpften jene organisierten Teile der deutschen Gesellschaft, die sich selbst als Vertreter eines anderen, fortschrittlicheren Deutschlands betrachten, keineswegs entschlossen diesen konservati-

---

[24] Die Grünen waren die *einzigen* Bundestagsabgeordneten, die für diese Resolution stimmten. *Alle* anderen, die Abgeordneten der SPD eingeschlossen, stimmten dagegen.

ven Versuch, die deutsche Identität über eine harmonischere Beziehung zur NS-Vergangenheit zu definieren.

Wie läßt sich dieses Paradoxon erklären? Ich behaupte nicht, eine Antwort auf eine derart komplexe Frage geben zu können. Als möglichen ersten Schritt auf dem Weg zu einer solchen Antwort werde ich jedoch meine Überlegungen ausschließlich auf die Linke konzentrieren und kurz diskutieren, wieso es meiner Ansicht nach der außerparlamentarischen Linken der späten 60er Jahre und ihren Nachfolgern nicht gelang, einen angemessenen Umgang mit der NS-Vergangenheit zu finden, obgleich der Bruch mit eben dieser Vergangenheit ein treibendes Motiv in der Entwicklung dieser Bewegung war.

Zentral für das Selbstverständnis der Linken – der alten wie der Neuen – im Nachkriegsdeutschland ist ihr Antifaschismus. Diese Einstellung war besonders dominant unter den Angehörigen der ersten Generation der Neuen Linken, deren Revolte sich auch gegen die von ihnen als äußerst stark wahrgenommene Kontinuität zwischen den Institutionen und Werten des nationalsozialistischen Deutschland und denen der Bundesrepublik richtete. Ein Ausdruck dieses politischen Standpunkts war die Beschäftigung mit dem Holocaust und eine positive Haltung zu Israel. Viele Angehörige dieser Generation waren in den frühen 60ern Mitglieder der deutsch-israelischen Studiengruppen gewesen und waren von Hochhuths Theaterstücken, dem Tagebuch der Anne Frank, dem Eichmann-Prozeß und den Frankfurter Auschwitz-Prozessen 1963/65 tief geprägt. In den Anfangsjahren der Neuen Linken war einer ihrer wichtigsten Slogans 'Nie wieder Auschwitz'. Diese Beschäftigung mit Antisemitismus und dem Holocaust begann jedoch rasch nachzulassen. Ich werde mehrere Faktoren skizzieren, die zu dieser Entwicklung beitrugen.

Nach Mitte der 60er Jahre begann der Brennpunkt des politischen Interesses und Engagements sich zu verlagern. Mit der Ausweitung der Protestbewegung gegen den Vietnamkrieg und die von der westdeutschen Regierung erlassenen Notstandsgesetze schwand das Interesse der Neuen Linken an den Einzelheiten des Holocaust und an Analysen des modernen Antisemitismus. Das zunehmende Engagement und Interesse an aktuellen politischen Problemen traf sich mit einer verstärkten Rezeption traditioneller linker Theorie. In der Auseinandersetzung mit dem Nationalsozialismus tendierte die Neue Linke zu einer Konzentration auf dessen Funktion für den Kapitalismus und hob die Zerschlagung der organisierten Arbeiterklasse, die nationalsozialistische Sozial- und Wirtschaftspolitik, die Wiederbewaffnung, den Expansionismus und bis zu einem gewissen Grade die bürokratischen Herrschaftsmechanismen in Partei und Staat hervor. Diese einseitige Analyse, die in der kommunistischen Angewohnheit zum Ausdruck kam, von Faschismus statt von Nationalsozialismus zu reden und so dessen Klassenfunktion zu betonen, wurde noch durch den Mangel an konkretem Wissen bei den meisten jungen Deutschen hinsichtlich des Vorgehens und der Politik der Nazis in den Ghettos und Vernichtungslagern Osteuropas verstärkt. Das Ergebnis war ein unvollständiges Bild des Nationalsozialismus. Er wurde als terroristischer, bürokratischer Polizeistaat wahrgenommen, der unmittelbar im Interesse des Großkapitals operierte, auf autoritären Strukturen basierte, die Familie verherrlichte und sich des Rassismus als eines Mittels bediente, um gesellschaftlichen Zusammenhalt zu produzieren. Die Judenvernichtung wurde natürlich nicht ignoriert, aber sie wurde unter die allgemeinen Kategorien von Vorurteil, Diskriminierung und Verfolgung subsumiert.[25]

Diese allgemeine Analyse traf sich mit einer Vorstellung von Emanzipation (von Minderheiten) im Sinne des aufklärerischen Ideals eines abstrakten Universalismus, das in der traditionellen Linken vorherrschend und unter Angehörigen der Neuen Linken weit verbreitet war. In dieser Tradition wird die Emanzipation von Angehörigen einer Minderheit als gleichbedeutend mit der Beseitigung der Unterschiede angesehen, die diese Minderheit als anders definieren. Die Anerkennung von Differenz und die hierarchische Wertung von Differenz werden nicht auseinandergehalten. Eine solche Position tendiert dazu, unterschiedliche kulturelle Formen einerseits und Ideologien der Differenz wie Rassismus und Antisemitismus andererseits als Randerscheinungen zu betrachten. Was auch immer ihre emanzipatorischen und antirassistischen Dimensionen sein mögen – eine solche Position ist nicht in

---

[25] Alle Juden in der Deutschen Demokratischen Republik erhielten höhere Rentenzahlungen von der Regierung. Sie erhielten diese Renten jedoch nicht als Juden, sondern als 'Antifaschisten', unabhängig von ihrem jeweiligen politischen Hintergrund.

der Lage, den anderen als tatsächlich anderen anzuerkennen. Sie tut sich deshalb schwer, jüdische Reaktionen auf den Holocaust oder die komplexe Beziehung von Juden zu Israel und das Selbstverständnis israelischer Juden zu begreifen. In Deutschland hat sie zudem viele Linke anfällig dafür gemacht, mit gesellschaftlichen Problemen, in die Juden involviert sind, auf abstrakte und unhistorische Weise umzugehen, als seien die beteiligten Akteure Individuen ohne historischen Kontext.[26]

Eine Folge der in der Linken vorherrschenden Art von Faschismusanalyse und Vorstellung von Minderheitenemanzipation war die Tatsache, daß Antisemitismus nicht als zentraler Aspekt, sondern als Randerscheinung des Nationalsozialismus verstanden wurde – ein Standpunkt, der ein umfassendes Verständnis der Vergangenheit und der Möglichkeit, mit ihr wirklich angemessen umzugehen, verhinderte. In diesem Sinne verhielt sich die linke Position in gewisser Hinsicht

---

[26] Dies war zum Beispiel in Frankfurt im sogenannten 'Häuserkampf' der frühen 70er der Fall, der sich gegen die Verwandlung eines Wohngebiets in ein Geschäftsviertel richtete. Überproportional viele daran beteiligten Immobilienspekulanten waren Juden. Dennoch stellten sie unter den Spekulanten nur eine Minderheit (etwa 20%) dar. Trotzdem waren sie, mit Ausnahme eines Iraners, die einzigen Spekulanten, deren Namen allgemein bekannt waren. Die Linke in Frankfurt ignorierte die deutlich vernehmbaren antisemitischen Untertöne im Häuserkampf und behauptete, alle Spekulanten, ohne Ansehen der Person, zu bekämpfen, und sie 'übersah' so einen konstitutiven Aspekt der Situation.

Der Häuserkampf lieferte den unmittelbaren Kontext für Fassbinders Stück *Der Müll, die Stadt und der Tod,* das meiner Meinung nach ein Stück *über* Antisemitismus im Deutschland der Nachkriegszeit war, wie er in Frankfurt strukturell verankert war und politisch zum Ausdruck kam. Während des 'Skandals' um das Stück im Jahre 1985 – um die Frage, ob es antisemitisch sei und ob es aufgeführt werden solle – mißverstanden viele Linke die Bedeutung des Fassbinder-Stückes vollständig, indem sie leugneten, daß es irgend etwas mit Antisemitismus zu tun habe und darauf beharrten, es sei ein Stück über Grundstücksspekulation. So reproduzierten sie 1985 genau jene Haltung, die konstitutiv für das war, was Fassbinder Mitte der 70er zu porträtieren versuchte. Die Konservativen denunzierten andererseits das Stück einfach als antisemitisch. Beide Seiten demonstrierten wieder einmal, wie unzureichend die Auseinandersetzung mit dem Nationalsozialismus auf einer grundsätzlichen Ebene geblieben ist.

komplementär zur konservativen, die den Nationalsozialismus nur unter dem Aspekt des Antisemitismus betrachtete und diesen auf eine Form des gewöhnlichen Vorurteils reduzierte.

Sowohl objektivistische Theorien, die Faschismus und Kapitalismus in eins setzen, als auch subjektivistische, die Faschismus und patriarchale Strukturen nicht auseinanderhalten, tendieren dazu, die Besonderheit des Nationalsozialismus zu verwischen. Daß sie in der Neuen deutschen Linken eine solche Verbreitung fanden, war meiner Ansicht nach kein Zufall. Obgleich solche Theorien nicht auf Westdeutschland allein beschränkt sind, war ihre allgemeine Übernahme dort überdeterminiert. Ihre Begriffe wurden benutzt, um ein tieferes Verständnis des Nationalsozialismus zu blockieren, statt dessen Wirklichkeit zu erfassen und verständlich zu machen. Mit anderen Worten: Theorie selbst wurde zum Zwecke psychischer Verdrängung instrumentalisiert.

In dieser Veränderung der Funktion von Analyse manifestierten sich, so möchte ich behaupten, die Auswirkungen der unverarbeiteten nationalsozialistischen Vergangenheit auf die Nachkriegsgegenwart. Sie war in gewisser Hinsicht das Ergebnis einer Kombination von Abscheu und Schuld, die die Nachkriegsgeneration dieser Vergangenheit gegenüber empfand. Dieses Schuldgefühl war schwer zu fassen, und es war um so schwieriger, damit umzugehen, als es zwar das Resultat tatsächlicher Schuld war – aber nicht auf Seiten derer, die am ehesten dazu neigten, sie zu empfinden, nämlich der Nachkriegsgeneration. Die Kombination von Abscheu und Schuld führte sowohl zu einer Beschäftigung mit dem Nationalsozialismus als auch zu Abwehrreaktionen, die es unmöglich machten, mit den Spezifika der Vergangenheit zurechtzukommen. Von Nichtdeutschen initiierte Diskussionen über den Nationalsozialismus wurden deshalb in den frühen 70ern regelmäßig mit Gegenattacken, die sich etwa auf Vietnam bezogen, 'beantwortet'. Eine Diskussion der Besonderheit schien mit einem Schuldeingeständnis verwechselt zu werden. Auf diese Weise reproduzierten Angehörige der Neuen Linken unbewußt ein Muster, das in der Generation ihrer Eltern sehr verbreitet war, nämlich das der Relativierung des Nationalsozialismus (wobei die Eltern dies zumeist im Bezug auf die Sowjetunion taten).

Eine Hauptschwierigkeit, der sich jeder Versuch von Angehörigen der Nachkriegsgeneration gegenübersah, die Lücke zwischen der

Oberfläche unmittelbarer gesellschaftlicher und politischer Realität und einer tieferen Schicht historischer Wirklichkeit zu schließen, bestand darin, daß dies verlangt hätte, sich mit den Eltern auf beiden Ebenen auseinanderzusetzen. Die Problematik dieses Versuchs ist vielleicht ein weiterer Grund dafür, daß der Nationalsozialismus als unbestimmte Abstraktion behandelt wurde, die mit Kapitalismus, Bürokratie und autoritären Strukturen assoziiert war – als überzeichnete Version der 'Normalität' des Lebens in Westdeutschland, wie es in den 60er und 70er Jahren wahrgenommen wurde. Eine solche Gleichsetzung besaß noch eine weitere, existentielle Dimension: der Kampf gegen die autoritäre, kapitalistische Gegenwart der Bundesrepublik ließ sich als direkter Kampf gegen den Faschismus interpretieren, ein Versuch, in den 70ern das Fehlen eines wirkungsvollen deutschen Widerstands in den 40ern zu kompensieren. (Solche Ansichten prägten die politische Debatte in Frankfurt zwischen 1973 und 1977, die großenteils durch die Konfrontation mit Theorie, Strategie und Taktik des westdeutschen bewaffneten Widerstands bestimmt war.) Innerhalb dieses historischen Kontexts hatte also der Prozeß der theoretischen Abstraktion das merkwürdige Resultat, den Nationalsozialismus zu normalisieren und dabei den Vernichtungsantisemitismus und den Holocaust zu marginalisieren.

Diese Marginalisierung des Holocaust durch psychische Verdrängung stellte jedoch nur eine der Dimensionen eines äußerst komplexen Vorgangs dar. Eine weitere wichtige Dimension läßt sich als eine Dialektik von Schuldbewußtsein und dem Wunsch nach Identifikation mit den Opfern beschreiben. Man darf nicht vergessen, daß, angesichts der Tatsache, daß es im Nachkriegsdeutschland kaum Juden gab und daß die meisten Leute nur einen geringen Kenntnisstand über und wenig Erfahrung mit jüdischer Kultur und Geschichte hatten, Juden für die meisten Deutschen eine Abstraktion sind – etwa: Menschen, die zu Opfern gemacht wurden. Dieser Umstand verstärkte eine Dialektik von Schuld und Identifikation, die am deutlichsten in der Haltung der deutschen Neuen Linken gegenüber Israel zum Ausdruck kam. Keine westliche Linke war vor 1967 so philosemitisch und prozionistisch; wohl keine andere unterstützte hingegen später die palästinensische Sache mit solchem Nachdruck und identifizierte sich derartig mit ihr. Der sogenannte 'Antizionismus' war tatsächlich derart emotional und psychisch aufgeladen, daß er die Grenzen einer politischen und gesellschaftlichen Kritik Israels weit überschritt. Der Begriff 'Zionismus' war genauso negativ aufgeladen wie 'Nationalsozialismus', und das ausgerechnet in dem Land, in dem es die Linke hätte besser wissen müssen.

Der Sechs-Tage-Krieg von 1967 bildete den Wendepunkt. Zu diesem Zeitpunkt scheint ein Prozeß der psychologischen Inversion stattgefunden zu haben, in dessen Verlauf die Juden, als Sieger, mit der nationalsozialistischen Vergangenheit identifiziert wurden – unter positiven Vorzeichen seitens der deutschen Rechten und entsprechend negativ konnotiert von der Linken. Ihre Opfer, die Palästinenser, wurden folglich als die 'Juden' wahrgenommen. In gewisser Weise agierten die Deutschen vor der Projektionsfläche des Nahen Ostens ihre eigene Vergangenheit. In diesem Sinne ist es wichtig festzuhalten, daß der Auslöser einer solchen Verkehrung eben nicht die Vertreibung und das Leiden der Palästinenser waren, die schließlich lange vor 1967 begonnen hatten. Statt dessen war es der siegreiche 'Blitzkrieg' der Israelis. Der Philosemitismus enthüllte seine Kehrseite: wenn Juden keine Opfer und damit moralisch über jeden Zweifel erhaben sind, wenn Israelis brutal und sogar rassistisch sind, müssen sie 'Nazis' sein. Außerdem erwiesen sich die Palästinenser nach der Schlacht von Karameh im Jahr 1968 als die 'besseren Juden' – schließlich leisteten sie bewaffneten Widerstand. Dies bot endlich die Möglichkeit, sich mit den 'Juden' und ihrem Widerstand zu identifizieren. Der Kampf gegen den Zionismus wurde zum Ausdruck des lang ersehnten Kampfes gegen die nationalsozialistische Vergangenheit – allerdings frei von Schuld.

Dieser Kreislauf psychischer Verkehrung manifestierte sich 1976 in grotesker Weise in Entebbe. Eine Gruppe entführte ein Flugzeug der Air France, ließ alle nichtjüdischen Passagiere frei und nahm alle jüdischen Passagiere als Geiseln (nicht nur alle Israelis – was schlimm genug gewesen wäre). Diese 'Selektion' wurde unter anderem von zwei jungen deutschen Linken durchgeführt, weniger als vier Jahrzehnte nach Auschwitz.[27] Bezeichnenderweise gab es innerhalb der deutschen Neuen Linken keine breite öffentliche Kritik an diesem Vorgehen.

---

[27] Diese jungen Deutschen wurden bei der Flugzeugentführung eingesetzt, gerade *weil* sie Deutsche waren (um eine Reaktion Israels im Libanon zu provozieren).

Dieses Muster psychischer Verkehrung ließ sich abermals während der israelischen Invasion in Libanon 1982 beobachten. Die Invasion wurde nicht einfach verurteilt, was richtig gewesen wäre. Statt dessen beharrten manche Linke darauf, Menachem Begin mit Hitler und die israelische Brutalität im Libanon mit dem Holocaust gleichzusetzen. Obwohl eine solche Position in der Linken inzwischen nicht mehr allgemein geteilt wurde – in den späten 70ern und frühen 80ern hatte sich, wie bereits erwähnt, manches verändert –, hatte sich diese Haltung doch stillschweigend in Deutschland verbreitet. Unverhohlene Selbstgerechtigkeit und Befriedigung kamen quer durch das gesamte politische Spektrum hinweg zum Ausdruck. Die Invasion im Libanon und die Belagerung Beiruts wurden als Beweis dafür gewertet, daß die Juden moralisch auch nicht besser waren als es die Deutschen gewesen waren (dies schien gleichbedeutend damit, daß man sich über den Holocaust nicht länger den Kopf zerbrechen mußte).

Das Problem des Verhältnisses der Neuen Linken, der Neuen Sozialen Bewegungen und der Grünen in Westdeutschland zu Holocaust und Antisemitismus ist sehr viel facettenreicher, als ich hier skizzenhaft zeigen konnte. (So hätte ich beispielsweise auch auf die anhaltenden Schwierigkeiten eingehen können, die die Grünen damit hatten, einen politisch und historisch verantwortlichen Umgang mit dem Konflikt zwischen israelischen Juden und palästinensischen Arabern zu finden.) Die wenigen Dimensionen des Problems, die ich umrissen habe, lassen jedoch erahnen, in welchem Maß die außerparlamentarische Linke und ihre Erben – politische Gruppierungen, die sich sehr bewußt in Opposition zur NS-Vergangenheit definiert haben – in diese Vergangenheit verstrickt geblieben sind.

Dem abstrakten Umgang mit dem Nationalsozialismus und der Dialektik von Schuld und Identifikation ist der Versuch gemein, Identität auf der Grundlage einer abstrakten Negation der Vergangenheit zu konstruieren. Statt die Verantwortung für die Vergangenheit anzuerkennen und sie zu verurteilen, wird versucht, ihr dadurch zu entkommen, daß

Dies war jedoch eine Ebene politischen Kalküls, die ihnen innerhalb ihres identifikatorischen Politikschemas unverständlich bleiben mußte. Vgl. meinen Artikel *Stammheim und Tel Zaatar. Versuch über Moral und Politik*, in diesem Band.

die Vergangenheit von einer Position aus kritisiert wird, die vorgibt 'anders' zu sein, indem die eigenen persönlichen und kulturellen Verbindungen mit dieser Vergangenheit geleugnet werden. Derartige Versuche waren dann am erfolgreichsten, wenn die Identität ihren Bezugspunkt woanders fand, zum Beispiel, wenn sie sich an eine internationale Welle rebellischer, oder gar revolutionärer Begeisterung heften konnte. Das wurde sehr viel schwieriger, als diese Welle versandete. Der Versuch, durch einen Akt der abstrakten Negation Identität zu konstruieren, konnte notwendigerweise kein starkes Fundament für eine alternative deutsche Identität bilden. Vielleicht ist dies der Grund dafür, daß manche Grüne und andere Veteranen und Nachkommen der Neuen Linken in Deutschland unfähig sind, auf die scheinbar wachsende Sehnsucht der Bevölkerung nach einer Art von nationaler Identität zu reagieren, während andere allmählich die eine oder andere Version einer traditionelleren Definition deutscher Identität zu übernehmen beginnen (wie sie zum Beispiel im Fernsehfilm *Heimat* zum Ausdruck kommt).

Es mag schon sein, daß die unmittelbaren Probleme, denen sich die westdeutsche Linke gegenübersieht, mehr mit einer autoritären, technokratischen und kapitalistischen Ordnung zu tun haben als mit Nationalsozialismus und Antisemitismus. Dennoch war der Versuch, die Vergangenheit beiseite zu schieben, um sich der Gegenwart zu stellen, erfolglos. Die verdrängte Vergangenheit hat unterirdisch weitergewirkt und den Umgang mit der Gegenwart mit bestimmt.

Ich habe versucht zu zeigen, daß sich die deutsche Nachkriegsgeschichte infolge der Verdrängung der nationalsozialistischen Vergangenheit auf zwei Ebenen abgespielt hat und daß das Bedürfnis vieler Deutscher, sich historisch gesehen als Opfer wahrzunehmen, als Ausdruck dieser Verdrängung verstanden werden sollte. Ungeachtet ihrer sonstigen Differenzen findet sich diese Tendenz sowohl bei den Neokonservativen, die Deutschland und die Deutschen im 'Dritten Reich' als Opfer, oder zumindest potentielle Opfer, betrachten, als auch bei jenen Linken, die die Mehrheit der damaligen Deutschen zwar nicht als Opfer sehen, aber sich selbst, in welch verquerer Weise auch immer, mit den Opfern des Nationalsozialismus identifizieren.

Keine dieser Identifikationsweisen – weder die als Opfer noch die mit den Opfern – läßt Gutes für die wirklichen Opfer erwarten. Deren reale historische Erfahrung stellt solche phantasmatischen Projektionen in Frage; nicht zuletzt deshalb besteht ein unbewußtes Interesse, den Opfern ihren historischen Status nicht zuzugestehen. Die Leichtigkeit, mit der Juden als Nazis betrachtet werden konnten, oder als Menschen, die immense Macht besitzen, die sie (wieder) nutzen, um Deutschland zu schaden, sollten meiner Ansicht nach als Anzeichen für die Existenz eines solchen unbewußten Interesses verstanden werden.

Und doch sind heutzutage, trotz aller Ähnlichkeiten, die Unterschiede zwischen den beiden genannten Identifikationsweisen von politischer Bedeutung. Ich habe argumentiert, daß die Nachkriegszeit insofern zu Ende geht, als die Vergangenheit wieder sichtbar zu werden beginnt. In dieser Situation tritt zutage, was immer schon die einzigen grundsätzlichen Alternativen im Umgang mit der Vergangenheit waren: entweder eine Identität, die auf einer offenen, kontinuierlichen Konfrontation mit der nationalsozialistischen Vergangenheit beruht und die Anerkennung von Verantwortung statt von Schuld einschließt, oder eine Identität, die in einer Aussöhnung mit dieser Vergangenheit besteht.

Die Neokonservativen haben sich für letzteres entschieden, unklar ist jedoch noch, ob die Linke oder irgendeine andere Gruppierung in Deutschland imstande sein wird, sich für ersteres zu entscheiden. Der Unterschied zwischen beiden besteht darin, daß die Entscheidung für eine Aussöhnung mit der Vergangenheit auch weiterhin auf Verdrängung und Vermeidung von Verantwortung beruht und es somit nicht erforderlich macht, die schuldbeladene Selbstwahrnehmung als Opfer aufzugeben. Die Entscheidung für eine Identität, die auf Verantwortung beruht, macht es jedoch nötig, sich insofern der Vergangenheit zu stellen, als man die Identifikation als Opfer oder mit den Opfern aufgeben und den anderen als das Opfer anerkennen muß. Sie verlangt, mit anderen Worten, noch einen weiteren Versuch, die Vergangenheit zu bewältigen. Vergangenheitsbewältigung ist ebenso eine politische wie eine moralische Frage. Sie macht es erforderlich, mit der Vergangenheit so umzugehen, daß sie nicht weiterhin hinter dem Rücken der gesellschaftlichen Akteure die Gegenwart bestimmt. Die künftige Entwicklung eines Deutschland, das wieder einmal zum mächtigsten europäischen Land westlich der Sowjetunion geworden ist, hängt wesentlich von Erfolg oder Scheitern eines solchen Versuches ab.

1990

Übersetzt von Christine Achinger und Fred Kiefer

„Die deutsche Linke muß anerkennen, nunmehr Opposition in einer Großmacht zu sein."

Ein Interview*

Nach Bitburg hast Du in Deinem „Offenen Brief" an die bundesdeutsche Linke geschrieben, es gebe hierzulande nur zwei Möglichkeiten: Die vollständige Versöhnung mit der deutschen Vergangenheit, oder den dauerhaften Bruch ...

Moishe Postone: „Dauerhafter Bruch" ist eine unglückliche Übersetzung. Es gibt keinen einmaligen, endgültigen Bruch mit der nationalsozialistischen Vergangenheit. Sie sitzt zu tief und erfordert eine ständige Selbstreflexion, was natürlich anstrengend ist.

Seit 1985 ist die Entwicklung jedoch ganz anders verlaufen. Die Rechte hatte während der 80er Jahre versucht, ihre Hegemonie wiederzugewinnen, indem sie deutsche Vergangenheit positiv besetzt hat – Bitburg, Historikerstreit, die Frage nach einer deutschen historischen Identität. Auf diese bedeutsame kulturpolitische Offensive hat die bundesdeutsche Linke nicht ausreichend geantwortet. Sie hatte nicht begriffen, was auf dem Spiel stand. Ein Mangel an Selbstreflexion ist auch in den Reaktionen auf den Golfkrieg zutage getreten. Ich war nicht hier, ich kenne nicht die ganze Bandbreite an Positionen. Es kann sein, daß mein Blick verzerrt ist. Aber wenn es zutrifft, daß sich Deutsche mit den Einwohnern Bagdads identifiziert hatten und unmittelbar angegriffen fühlten, dann wurden damit nach meiner Auffassung verdrängte Schuldgefühle ausagiert. Es gab während der Demonstrationen Transparente, die hatten die nationalistische Parole aus Leipzig („Wir sind ein Volk") in „Wir sind ein Volk gegen den Krieg" transformiert und dadurch die Nation in ihrer Opposition zur NATO wiederhergestellt.

Ich hatte eine andere Wahrnehmung. Ab einem bestimmten Zeitpunkt sind nach Meinungsumfragen 80 % hierzulande für den Krieg eingetreten. Die Bundesregierung war ab einem bestimmten Zeitpunkt bemüht, die Stimmung in diese Richtung zu schüren ...

---

* Das Gespräch führten Matthias Küntzel, Clemens Nachtmann und Jutta Willutzki

Ich rede vom Bewußtsein der Gruppen, die ein solches Transparent getragen haben. Ich will nicht behaupten, daß ihre Parole empirisch stimmt. Das war nur als Beispiel gedacht. Was mich hauptsächlich beschäftigt: Die Linke war nicht in der Lage, die Frage der deutschen Macht zu problematisieren. Nach 1985 habe ich mit Freunden und Bekannten, hauptsächlich in Frankfurt, darüber gesprochen, daß Deutschland wieder eine Großmacht wird. Sag' das bloß nicht, wurde mir erwidert. Dieser Gedanke war ihnen so unangenehm, sie wollten das nicht hören.

Welche Art der Auseinandersetzung forderst Du? Es gibt die Forderung, die Opposition müsse endlich ebenfalls in Großmachtkategorien denken, um deutsche Politik zu beeinflussen.

Man muß unterscheiden zwischen Positionen, die sich Großmachtkategorien zu eigen machen, und Positionen, die einfach anerkennen, nunmehr Opposition in einer Großmacht zu sein. Der Charakter der Oppositionspolitik hat sich gegenüber den 60er Jahren notwendigerweise verändert.

Inwiefern?

Die amerikanische Opposition beschäftigt sich hauptsächlich mit amerikanischer Politik. Die deutsche Opposition beschäftigt sich hauptsächlich mit – amerikanischer Politik. Das meinte ich.

Man sollte sich nicht täuschen: Daß die Bundesregierung im Golfkrieg das Bündnis mit den USA betonte, bedeutet noch lange nicht, daß eine linke Opposition sich erlauben kann, einen nationalistischen Standpunkt in dem Glauben einzunehmen, er sei oppositionell. Was empirisch als oppositionell erscheint, ist es nicht unbedingt auch politisch. Z.B. fand ich Vorschläge sehr bedenklich, daß Deutsche eine Menschenkette zwischen der Kriegsallianz und den irakischen Truppen bilden sollten. Nicht nur, weil es unrealistisch ist, sondern weil es den Inhalt vermittelt, Deutschland müsse wegen seiner Vergangenheit nun besonders moralisch sein. Dahinter steckt ein sehr altes, nationalistisches Muster: Wir Deutschen sind eigentlich anders, idealistischer.

Hätte die BRD-Linke den Krieg unterstützen sollen?

Das will ich damit nicht sagen. Ich rede vom Charakter der Opposition. Die Frage, ob die deutschen Linken für oder gegen den Krieg waren, ist weniger wichtig, als die Frage, wie sie dafür oder dagegen waren. Die Herausbildung einer Opposition gegen die sich entwickelnde

Großmacht ist ein Lernprozeß. Es kommt darauf an, ob die Argumentationen einen Beitrag zu diesem Lernprozeß geleistet haben.

Worauf hätte hierzulande eine antinationale Kritik des Golfkrieges basieren sollen?

Ich denke, der Golfkrieg hätte von den Linken als ein Moment der Selbstreflexion genutzt werden sollen. Er stellte frühere politische Deutungsmuster der Linken in Frage. Die traditionell antiimperialistische Haltung war bemüht, die jeweilige politische Gegenkraft zu unterstützen. Beim Golfkrieg wurde zwar gesagt: Wir sind nicht für Saddam Hussein. Aber das Problem wurde nicht konsequent durchdacht: Was heißt es, wenn sich ein durchaus imperialistischer Krieg gegen einen Lokalfaschisten richtet? Das ist ein Dilemma, das reflektiert werden mußte. Es war nicht einfach zu klären, welche eigenen Handlungen richtig waren, sondern es kam zunächst darauf an, diese zwei Seiten zur Sprache bringen. Daß das Baath-Regime in Bagdad eine faschistische Regierung darstellt, bedeutet nicht, daß George Bush einen antifaschistischen Krieg geführt hat. Wer andererseits über das Regime Saddam Husseins schweigt, impliziert damit, es sei von dieser Seite irgendwie doch ein antiimperialistischer Krieg gewesen – und das war es nicht.

Für uns als BRD-Linke kam als besonderes Dilemma hinzu, daß einerseits das Ausbleiben einer adäquaten Reaktion auf die Beschießung Israels mit Scud- Raketen, die mit deutschem Giftgas hätten gefüllt sein können, die Frage des hierzulande verwurzelten Antisemitismus aufgeworfen hat. Und daß andererseits u.a. für deutsche Militaristen die israelische Bedrohung ein Vorwand war, die Bundeswehr erstmals seit 1945 gegebenenfalls wieder als Interventionsarmee einzusetzen.

Man muß zwei Begriffe auseinanderhalten: Empathie und Identifikation. Gäbe es in Deutschland den geringsten Grad an Empathie, hätte man doch wahrnehmen müssen, daß dieser Krieg und seine Vorgeschichte für sehr viele Juden ein extremes Trauma darstellte. Nicht nur, weil Israel mit Raketen beschossen wurde. Sondern auch, weil dieser Krieg ein Jahr nach der deutschen Wiedervereinigung stattgefunden hat, die für viele Juden ein großes emotionelles Problem darstellt. Und schließlich hatte Saddam Hussein schon vor dem Krieg zum ersten Mal seit 1967 die Frage der Existenz Israels auf die Tagesordnung gesetzt. Jeder weiß oder sollte wissen, daß es bei der Frage nach der Existenz Israels nicht nur um die Existenz eines Staates geht, wie z.B. die Frage nach der Existenz der ehemaligen DDR als zweiter 'deutscher' Staat, sondern daß es dabei auch um das Leben der Menschen dort geht. Den Juden ist das klar. Aber viele Linke tun so, als verstünden sie das nicht. Zum Trauma hat weiter beigetragen, daß Israel auf die Raketenangriffe nicht reagieren durfte. Damit war – ich spreche jetzt auf einer psychischen Ebene – das Trauma verbunden, wieder, wie in der Vergangenheit, passiv die Bedrohung abwarten zu müssen. Aber fast niemand in der deutschen Linken hat diese jüdische Befindlichkeit nachempfunden. Eine solche Empathie wäre durchaus möglich gewesen, ohne daraus die Unterstützung einer bestimmten Politik abzuleiten.

Es geht keinesfalls darum, ein Bekenntnis zu Amerika abzugeben. Es geht auch nicht darum, ob sich Positionen als antizionistisch definieren. Es geht um die politischen Inhalte von Argumentationslinien. Man kann durchaus eine antizionistische Politik betreiben, die nicht mit der unter der bundesdeutschen Linken weit verbreiteten tief emotionellen Abwehr gegenüber dem Wort Zionismus behaftet ist. Für einige ist bekanntlich der Zionismus das Schlimmste was es gibt. Sie malen Bilder, die eine seltsame Mischung sind aus althergebrachten antisemitischen Motiven und der Vorstellung, daß die Juden sich wie die Nazis verhalten. So können diese Leute zwei Fliegen mit einer Klappe schlagen: Man trifft die ältere Generation, und setzt gleichzeitig ihre Ideologie fort. Eine perfekte Konstruktion. Viele in Deutschland, die dachten, sie hätten mit der NS-Vergangenheit gebrochen, haben manchmal hinter ihrem eigenen Rücken Elemente der NS-Vergangenheit verlängert. Das ist eine Tragödie.

Siehst Du Verbindungen zwischen antiamerikanischen und antisemitischen Denkmustern? Z.B. im Kontext eines romantischen Antikapitalismus?

Es gibt tatsächlich eine Form des Antiamerikanismus, die antisemitischen Vorstellungen ähnlich ist. Wenn antikapitalistisch bloß im Sinne von 'antikommerziell' verstanden wird, liegt eine grundlegende Verwechslung zwischen einer Kapitalismuskritik und einer Zirkulationskritik vor. Zuweilen wird in Bezug auf die USA ein Gegensatz reproduziert, der früher als Gegensatz zwischen der 'Heldennation' Deutschland und der 'Krämernation' England virulent gewesen ist.

Solcher Antiamerikanismus ist nicht gleich Antisemitismus, konvergiert aber mit antisemitischen Vorstellungen.

Von Dan Diner stammt das Wort, man könne als Linker in Deutschland die Nation nur für den Preis positiv besetzen, daß der Nationalsozialismus vergessen gemacht wird. Wer die deutschen Verbrechen in Rechnung stelle, könne den Begriff 'Nation' hierzulande nur negativ besetzen.

Das ist vielleicht überspitzt formuliert, enthält aber eine wichtige Wahrheit: Solange diese Nation ethnisch definiert wird, wird sie sich nicht in politischen Auseinandersetzungen grundlegend neu definieren. Dafür läßt die ethnische Definition keinen Spielraum. Gerade deshalb ist es wichtig, sich in Deutschland für ein Einwanderungsgesetz einzusetzen. Dies würde auf praktischer Ebene eine neue Definition von Nation beinhalten.

Eine auch im Rahmen der Tagung Kann sich die deutsche Geschichte wiederholen? *vertretene Position besagt, daß ein derartiges Gesetz und auch die Beseitigung des Deutschtum-Paragraphens aus dem Grundgesetz abgelehnt werden müsse, weil die deutschen ideologischen Dämonen, die latent noch vorhanden seien, durch derartige 'Überforderungen' nicht zum Leben erweckt werden dürften ...*

Ich bin mit dieser Position nicht einverstanden. Ich glaube zwar auch, daß diese Dämonen existieren. Aber sie sind da, und werden nicht von allein verschwinden. Es kommt darauf an, sich mit ihnen auseinanderzusetzen! Ich habe über die 'Philo-Ausländerbewegung' des letzten Herbstes gelesen. Manches fand ich sehr bedenklich. Dem Ausländerhaß mit scheinbarer Ausländerliebe begegnen zu wollen, ist einfach verlogen. Man sollte die Ausländer nicht für so dumm verkaufen. Ihre Situation ist eine Frage des Rechts, nicht der Liebe. Zweitens hilft es auch nichts, das ganze deutsche Volk als dumm und stumpfsinnig darzustellen. Das ist provozierend und für den politischen Kampf untauglich. Sich zu schämen, Deutscher zu sein, kann ich gefühlsmäßig nachvollziehen, aber es ist kein politischer Standpunkt.

Zu den historisch besetzten Chiffren deutscher Aggressionspolitik gehört die Formel von der 'nationalen Selbstbestimmung'. Ist es notwendig, zwischen dem US-amerikanischen und dem deutschen Verständnis von 'Selbstbestimmung' zu differenzieren?

Man muß den Begriff der Selbstbestimmung differenzieren – er kann sehr Verschiedenes bedeuten. Traditionell hat die deutsche Politik 'Selbstbestimmung' immer ethnisch verstanden. In Bezug auf die Region zwischen Deutschland und Rußland ist die Politik der ethnischen 'Selbstbestimmung' ein Vehikel gewesen, deutsche Herrschaft zu realisieren. In den USA definiert sich die Nation nicht ethnisch, sondern allein über die Staatsbürgerschaft.

Ist es theoretisch plausibel, einen fundamentalen Gegensatz aufzumachen zwischen einer ethnisch-völkisch definierten Nation und einer Nation der Staatsbürger? Ich denke dabei an Aussagen der Dialektik der Aufklärung, *bereits diese staatsbürgerlich definierte Gleichheit, die immer nur Gleichheit angesichts eines Souveräns sein könne, sei auf dem Sprunge, in völkische Gemeinschaftsbildung umzuschlagen. Selbst dieser humane, auf Freiheit und Gleichheit gegründete Nationenbegriff trüge dann die Tendenz zur Barbarei bereits in sich.*

Mir scheint das Selbstbestimmungsrecht eines Volkes, wenn das Volk politisch definiert ist, in eine andere Richtung zu weisen, als ein ethnisches 'Selbstbestimmungsrecht des Volkes'. Auch dieses Volk kann, wie Du sagst, sich als Scheingemeinschaft betrachten und sich in eine derartige Richtung entwickeln. Aber diese Entwicklung ist nach meiner Ansicht mit dem politischen Begriff von Volk nicht notwendig verbunden. Beim ethnischen Begriff sehe ich fast keine andere Perspektive. Der Begriff von 'Volk' in Deutschland ist eigentlich ein vorpolitischer Begriff, während 'people' ein politischer Begriff ist, der schwer zu naturalisieren ist. Die Frage nach dem politischen und gesellschaftlichen Inhalt von Selbstbestimmung ist somit diskutierbar. Aber es kann sein, daß selbst diese Unterscheidung nicht ausreichend ist.

Du hattest bereits in den 70er Jahren den Text Nationalsozialismus und Antisemitismus *geschrieben. Es ist sehr auffällig, daß der Text zwar in der BRD veröffentlicht wurde, daß die westdeutsche Linke das Diskussionsangebot aber fast vollständig ignorierte. Erst seit ein, zwei Jahren findet er eine gewisse Resonanz. Warum diese Verzögerung? Liegt es an der starken Dominanz des Marxismus-Leninismus? Am nichtvorhandenen Verhältnis der Linken zur deutschen Vergangenheit, die Du ja kritisiertest?*

Ich kann hier nur Vermutungen anstellen. Einmal paßt der Ansatz überhaupt nicht in jene funktionalistische Form des Marxismus, welche nichtfunktionalistisches Denken gar nicht verstehen kann. Zweitens fielen die späten 70er Jahre schon in eine Zeit, in der große Teile der Linken meinten, sich vom Marxismus überhaupt abseilen zu sollen. An meinem Versuch, Marxsche Kategorien zu benutzen, hatten diese kein Interesse. Drittens gilt der Antisemitismus für viele als irrelevant. Ob unter Marxisten oder Nichtmarxisten – er ist kein Thema. Antisemitismus gilt höchstens als ein Manöver, die Arbeiterklasse zu spalten. In Frankfurt hatte der Text doch Diskussionen ausgelöst, die sich aber nicht schriftlich niedergeschlagen haben.

Was ist nach Deiner Auffassung der Grund?

Ich denke, es hängt mit einer großen Theoriemüdigkeit, um nicht zu sagen, Theoriefeindlichkeit, zusammen. Theorie wurde sehr verkürzt als Anleitung zum Handeln begriffen. Sie wurde fast immer abgewiesen, wenn sich keine neue Kampagne damit betreiben oder begründen ließ. Das aktuelle Interesse hängt wohl damit zusammen, daß ein Teil der deutschen Linken sich heute verstärkt damit beschäftigt, wo sie überhaupt herkommt und in welchem Land sie lebt ...

Ich habe noch eine Frage zur Rezeption Deines Textes. In der Debatte wird zuweilen der Vorwurf erhoben, es ginge Dir nicht darum, zu begreifen, warum das, sondern was 1933 durchgebrochen ist. Dem Vorwurf zufolge wird hier eine Abstraktionsebene eingenommen, die zu universal argumentiere, als daß konkrete historische Erscheinungen noch auf den Begriff gebracht werden könnten. Deine Argumentationsweise laufe insofern auf linken Strukturalismus hinaus.

Das ist seltsam. Es ist, als ob man Marxsche Kategorien wie Ware und Kapital als Erklärungsmuster kritisieren würde, weil sie nicht den Unterschied zwischen deutschem und japanischem Imperialismus erklären. Wenn es modernen Antisemitismus nur in Deutschland gegeben hätte, würde ich den Vorwurf verstehen. Aber der Antisemitismus hatte zwischen 1880 und 1945 ganz Europa im Griff. Die ganze Zeitspanne kann man als ein antisemitisches Zeitalter betrachten. Dies stellt die lineare Entwicklungsvorstellung des Liberalismus, bzw. des Marxismus der 2. Internationale vollständig in Frage. Der Antisemitismus wurde als vorkapitalistische Form verstanden. Plötzlich taucht er aber nochmal auf und wurde sehr stark. Und er verbreitet sich in den meisten kapitalistischen Ländern. Es gibt Unterschiede ...

... z.B. Rußland?

... dort war der Antisemitismus sehr stark. Es gab seit 1881 große Pogrome. Ein Großteil der Juden in Amerika verließ Rußland damals aufgrund dieser Pogrome.

Obwohl dort 1880 der Kapitalismus noch nicht voll entwickelt war.

Man sollte Rußland nicht einfach als vorkapitalistisch definieren. Es gab schon die Wirkungen des kapitalistischen Weltsystems auf dieses Land. 1880 bildeten sich mit dem russischen Antisemitismus zugleich antisemitische Parteien in Frankreich, Österreich und Deutschland. Natürlich ist es richtig, die Frage der Ausbreitung des Antisemitismus auch spezifisch anzugehen. Wieso gibt es einige wenige kapitalistische Länder, in denen zwar antijüdische Vorurteile existieren, nicht aber das Bild von der jüdischen Weltverschwörung, das den modernen Antisemitismus auszeichnet, so etwa in den USA, in England und in den Niederlanden, während Frankreich ebenso antisemitisch gewesen ist wie Deutschland? Ich habe in einer Fußnote des erwähnten Aufsatzes hierzu eine Vermutung formuliert: Vielleicht gibt es einen Zusammenhang zwischen den frühkapitalistischen Phasen jener Länder und den späteren Formen des Antisemitismus. In England, Holland und den USA wurde die kapitalistische Rationalisierung über den Markt verwirklicht. In Frankreich und Deutschland erfolgte sie hingegen über den Staat, d.h. auf einer konkreteren Ebene. Und genau in diesen Ländern erschienen später die gesellschaftlichen Prozesse, die mit dem industriellen Kapitalismus verbunden sind, mysteriös und bedrohlich. Diese Prozesse wurden dann als Machenschaften der Juden gesehen. Jene sogenannten 'liberalen' Länder, die am frühesten und über den Markt kapitalisiert wurden, weisen weniger Antisemitismus auf, als die anderen.

In Deinen Untersuchungen wird der Antisemitismus unmittelbar aus den Widersprüchen der kapitalistischen Ordnung abgeleitet. Da die Juden die undurchschaubare, abstrakte Kapitalherrschaft personifizierten, stand Auschwitz demnach für die Scheinumwälzung der bestehenden Gesellschaftsformation. Ist die kapitalistische Ökonomie der einzige Bedingungsfaktor für Antisemitismus? Speist sich die massenhafte Barbarei, z.B. der eugenisch begründete Massenmord, nicht auch aus anderen Quellen?

Zunächst sind Kapital und Ware für mich keine ökonomischen Begriffe. Ich betrachte diese Marxschen Kategorien als Formen strukturierter Praxis – genau wie ein Ethnologe in einer anderen Gesellschaft Kategorien ihrer Handlungen herauszubekommen sucht. Die NS-Eugenik verstand sich nicht als Barbarei, sondern als ein Gipfel der Wissenschaft. Man muß das ernstnehmen. Aus der Tätersicht war die Eugenik eine Sozialutopie. Man glaubte, eine heile Welt schaffen zu können. Das Modell war die Tierzucht. Wenn man schnellere Pferde züchten konnte, warum dann nicht auch 'klügere', 'gesündere', 'anständigere' Menschen. Zweitens liegt der Eugenik wie dem Antisemitismus biologistisches Denken zugrunde. Das führt zu der Frage, warum die Europäer mitten im 19. Jahrhundert begonnen haben, biologistisch zu denken? Viele meinen, dies sei eine atavistische Denkform. Tatsächlich aber wurde um die Jahrhundertwende dem Klassendenken das Rassedenken als moderner und wissenschaftlicher gegenübergestellt. Aber man muß diese biologistischen Denkformen – Rassismus, Antisemitismus, Eugenik – differenziert sehen. Zwar stimmt es natürlich, daß die Nazis damit begonnen haben, sogenanntes 'minderwertiges Leben' auszurotten. Aber das gehörte nicht zum wesentlichen Kern ihrer Ideologie. Als die Kirche sagte, hört mit der Euthanasie auf, wurde damit aufgehört. Es ist undenkbar, daß die Deutschen am Ende des Krieges, als sie alle Transportmittel brauchten, die ihnen zur Verfügung standen, weiterhin Geisteskranke transportiert hätten. Dies aber machten sie mit den Juden. Deshalb muß man versuchen zu verstehen: Was hat sie dazu getrieben? Woher kam die Kraft dieser antisemitischen Vorstellungen?

Allein aus einem verzerrten Antikapitalismus?

Was sonst?

Ich bin überfragt. Welche Rolle könnten psychologische Kategorien spielen; kollektive Aggressionszwänge, Destruktionsenergien?

Wenn man psychologische Kategorien benutzt, muß man sie auch historisch einordnen – sonst wäre vernichtender Antisemitismus transhistorisch, und das ist er nicht. Leute wie Adorno, Horkheimer, Marcuse usw. versuchten gerade, psychologische Kategorien so zu historisieren, daß sie in einen Zusammenhang mit Kapitalkategorien gestellt werden können.

Muß man sich nicht freimachen von der Vorstellung, es müsse eine Art Rebellion gewesen sein, die irgendwo berechtigt war aber nur das falsche Objekt getroffen hat?

Im Gegenteil. Wenn ich sage, es war eine Revolte, so will ich damit nicht sagen, daß es berechtigt oder gut war. Es geht darum, eine Bewegung zu begreifen. Man kann nicht verneinen, daß sich der Nationalsozialismus selbst als Revolution betrachtet hat – genau wie auch der italienische Faschismus, obwohl sie ganz verschieden waren. Die funktionalistische Theorie der orthodoxen Marxisten kann dieses Moment der Revolte nicht begreifen. Die Nationalsozialisten haben sich als Kämpfer empfunden, als Revolutionäre. Es gibt einen hervorragenden Film von Marcel Ophüls: *La chagrin et la pitié*. Er hat darin einen französischen Adeligen aus Clermont-Ferrand interviewt, der vor Stalingrad an der Seite der Deutschen gekämpft hatte. Ophüls fragte ihn nach seinen Motiven. Er habe, so seine Antwort, als junger Mann die bürgerlich-kapitalistische Gesellschaft unausstehlich gefunden. Wegen seiner Klassenzugehörigkeit sei es ihm jedoch unmöglich gewesen, der Kommunistischen Partei beizutreten. In der deutschen orthodox-marxistischen Rezeption des Faschismus wurde dieses Moment ausgeklammert. Natürlich spielte auch das Großkapital eine Rolle – einverstanden. Aber man kann Nationalsozialismus nicht verstehen, wenn man die Nazis nicht zugleich auch als Bewegung begreift. Und ich meine, daß eine vom Kapital durchgeführte Umwälzung des gesamten sozialen Gefüges dieser Bewegung zugrunde gelegen hat. 'Antikapitalismus' heißt nicht, daß man irgendwo einen Bonzen haßt, sondern es ist der Versuch, eine Welt zu verstehen. Plötzlich war die Währung nichts mehr wert, plötzlich gab es Arbeitslosigkeit und Überproduktion. Die Nazis haben gedacht, sie würden die Welt retten.

Es gab aber kein Spurenelement von Protest oder Widerstand gegen das kapitalistische Wesen in Nazideutschland ...

Ich habe weder behauptet, daß die Nationalsozialisten bewußte Antikapitalisten waren, noch daß sich ihre Revolte gegen das Wesen des Kapitalismus gerichtet hat. Sondern ich habe versucht aufzuzeigen, daß diese Revolte gegen Erscheinungsformen des Kapitalismus gerichtet war und daß man ihr Weltbild anhand der Kategorien der Marxschen Kapitalismuskritik erklären kann.

Du sprachst heute Vormittag von Kapitalismuskritik ...

... die finde ich nach wie vor aktuell ...

... was verstehst Du darunter? In welchen Punkten darf nach Deiner Ansicht die postkapitalistische Gesellschaft hinter Errungenschaften des Liberalismus nicht zurückfallen?

Es gilt, die Umbruchsituation, in der wir uns befinden, zu erklären. Mit dem Marxismus-Leninismus muß man brechen, mit der Marxschen Kritik aber nicht. Der Standpunkt der Kritik kann kein räumlicher sein: Es kann nicht das Vaterland aller Werktätigen sein, es kann nicht ein anderer (deutscher) Staat sein, es kann nicht die 3. Welt oder die Armut dort sein. Der Standpunkt der Kritik kann nur zeitlich sein, bezogen auf die Immanenz der kapitalistischen Entwicklung. So verstanden kann der Kapitalbegriff die geschichtliche Lage immer noch wesentlich besser erläutern, als Modernisierungstheorien oder der leere Begriff der Industriegesellschaft, der einfach nur eine Beschreibung ist. Der Kapitalbegriff erfaßt eine dynamische Entwicklung, der Industriebegriff nicht. Um dies zu leisten, muß man einen Kapitalbegriff entwickeln, der sich nicht hauptsächlich auf Formen des 19. Jahrhunderts begrenzt. Im Zentrum dieses Kapitalbegriffs dürfen nicht Markt und Privateigentum stehen, sondern die Form der Arbeit und die Form der Vergesellschaftung. Daran zu arbeiten ist eine große Aufgabe.

1992

Das Ende der Nachkriegszeit und die Wiederkehr der Vergangenheit

Ein Kommentar

Die Öffnung der Berliner Mauer am 9. November 1989 setzte der Nachkriegszeit auf dramatische Weise ein Ende; gleichzeitig signalisierte sie die Wiederkehr der Vergangenheit – wenn auch in gebrochener Form. In der symbolischen Vereinigung der beiden deutschen Staaten am Jahrestag des Nazi-Pogroms von 1938, der Kristallnacht, manifestiert sich der fortdauernde, komplexe, teilweise verborgene Einfluß von Deutschlands nationalsozialistischer Vergangenheit auf seine Gegenwart. Der Tag, an dem die Bundesrepublik bis dahin offiziell der jüdischen Opfer des Nationalsozialismus gedachte, wurde nun zum Tag, an dem Deutschland symbolisch seine Niederlage im zweiten Weltkrieg überwand und die volle Souveränität wiedererlangte. Diese Verschiebung wirft die Frage auf, wie sich ein gerade wieder souveränes Deutschland mit seiner Vergangenheit auseinander setzen wird. Der Verlauf dieser Auseinandersetzung wird eine entscheidende Rolle bei der Bestimmung von Deutschlands politischer Kultur und deshalb der zukünftigen deutschen (und europäischen) Entwicklung spielen. Er wird ebenfalls bedeutende Auswirkungen für Juden und das jüdische Selbstverständnis haben, da die Wiederkehr der europäischen Vergangenheit bedeutete, daß auch das Trauma des Holocaust wiederkehrte.

Während der 80er Jahre hatten Juden, Deutsche und Österreicher bereits auf jeweils sehr unterschiedliche Weise begonnen, sich mit der Vergangenheit auseinander zu setzen. Die diversen Verschiebungen hinsichtlich der gesellschaftlichen Sensibilität bezüglich des Nationalsozialismus und die damit einhergehenden Veränderungen in der Beziehung von Geschichte und Erinnerung waren frühe Anzeichen dafür, daß die Nachkriegszeit sich ihrem Ende näherte. Eine Folge dieser Prozesse war die Artikulation von jüdischen und deutschen (sowie österreichischen) Identitäten, die sich in tendenziell entgegengesetzte Richtungen entwickelten. Martin Löw-Beer hat angedeutet, daß viele junge Juden in Deutschland und Österreich in dieser Zeit – anders als ihre Eltern – ihre Situation nicht mehr als eine provisorische auffaßten. Sie begannen, ein neues Selbstverständnis als Juden in Deutschland und Österreich zu entwickeln und auszudrücken; sie verstanden sich weder als deutsche oder österreichische Juden im klassischen, vornationalsozialistischen Sinne, noch als Juden, die letztendlich woanders hin gehörten, zum Beispiel nach Israel (was die verbreitete Einstellung in der Nachkriegszeit gewesen war). Diese jüngeren Juden waren daher eher bereit, sich mit den sozialen, kulturellen und politischen Problemen der Länder, in denen sie lebten, zu beschäftigen; sie taten dies jedoch als Angehörige einer kulturellen Gruppe, die vom Rest der Bevölkerung unterschieden war. Insbesondere waren sie eher als frühere Generationen bereit, zu Themen wie Antisemitismus und dem Verhältnis von Nachkriegsdeutschland und -österreich zu ihrer nationalsozialistischen Vergangenheit öffentlich Stellung zu beziehen.

Dieses neue Selbstverständnis, wie es zuerst von jüngeren Juden und neueren Zeitschriften wie *Babylon* ausgedrückt wurde, verbreitet sich heute unter den Juden in Deutschland, und hat wichtige Auswirkungen auf die Art des deutschen Selbstverständnisses. Die Idee, daß Angehörige einer ethnisch und kulturell unterscheidbaren Gruppe in Deutschland zu Hause und deutsche Staatsbürger sind, nicht aber „Deutsche“, weist notwendigerweise in die Richtung einer multikulturellen und multiethnischen Gesellschaft. Und in der Tat hat Ignaz Bubis, der Präsident des Zentralrats der Juden in Deutschland, ausdrücklich die allgemeineren Auswirkungen dieser neuen Form des jüdischen Selbstverständnisses ausgesprochen und sich in der Öffentlichkeit zu einer der entschiedensten Stimmen gegen Rassismus und für Toleranz und Multikulturalismus im heutigen Deutschland entwickelt. Durch einen Bruch mit dem traditionellen Nachkriegsselbstverständnis jüdischer Repräsentanten im Nachkriegsdeutschland hat Bubis implizit angedeutet, daß dieses neue jüdische Selbstverständnis in Deutschland sich nicht nur von dem der Jahrzehnte nach 1945 unterscheidet, sondern außerdem eine öffentliche Einmischung in Debatten erfordert, die den Charakter und die Entwicklung der deutschen politischen Kultur beeinflussen wird.

So wie sich die Auswirkungen dieses neuen jüdischen Selbstverständnisses auch außerhalb der jüdischen Gemeinschaft bemerkbar machen, hängt umgekehrt seine gesellschaftliche Verankerung von einer

Reihe allgemeinerer sozialer, kultureller und politischer Bedingungen ab. Zum Beispiel davon, wie bereit Deutsche und Österreicher sind, sich offen, ernsthaft und nachhaltig mit dem Holocaust und anderen Verbrechen gegen die Menschheit zu beschäftigen und den Nationalsozialismus als nationale Schande zu betrachten. Es hängt außerdem von dem Ausmaß ab, in dem sich Deutschland und Österreich in die Richtung von multikulturellen und multiethnischen Gesellschaften entwickeln, in denen der Begriff des Staatsbürgers getrennt ist von der Zugehörigkeit zum deutschen *Ethnos*.

Letzteres hat sich zu einer zentralen Frage im deutschen politischen und kulturellen Leben seit 1989 entwickelt. Angesichts der jüngsten nationalistischen und rassistischen Reaktionen auf die strukturellen Probleme der deutschen Gesellschaft ist es jedoch völlig ungewiß, ob die Entwicklung zum Multikulturalismus eine reale Möglichkeit darstellt. Denn bereits die Grundbedingung hierfür wurde durch das Wiederaufleben des deutschen Nationalgefühls, das sich aus Versuchen speist, ein neues, positiveres Verhältnis zur Nazi-Vergangenheit zu formulieren, in Frage gestellt. Solche Versuche, eine größere Kontinuität mit bis dahin diskreditierten Elementen der deutschen Vergangenheit herzustellen, standen im Mittelpunkt einer gemeinsamen Kampagne der konservativen Regierung und konservativer Intellektueller mit dem Ziel, viele der politisch-kulturellen Entwicklungen rückgängig zu machen, die sich in der Bundesrepublik seit Mitte der sechziger Jahre vollzogen hatten. Teil dieser Kampagne waren so bekannte Ereignisse wie Kohl und Reagans Besuch in Bitburg 1985 und der Historikerstreit von 1986. Diese rechtsgerichtete nationalistische Kampagne erhielt nach 1989 Auftrieb, als weit verbreitete nationalistische Gefühle einher gingen mit einer Regierungskampagne gegen Asylsuchende und Versuchen konservativer Kulturkritiker, die deutsche Literatur und intellektuelle Kultur nach 1945 zu großen Teilen als Ausdruck der „Kolonisierung“ Deutschlands durch die siegreichen Alliierten zu disqualifizieren.

Diese öffentlichen Kampagnen haben ihr Echo nicht nur im Anstieg rechtsradikaler Gewalt; sie finden ihre Parallele auch in der Hinwendung vieler Intellektueller zum Nationalismus. In dieser Situation scheinen die politischen Gruppierungen, von denen erwartet werden konnte, daß sie eine oppositionelle Kraft gegen das Wiederaufleben des deutschen Nationalismus bilden könnten – wie die SPD oder die Grünen – bestenfalls sehr ineffizient geworden zu sein.

Die Gründe für diese beunruhigenden Entwicklungen sind sehr komplex. Was auch immer ihre Ursachen sind, auf einer gewissen Ebene können sie verstanden werden durch das starke Bedürfnis der Deutschen, ihr Verhältnis zur Vergangenheit zu „normalisieren“. Die Art dieser Normalisierung ist diametral entgegengesetzt der Art von Normalisierung, wie sie von der neuen Generation von Juden in Deutschland und Österreich angestrebt wird; sie gründet sich auf eine grundsätzlich unterschiedliche Einstellung zur Vergangenheit. Die Art der Wiedergewinnung der Vergangenheit, die mit dem jüngsten Anwachsen des Nationalgefühls in Deutschland zusammenhängt, verneint (oder zumindest: marginalisiert) das jüdische kollektive Gedächtnis und steht im Konflikt mit dem neueren Selbstverständnis, das in letzter Zeit von jüngeren Juden in Deutschland und Österreich zum Ausdruck gebracht wird.

Die Schwierigkeiten, die kollektiven Erinnerungen von Deutschen und Juden zusammen zu bringen, sind nicht nur die offensichtlichen, die sich durch die Polarisierung zwischen neueren Formen jüdischen Selbstverständnisses und wiedererstarktem deutschen Nationalismus ergeben. Subtilere Unterschiede können auch in jüngsten Versuchen von deutschen Wissenschaftlern und Künstlern ausgemacht werden, sich ihre Vergangenheit durch Regionalgeschichte und Alltagsgeschichte auf neue Art anzueignen. Zu dieser Regionalgeschichte gehört auch eine neue Welle der Regionalgeschichte der Juden in Deutschland; der Charakter dieser Regionalgeschichte ist jedoch oft recht ambivalent. Auf der einen Seite drücken sie ein größeres Bewußtsein für das Ausmaß aus, in dem viele Deutsche an den Verbrechen des Nationalsozialismus beteiligt waren. Sie können auch als ein Anzeichen für die Anfänge einer pluralistischen Neudefinition von Deutschland interpretiert werden. Dennoch können solche Arbeiten auch dazu dienen – und dies war in der Tat der Fall – die Aufmerksamkeit von den Tätern zu den Opfern zu verschieben. Dadurch lenken sie ab von einer weiteren Untersuchung des alltäglichen Nationalsozialismus und tragen zur weiteren Exotisierung der Juden bei. Wie neben anderen Monika Richarz gezeigt hat, haben tatsächlich einige neuere Regionalgeschichten der Juden sogar – wenn auch nicht bewußt – antisemitische Klischees benutzt.Die jüngste Hinwendung zur Regionalgeschichte und der Alltagsgeschichte in Deutschland ist auch auf einer allgemeineren Ebene problematisch. Indem sie versuchen, die mikrologischen Aspekte des gesellschaftlichen Lebens zu erreichen, lösen solche Ansätze oft die schreckliche Besonderheit des Nationalsozialismus und des Holocaust auf. Sie erinnern an Michelangelo Antonionis Film *Blow up*, in dem ein Fotograf versucht, ein Verbrechen zu rekonstruieren, indem er ein Foto immer weiter vergrößert. Seine Bemühungen lösen schließlich das Objekt auf, das sie erklären sollten: das Ergebnis ist eine riesige Leinwand voller Punkte, die kein sinnvolles Muster bilden. Auf ähnliche Art können mikrologische Untersuchungen des gesellschaftlichen Lebens, unabhängig von ihrem Inhalt, allein durch ihre Form zur Auflösung von Nationalsozialismus und exterminatorischem Antisemitismus als historische Objekte beitragen. Auf diese Weise können sie zum oben diskutierten „Normalisierungsprozeß" beitragen.

Diese Probleme werfen die Frage auf, ob es überhaupt möglich ist, einen begrifflichen Rahmen zu entwickeln, der die stark divergierenden und entgegengesetzten Erfahrungen und Erinnerungen von Juden und Deutschen zusammenfassen kann. Solch ein Rahmen müßte es Juden wie Deutschen erlauben, sich dieser Vergangenheit auf eine Weise zu nähern, die es ihnen ermöglicht, sich der Zukunft zuzuwenden, anstatt auf die Vergangenheit fixiert zu bleiben oder zu versuchen, den Schritt in die Zukunft durch eine Verdrängung der Vergangenheit zu machen (was natürlich keine qualitativ andere Zukunft zulassen würde). Ein zusätzliches Problem für jede kritische Theorie, die solch einen Rahmen zu schaffen versucht, besteht heute darin, daß sie notwendigerweise untersuchen muß, ob es möglich ist, Auschwitz gerecht zu werden, und dennoch eine Theorie der historischen Möglichkeit menschlicher Emanzipation zu formulieren. Solch ein Ansatz müßte radikal mit jedem Begriff von historischer Entwicklung als linearem historischen Forstschritt brechen, aber gleichzeitig eine Vorstellung von der Möglichkeit emanzipatorischer geschichtlicher Umwälzungen aufrecht erhalten.

Die ohnehin schon schwierige Aufgabe, einen geschichtlichen Rahmen zu konstruieren, der sowohl Täter als auch Opfer umfaßt, wurde noch verkompliziert durch die revolutionären politischen Veränderungen, die heute in Europa stattfinden. Diese Veränderungen sind der

Kulminationspunkt von untergründigen geschichtlichen Prozessen, die zu globalen Verschiebungen im wirtschaftlichen und politischen Machtgefüge geführt haben. Diese Verschiebungen wurden ungefähr 1973 nach dem Zusammenbruch von Bretton Woods bemerkbar, als die USA ihre eindeutig hegemoniale Rolle im Weltmarkt zu verlieren begannen, und die Sowjetunion in eine lange Phase des wirtschaftlichen Niedergangs eintrat. Was jetzt aus dem relativen Niedergang der beiden Supermächte entstanden ist, kann als teilweise Umkehr der Ergebnisse des zweiten Weltkriegs gesehen werden. Deutschland und Japan sind als die zwei wichtigsten kapitalistischen Hauptkonkurrenten amerikanischer Weltmacht zurückgekehrt, und Deutschland ist wieder zur vorherrschenden Macht in Mittel- und Osteuropa geworden, wo mit der Auflösung der kommunistischen Hegemonie offenbar die Strukturen und Bewegungen der Zwischenkriegszeit zurückgekehrt sind.

Es gibt jedoch eine gewichtige Ausnahme hinsichtlich dieser „Rückkehr“ der Vergangenheit in Mittel- und Osteuropa: es gibt dort keine Juden mehr (mit teilweiser Ausnahme von Budapest und Teilen der früheren Sowjetunion). Dieser Aspekt des zweiten Weltkriegs ist nicht rückgängig zu machen. Die Juden und jüdisches Leben sind ausgelöscht worden.

Dieser Aspekt der gegenwärtigen „Re-Europäisierung“ von Europa wird einen großen Effekt auf die wenigen übrigen Juden in Mitteleuropa haben, und vielleicht sogar auf die Juden in der ganzen Welt. Von entscheidender Bedeutung in dieser Hinsicht ist weniger die Wiederkehr eines offenen Antisemitismus (auch wenn dies in großen Teilen von Osteuropa und der früheren Sowjetunion der Fall war). Vielmehr ist es eine potentiell noch traumatischere Wiederkehr: der Charakter der Nachkriegszeit schirmte viele Juden von den Folgen des Holocaust teilweise ab. Nazi- Deutschland war von Mächten besiegt worden, die seine rassistische und antisemitische Ideologie scharf abgelehnt hatten. (Die unterschiedlichen ideologischen Auswirkungen des Kampfes gegen den Nationalsozialismus auf die Vereinigten Staaten und die Sowjetunion ist ein wichtiges Problem, das hier nur erwähnt werden kann.) Die beiden jungen Supermächte unterstützten außerdem die Gründung des Staates Israel in den Jahren 1947/48, die für viele Juden eine Art Erlösung war, eine Verteidigung des Lebens im Angesicht des Todes und des immensen Leidens, das ihm vorangegangen war. So traumatisch und schrecklich der Holocaust war, er schien ein Ereignis der Vergangenheit zu sein.

Heute ist diese Zeit zu Ende, und mit ihr der relative Schutz, den sie gewährte. Die siegreichen Mächte des zweiten Weltkriegs sind in relativem Niedergang, Deutschland hat sich wieder zur Großmacht entwickelt, und es gibt eine wachsende Unsicherheit unter vielen Juden, ob der Zionismus eine befriedigende Antwort auf die Frage bietet, wie jüdisches Leben in der modernen Welt möglich sein kann. Nachdem die Nachkriegszeit abgeklungen ist, ist der Holocaust wieder auf der Oberfläche der Geschichte aufgetaucht. Es scheint plötzlich, als ob das Trauma, Opfer der Geschichte zu sein, nicht historisch gelöst worden ist. Dies kann ein sehr starkes Gefühl der Isolation, Hilflosigkeit und Verwundbarkeit unter den Juden zur Folge haben.

Ob dies der Fall sein wird, hängt zu einem großen Teil vom Charakter des gerade wieder souveränen Deutschland ab, und seiner Einstellung zu seiner Nazi-Vergangenheit. Die Frage ist nicht, ob Deutschlands Rückkehr als Großmacht bedeutet, daß eine bestimmte Art des Nationalsozialismus und exterminatorischen Antisemitismus sich notwendigerweise wieder als hegemonial erweisen wird. Es haben seit 1945 durchaus sehr wichtige positive politische und kulturelle Veränderungen in der Bundesrepublik stattgefunden, besonders in den späten 60er Jahren. Es gibt dennoch keinen Grund, anzunehmen, daß die demokratischeren, toleranteren und gesellschaftlich fortschrittlicheren Formen, die in der Bundesrepublik entwickelt wurden, sich einfach linear weiter entwickeln werden. In der Tat haben die Ereignisse des letzten Jahrzehnts gezeigt, daß die Stärkung deutscher Macht mit einer merklichen Zunahme des deutschen Nationalbewußtseins verbunden war. Die eigentliche Frage ist dann, welche Auswirkungen die gewachsene Macht Deutschlands auf die deutsche politische Kultur haben wird. Das Ausmaß, in dem das Trauma des Holocaust wieder an die Oberfläche kommt, wird auch davon abhängen, wie sich die politische Kultur entwickelt.

Die praktische Frage für Juden in Deutschland ist heute, ob sie aktiv zur Entwicklung dieser politischen Kultur beitragen können. Eine aktive jüdische Reaktion auf die neue Situation ist notwendig, die versuchen würde, zu helfen, das demokratische Bewußtsein in Deutschland zu erhalten, und das deutsche politische Selbstverständnis zu verändern. Sie würde dadurch indirekt auch die Bürger anderer mittel- und osteuropäischer Länder dazu bewegen, zu beginnen, sich mit dem Holocaust zu beschäftigen.

Dies ist eine sehr schwierige Aufgabe. Abgesehen von den vielen damit verbundenen objektiven Schwierigkeiten würde solch eine Reaktion die weitere Verbreitung und Entwicklung der oben dargestellten neuen Form jüdischer Selbstidentifikation erfordern. Diese Identität wäre nicht religiös im traditionellen Sinn. Auch wenn Synagogen und jüdische Schulen in Deutschland heute eine neue Blüte erleben, ist die jüdische religiöse Identität dennoch nicht besonders ausgeprägt. Traditionelle jüdische religiöse Formen sind hier weniger eine grundlegende Quelle der Identität als ein Ausdruck der Spannung zwischen dem zerstörten jüdischen Leben und dem Bedürfnis, an einer Form jüdischer Identität festzuhalten. Die neue Identität, die sich in Deutschland begonnen hat zu entwickeln, ist die einer ethnischen Gruppe mit eigenen, historisch verwurzelten, religiös-kulturellen Traditionen.

Eine solche Identität könnte als Grundlage für eine aktive jüdische Reaktion auf die neue Situation dienen. Die jüngsten Entwicklungen haben gezeigt, daß eine solche Reaktion notwendig ist; sie haben auf dramatische Weise gezeigt, daß, mehr als jemals zuvor, eine Normalisierung für Juden in Deutschland nicht möglich ist ohne fundamentale Veränderungen im deutschen Bewußtsein von der Vergangenheit und in der Natur der deutschen Identität. Die Frage ist, ob Juden überhaupt zu einem solchen Transformationsprozeß beitragen können, oder ob sie von der Wiederkehr der deutschen Geschichte überrollt werden.

Eines scheint klar: Die Wiederkehr Deutschlands als einer politischen Macht bedeutet das Ende jener Form jüdischer Existenz, die sich in Deutschland nach dem zweiten Weltkrieg herausgebildet hat. Diese Existenz, mit all ihren Verwerfungen und Problemen, wurde dadurch ermöglicht, daß die beiden deutschen Staaten offiziell jeweils die Werte der sie beschützenden Supermacht übernahmen, und daß beide nicht sehr mächtig waren; in einem gewissen Sinne waren beide nicht sehr deutsch. Diese historische Phase ist zu Ende.

Die Juden müssen jetzt eine Stimme finden, die an eine neue Form des Lebens in Deutschland gebunden ist. Wenn jedoch das deutsche Selbstverständnis und -bewußtsein weiterhin immer nationalistischer wird, dann werden die gegenwärtigen historischen Entwicklungen für viele Juden die folgende, sehr beunruhigende Bedeutung erlangen: nicht nur wurden die Juden auf radikale Weise zu Opfern gemacht, kamen ihre Mörder größtenteils ungestraft davon und war die Beschäftigung der meistens Deutschen mit der Vergangenheit völlig unzureichend – sondern letztendlich hat Deutschland den Krieg nicht verloren. Die Situation befindet sich an einem kritischen Punkt. Wenn Deutschland als Folge seiner wiedererstarkten Macht weiterhin immer nachdrücklicher deutsch-nationalistisch wird, dann wird ein sehr grundsätzliches Selbstverständnis erschüttert werden, das die Juden seit 1945 entwickelt hatten. Die Aussichten für jüdisches Leben in Deutschland würden dann sehr düster.

1996
Übersetzt von Rolf Schweimeier

II. Theoretische Explikationen

Die Kritische Theorie und die Problematik der Geschichte des 20. Jahrhunderts

I.

Die Kritische Theorie – jenes Gefüge theoretischer Ansätze, das von den Theoretikern der Frankfurter Schule entwickelt und durch Jürgen Habermas und andere kritisch erweitert wurde – stellte sich der doppelten theoretischen Aufgabe, sowohl die großen historischen Umwälzungen des 20. Jahrhunderts kritisch aufzuklären, als auch ihre Kritik selbst als historische Möglichkeit reflexiv zu begründen. In diesem Sinne läßt sich die Kritische Theorie als eine im emphatischen Sinne kontextgebundene Theorie eines geschichtlichen Zusammenhanges verstehen.

Ich möchte diese Theorie nun wiederum zu den komplexen historischen Strukturen in Beziehung setzen, die während des vergangenen Jahrzehnts deutlich wurden. Durch die historische Einordnung dieses gesellschaftstheoretischen Ansatzes versuche ich, eine angemessenere, historisch kontextualisierte Theorie zu skizzieren, um auf diese Weise etwas zu dem Projekt der Entwicklung einer kritischen Theorie der Gegenwart beizutragen.

II.

Als Ausgangspunkt meiner Überlegungen dient Eric Hobsbawms meisterliche Geschichte des 20. Jahrhunderts: *Das Zeitalter der Extreme*. In dem Versuch, das kurze 20. Jahrhundert in einen sinnvollen Zusammenhang zu stellen, unterscheidet Hobsbawm drei grundlegende Perioden: Eine erste von 1914 bis zu den Nachbeben des Zweiten Weltkrieges – von ihm als „Zeitalter der Katastrophe" charakterisiert, die vor allem durch die beiden Weltkriege, die Weltwirtschaftskrise, die Krise der Demokratie und den Aufstieg von Stalinismus, Nazismus und Faschismus gekennzeichnet gewesen ist. Auf diese Periode folgte ein unerwartetes „Goldenes Zeitalter" zwischen 1947 bis hinein in die frühen siebziger Jahre, das sich durch immenses Wirtschaftswachstum, die Etablierung des Sozialstaates, relative politische Stabilität und ein funktionierendes System internationaler Beziehungen auszeichnete. Abgelöst wurde dieses „Goldene Zeitalter" schließlich durch eine dritte Periode erneuter schwerer Zusammenbrüche des internationalen Finanzsystems, der Massenarbeitslosigkeit, wachsender sozialer Ungleichheit, den Zusammenbruch des Systems internationaler Beziehungen, katastrophale Krisen in Teilen Afrikas, Osteuropas und der UdSSR sowie den Kollaps des Kommunismus.

Eine Dimension der Periodisierung von Hobsbawm, die ich im folgenden besonders hervorheben werde, ist die sich wandelnde Beziehung zwischen Staat und Ökonomie. Die erste Periode läßt sich in dieser Hinsicht als eine Phase zahlreicher Versuche beschreiben, der weltweiten Krise des liberalen Kapitalismus des 19. Jahrhunderts mittels staatlicher Eingriffe in die Ökonomie zu begegnen, wohingegen die zweite Periode durch eine erfolgreiche staatliche Integration der Ökonomie in Ost und West gekennzeichnet ist. Das letzte Drittel des Jahrhunderts ist wiederum geprägt durch die Auflösung dieser Synthese – durch die Schwächung der ökonomischen Souveränität der Nationalstaaten, die Aushöhlung der Sozialstaaten im kapitalistischen Westen, den Zusammenbruch der bürokratischen Einparteienstaaten im kommunistischen Osten und die triumphierende Wiederkehr des unkontrollierten Marktkapitalismus.

Diese jüngsten sozialökonomischen Umwälzungen haben jeglicher Vorstellung einer linearen historischen Entwicklung den Boden entzogen und die Frage nach den geschichtlichen Triebkräften sowie der globalen Umstrukturierung erneut auf die Agenda kritischer Analyse und Debatte gesetzt. Insbesondere haben sie die Stichhaltigkeit des Kapitalismusbegriffes als kritische Kategorie für die Analyse der Gegenwart unterstrichen. Diese übergreifende historische Grundtendenz ist es, vor deren Hintergrund ich die Kritische Theorie mit Blick auf ihre zeitgeschichtlichen Hintergründe diskutieren möchte.

Viele Versuche, die erste Generation der Kritischen Theoretiker in ihrem zeitgeschichtlichen Kontext zu interpretieren, haben deren theoretische Korrekturen an orthodoxen marxistischen Auffassungen (wie dem Begriffs des Proletariats als historisches Subjekt) im Zusammenhang mit geschichtlichen Entwicklungen, etwa dem Scheitern der Revolution im Westen, dem Aufkommen des Stalinismus und der faschistischen Massenbewegungen oder der wachsenden Bedeutung massenmedial vermittelter Formen des Konsums, der Kultur und Politik, gesehen.

Allerdings zogen solche Versuche nicht immer in Betracht, daß die Kritischen Theoretiker versuchten, die Bedeutung solcher historischer Entwicklungen in einen größeren Zusammenhang zu stellen – den der umfassenden Transformation des Kapitalismus. Es ist beispielsweise behauptet worden, daß während der frühen vierziger Jahre die Kritische Theorie sich von der Kritik der politischen Ökonomie weg und hin zu einer Kritik instrumenteller Vernunft, der Kultur und der politischen Herrschaft entwickelt habe. Ich würde demgegenüber behaupten, daß diese Akzentverschiebung kein Abrücken von der früheren Kritik bedeutete, sondern vielmehr ein spezifisches Verständnis der politökonomischen Dimension der Transformation des Kapitalismus zum Ausdruck brachte. Dieses Verständnis wurde dann auch ein wichtiger Aspekt in Jürgen Habermas' späterem Versuch, die Kritische Theorie neu zu rekonstruieren. Es ist jedoch genau dieses zugrundeliegende politisch-ökonomische Verständnis, welches durch die historischen Entwicklungen seit 1973 in Frage gestellt wurde und das neu überdacht werden müßte, wenn die Kritische Theorie weiterhin ihrem Gegenstand gerecht bleiben soll.

III.

Ich möchte daher ein theoretisches Dilemma im Kern der kritischen Theorie umreißen, das in dem Versuch lag, die Transformationen der ersten Hälfte des zwanzigsten Jahrhunderts zu begreifen. Indem die Theoretiker der Frankfurter Schule die sozialen, ökonomischen, politischen und kulturellen Dimensionen des modernen Lebens weiterhin vor dem Hintergrund eines hochentwickelten Verständnisses des Kapitalismus zueinander in Beziehung setzten, interpretierten sie diese umfassenden historischen Veränderungen als Transformation des Kapitalismus von einer markzentrierten zu einer bürokratischen und staatszentrierten Form.

Auf diese Weise erkannten sie die Unzulänglichkeit traditioneller marxistischer Kritik, die den Kapitalismus lediglich in den Kategorien des 19. Jahrhunderts zu fassen suchte, genauer gesagt: in den Begriffen des Marktes und des Privateigentums an Produktionsmitteln. Innerhalb solch eines traditionellen Rahmens besteht der strukturelle Widerspruch des Kapitalismus zwischen jenen grundlegenden Sozialbeziehungen und dem Bereich der Arbeit – anthropologisch verstanden als Aktivität der Vermittlung von Mensch und Natur, als Grundlage der Konstitution von Gesellschaft und Quelle des Wohlstands in allen Gesellschaften.

Es ist wichtig zu verstehen, daß der Begriff des Widerspruchs für kritische Theorien des Kapitalismus entscheidend ist; über ihn kann sowohl die historische Dynamik kapitalistischer Gesellschaften erklärt werden, wie auch die aus dem Inneren der Verhältnisse hervorgehende Möglichkeit sozialer Kritik und Opposition. Anders gesagt: Kapitalismus kann sowohl als produktiv wie einschränkend interpretiert werden.

Aus der Sicht der Hauptströmung der Kritischen Theorie versetzte die Transformation des Kapitalismus die traditionelle marxistische Kritik in einen Anachronismus. Dennoch blieb die Kritische Theorie auch in dem Versuch, die Grenzen jener Kritik zu überwinden, einigen ihrer Grundvoraussetzungen verhaftet. Die daraus resultierende Spannung sollte für diese theoretische Denkrichtung konstitutiv werden, was am deutlichsten an der beachtlichen Verschiebung in Max Horkheimers Konzeption der Kritischen Theorie in den späten dreißiger Jahren offenbar wurde.

So beschrieb Horkheimer im Jahr 1937 den Kapitalismus noch in traditionellen Begriffen, wenn auch sehr scharfsinnig – als strukturellen Widerspruch zwischen gesellschaftlicher Totalität, welche sich durch Arbeit konstituiert, die in einer gerechten und vernünftigen Weise organisiert werden könnte, und ihrer fragmentierten und irrationalen Form, die dem Ganzen über Markt und Privateigentum verliehen wird. Ebenso wie der Begriff der Totalität wird an dieser Stelle die Arbeit transhistorisch aufgefaßt, positiv bewertet und aufs Engste mit Vernunft und Emanzipation verknüpft. Die Kritische Theorie wird reflexiv begründet in dem Widerspruch zwischen der durch Arbeit konstituierten Totalität und der Art und Weise, in der diese Totalität durch kapitalistische Verhältnisse vermittelt wird.

Dieses Verständnis änderte sich im Jahre 1940 grundlegend, als er, ähnlich wie Friedrich Pollock, folgerte, daß das, was den Kapitalismus früher gekennzeichnet hatte – Markt und Privateigentum – nicht mehr seine grundlegenden Organisationsmodi bestimme.

Doch auch trotz dieser Einsicht entwickelte Horkheimer keine neue Begrifflichkeit gesellschaftlicher Verhältnisse im Kapitalismus, sondern hielt am traditionellen Verständnis des grundlegenden Widerspruches (zwischen Arbeit einerseits und Markt und Privateigentum andererseits) fest. Er argumentierte, daß dieser Widerspruch durch die effektive Abschaffung von Markt und Privateigentum überwunden wurde und die Gesellschaft nun direkt durch Arbeit konstituiert sei. Allerdings habe diese Entwicklung nicht zur Befreiung, sondern zu einer neuen historischen Form der Unfreiheit geführt, und zwar zum Staatskapitalismus als neuer Form technokratischer Herrschaft.

Dies zeigt, daß Horkheimer zufolge Arbeit (die er weiterhin in traditionellen, überhistorischen Begriffen zu fassen versuchte) nicht länger als Grundlage von Emanzipation, sondern im Gegenteil als Quelle technokratischer Herrschaft beziehungsweise als instrumentelle Praxis begriffen werden müsse. Kapitalistische Gesellschaft enthalte keinen strukturellen Widerspruch mehr, sondern sei eindimensional geworden. Die aus dem Widerspruch resultierende immanente Dynamik des Kapitalismus sei mittels der Staatskontrolle abgeschafft. Weil Horkheimer einige der traditionellen marxistischen Vorstellungen von der Struktur der Arbeit sowie der Widersprüchlichkeit des Kapitalismus beibehielt, ist sein Versuch, die Grenzen dieser Theorie zu überwinden, so problematisch. Weil er kein alternatives Konzept der grundlegenden Sozialbeziehungen im Kapitalismus entwickelte, vermochte er auch seine Einschätzung der modernen Gesellschaft als einer, die trotz der Abschaffung von Markt und Privateigentum kapitalistisch war, nicht zu korrigieren. Darüber hinaus konnte sich seine kritische Analyse nicht länger selbst begründen und verlor daher ihren reflexiven Charakter. Dies ist der Hintergrund der „Dialektik der Aufklärung“ und ihrer ahistorischen Kategorien.

IV.

Jürgen Habermas' Projekt kann als ein Versuch gelesen werden, eine kritische Theorie der Gegenwart zu rekonstruieren, die die theoretischen Widersprüche, die durch die pessimistische Wende der Kritischen Theorie entstanden waren, überwindet. Auch läßt sich dieses Projekt in Bezug auf die Grundströmungen des 20. Jahrhunderts verorten: Historische Entwicklungen in den sechziger und siebziger Jahren untergruben die These der Eindimensionalität in vielfacher Hinsicht. Zuerst stellte der Aufstieg der neuen sozialen Bewegungen während der sechziger Jahre die Vorstellung von der vollständig verwalteten Welt in Frage.

In den siebziger Jahren konnte aufgrund der wiedererstarkten kapitalistischen Dynamik auch die Vorstellung nicht mehr aufrecht erhalten werden, daß der Staat die ökonomischen Prozesse kontrolliere, womit deutlich wurde, daß der widersprüchliche Charakter des Kapitalismus – wie auch immer er aussehen mochte – noch nicht überwunden war. Habermas' Projekt gründet sich in der ersteren Entwicklung, seine Grenze erweist sich jedoch in letztgenannter.

Als Habermas seinen Ansatz während der sechziger Jahre erstmals formulierte, war der Wohlfahrtsstaat der Nachkriegsperiode auf seinem Höhepunkt angelangt und die Neuen Sozialen Bewegungen befanden sich am Beginn ihrer Entwicklung. Vor diesem Hintergrund erweiterte Habermas die Kritik der Frankfurter Schule an technokratischer Herrschaft, indem er sowohl die kapitalistischen Wohlfahrtsstaaten als auch die sozialistischen Staaten der Trennung von Fragen materiellen Wohlstandes und demokratischer Selbstbestimmung bezichtigte. Andererseits kritisierte er die These von der Eindimensionalität der postliberalen Gesellschaft, um den selbstreflexiven Charakter kritischer Theorie zu rehabilitieren und die neuen oppositionellen Bewegungen theoretisch fassen zu können. Dennoch verortete Habermas die Bedingung der Möglichkeit von Kritik und Opposition nicht im Kapitalismus selbst (was eine grundsätzliche Neubestimmung desselben nach sich gezogen hätte), sondern schloß sich der in den sechziger Jahren weitverbreiteten Meinung an, daß die Staaten endgültig Kontrolle über den ökonomischen Prozeß gewonnen hätten und die Arbeiterklasse vollständig in den Kapitalismus integriert worden sei. Bekräftigt wurde diese Einschätzung durch die Neuen Sozialen Bewegungen, die weniger an ökonomischen als an kulturellen, ästhetischen und politischen Themen interessiert schienen.

An Stelle einer Revision der Kapitalismustheorie akzeptierte Habermas also im wesentlichen Horkheimers Position, daß der postliberale Kapitalismus durch Arbeit (überhistorisch verstanden als instrumentelle Praxis) konstituiert und nicht mehr widersprüchlich sei. Um allerdings die Möglichkeit der Kritik fundieren zu können, argumentierte Habermas, daß Arbeit nur eine Dimension des sozialen Lebens hervorbringen würde, während eine andere in der Interaktion begründet sei. In dieser Sphäre sozialer Interaktion entfaltete sich Habermas zufolge die Möglichkeit der Kritik, während Arbeit vor allem den Gegenstand dieser

Kritik ausmachte. Habermas opus magnum der frühen achtziger Jahre, die „Theorie des kommunikativen Handelns“, verfeinert und vertieft vor allem diesen Ansatz, auch wenn die Arbeit in einigen wichtigen Aspekten das frühere Schema verläßt. Habermas wichtigstes Anliegen ist es gewesen, die Möglichkeit einer selbstreflexiven kritischen Theorie der modernen Gesellschaft durch die Bildung des Begriffes der „kommunikativen Vernunft“ zu begründen – wobei er die Kritik der postliberalen Gesellschaft vor allem in Kategorien einer zunehmenden Herrschaft instrumenteller Vernunft formulierte. Um dies zu tun, postulierte Habermas eine universelle evolutionäre Logik soziokultureller Entwicklung, entsprechend der die Lebenswelt in zunehmendem Maße durch sprachvermittelte Kommunikation geprägt werde. Dabei machte er eine scharfe Unterscheidung zwischen dieser Logik (die auf die zunehmende Rationalisierung der Weltanschauungen und die Generalisierung moralischer und rechtlicher Normen ausgerichtet sei), und der tatsächlichen historischen Dynamik der Entwicklung der Weltanschauungen. So dient diese Logik als immanenter Standard, von dem aus die realen Entwicklungen der Moderne beurteilt werden können. Die moderne Welt ist dadurch charakterisiert, daß Systemintegration durch die quasi-objektiven Steuerungsmittel Geld und Macht herbeigeführt wird. Diese Mittel erlauben eine zweckrationale Regulierung sozialer Prozesse, die zu einer Entkoppelung von Systemintegration und Lebenswelt führen. Die Krise der Gegenwart beruht nach Habermas in der zunehmenden Ausdehnung instrumenteller Vernunft (die der Logik des Systems entspricht) in die Sphäre der Lebenswelt, welche durch kommunikative Vernunft strukturiert sei. Habermas argumentierte, daß dieser Prozeß zu Störungen der symbolischen Reproduktion der Lebenswelt führen werde, die auf eine neue Form des Widerstandes hinausliefen. Auf Grundlage dieser Analyse versucht Habermas die Neuen Sozialen Bewegungen der letzten drei Jahrzehnte in den Fundamenten der Geschichte zu verankern.

V.

Habermas' Projekt gelingt in der Tat die Wiederherstellung der Fähigkeit kritischer Theorie zur Selbstreflexion, allerdings auf Kosten ihrer Kraft, die gegenwärtigen historischen Transformationen zu erfassen. Diese Transformationen untergraben, wie ich bereits erwähnt habe, jene staatszentrierte Ordnung, mit deren Hervorkommen die frühere Kritische Theorie zu kämpfen hatte. Sie weisen darauf hin, daß, trotz andersartiger Erscheinungen, die Staatstrukturen – in Ost wie West – es nicht geschafft haben, während des „Goldenen Zeitalters" über die kapitalistische Dynamik Kontrolle zu gewinnen. Diese Prozesse müssen jedoch begriffen werden, wenn die kritische Theorie der gegenwärtigen Gesellschaft angemessen sein will.

Habermas' späte Theorie ist jedoch gänzlich ungeeignet, diese jüngsten Prozesse zu erfassen, denn dies würde ein kritisches Überdenken der Triebfedern des Kapitalismus bedeuten.

Statt dessen hat Habermas an dieser Stelle einen systemtheoretischen Ansatz gewählt, der die Reichweite seiner Analyse nachdrücklich einschränkt. Die Kategorien 'Geld' und 'Macht' sind grundsätzlich statisch und unbestimmt. Sie erhellen weder die spezifischen Strukturen der Ökonomie und Verfassung, noch können sie die historische Dynamik der modernen kapitalistischen Gesellschaft erklären. Habermas' Verständnis der historischen Dynamik ist wesentlich linear und räumlich, als handele es sich um Überdehnungen, statt um zeitabhängige Transformationen. Seine Kritik ist die, daß die Organisationsprinzipien der Ökonomie und des Staates ihre 'legitimen' Grenzen überschritten hätten. Solche Kritik ist aber nicht in der Lage, die massive Umgestaltung der heutigen Welt oder den fundamentalen Wandel der politischen, ökonomischen und sozialen Strukturen im globalen Maßstab zu begreifen. Sie setzt eine Verschränkung von Staat und Ökonomie voraus, die sich seit den frühen siebziger Jahren auflöst und erlaubt keine Vision von einer fundamental anderen Form des Staates und der Ökonomie.

Mit anderen Worten: wie gelungen Habermas' Kritik des orthodoxen Marxismus auch gewesen sein mag, sein Versuch, die Kritische Theorie zu rehabilitieren, marginalisiert die zentrale Stellung der kapitalistischen Dynamik auf eine Weise, die sein eigenes Unterfangen – eine Brücke zwischen Normativität und historischer Faktizität zu schlagen – unterminiert, so daß sich dieser Versuch schließlich als anachronistisch erweist.

Letztlich hängt diese Schwäche mit Habermas' Aneignung der Systemtheorie zusammen, seiner quasi-ontologischen Unterscheidung von System und Lebenswelt sowie seiner beharrlichen Trennung evolutionärer Logik von empirischer historischer Entwicklung.

Wie ich gezeigt habe, macht Habermas diese Unterschiede auf, um seine Kritik der postliberalen Gesellschaft reflexiv begründen zu können. Dies wiederum setzt voraus, daß sie nicht in der Natur und der Dynamik des modernen Kapitalismus selbst begründet werden können. Die als eindimensional kritisierte Analyse der früheren Kritischen Theorie des postliberalen Kapitalismus ist Grundlage dieser Prämisse. Sowie er diese Analyse akzeptierte, versuchte er die Möglichkeit reflexiver Sozialkritik durch die Behauptung eines Reiches außerhalb des Kapitalismus zu begründen.

Das Ergebnis ist eine lineare evolutionistische Theorie historischer Entwicklung, die es Habermas weder erlaubt, ein zentrales Kennzeichen moderner Gesellschaft aufzuklären – ihre einmalige historische Dynamik – noch mit den wesentlichen Transformationen der Gegenwart umzugehen.

VI.

Ich habe bereits beschrieben, wie Kritische Theorie bei dem Versuch, groß angelegte historische Transformationen theoretisch zu erfassen, einige der traditionellen marxistischen Prämissen beibehielt, obwohl sie gerade versuchte, die Grenzen dieses theoretischen Systems zu überwinden. So wurde schließlich auch die Fähigkeit untergraben, ihrer doppelten theoretischen Aufgabe nachzukommen und die grundlegenden historischen Transformationen in einer historisch-selbstreflexiven Weise aufzuklären.

Die Veränderungen während der letzten drei Jahrzehnte machen die Notwendigkeit einer erneuerten kritischen Theorie der Gegenwart deutlich, die, um weiterhin aktuell zu bleiben, auf einer angemessenen Theorie des Kapitalismus basieren und dennoch in wichtigen und grundlegenden Bereichen von der traditionalen marxistischen Kapitalkritik abweichen muß.

Im Nachhinein betrachtet scheint klar zu werden, daß die gesellschaftspolitische Form, die mit der Hegemonie des Kapitals verbunden ist, historische Veränderungen durchlaufen hat: Vom Merkantilismus über den liberalen Kapitalismus des 19. Jahrhunderts, den organisierten, staatlich geprägten Kapitalismus des 20. Jahrhunderts hin zum derzeitigen neo-liberalen Kapitalismus. Jede dieser Formen hat eine Anzahl eindringlicher Kritiken hervorgebracht: Kritik an Ausbeutung,

Ungleichheit und unterschiedlichen Entwicklungschancen oder an den bürokratischen Formen der Herrschaft. Jede dieser Kritiken ist für sich genommen unvollständig, da Kapitalismus, wie wir nun sehen, nicht mit einer seiner historischen Formen identifiziert werden darf. Es ist vielmehr die Kategorie des Kapitals, die einen dynamischen geschichtlichen Prozeß beschreibt, der mit einer Vielzahl historischer Formen verbunden ist.

Diese Dynamik macht den Kernbestand der modernen Welt aus, die eine permanente Umwälzung aller Aspekte des sozialen und kulturellen Lebens mit sich bringt und sich weder in Kategorien des Staates noch der Zivilgesellschaft begreifen läßt. Sie existiert vielmehr 'dahinter', als wäre es ein Zwang, der die Bedingungen menschlichen Lebens in einer Weise umgestaltet, die außerhalb der Kontrolle der Individuen zu liegen scheinen.

Die Dynamik des Kapitalismus bringt eine spezifische Form der Heteronomie zum Ausdruck, die eine sinnvolle Selbstbestimmung ernsthaft behindert. Es handelt sich um eine Form historischer Gesetzmäßigkeit, die dem Kapitalismus einzigartig ist und die auf alle menschlichen Gesellschaften als Geschichte übertragen werden kann und wurde. Diese Dynamik ist es, die begriffen werden muß, wenn die kritische Theorie ihrem Gegenstand gerecht werden will.

Eine adäquate Theorie des Kapitalismus könnte ein Ansatz dazu sein, die doppelte theoretische Aufgabe zu erfüllen, die durch die Kritische Theorie gestellt wurde – sowohl Kategorien zu entwickeln, die dazu befähigen, die geschichtlichen Umwälzungen unserer Welt aufzuklären, als auch über den eigenen historischen Standpunkt zu reflektieren oder, mit anderen Worten, einen Zugang zur Moderne und ihren Theorien zu entwickeln, der elementar historisch ist.

1998

Der Holocaust und der Verlauf des 20. Jahrhunderts[1]

I.

Historiker, die den Holocaust untersuchen, stehen, wie Michael Marrus einmal bemerkte, vor zwei ganz unterschiedlichen Aufgaben: Die eine besteht darin, über die Geschichte zu berichten, zu erinnern – als Verpflichtung gegenüber den Toten und künftigen Generationen zur Mahnung. Die andere Aufgabe liegt in der „Integration der Geschichte des Holocaust in den allgemeinen Strom des geschichtlichen Bewußtseins"[2]. Dieser Aufgabe, der Betrachtung des Holocaust aus Sicht des zu Ende gegangenen zwanzigsten Jahrhunderts, möchte ich mich heute zuwenden, indem ich den möglichen Zusammenhang zwischen dem Holocaust und seinen Auswirkungen einerseits und übergreifenden Zeitstrukturen des zwanzigsten Jahrhunderts andererseits untersuche.

Ich möchte die Möglichkeit analysieren, zwei im allgemeinen als völlig unterschiedlich geltende Diskurswelten zusammenzuführen. Einerseits wird der Holocaust als Ereignis von einschneidender historischer Bedeutung betrachtet – als Bruch in der Zivilisation und der Geschichte[3], als entscheidendes Ereignis in der Geschichte dieses Jahrhunderts[4]. Für einige liegt er außerhalb jeder menschlichen Logik und damit auch des Vermögens des Historikers, Motive und Interessen zu begreifen[5]; tatsächlich überschreitet seine Bedeutung die

---

[1] Für Kommentare und Unterstützung bei der Recherche danke ich Nicole Deqtvaal, Spencer Leonard und Andrew Sartori.

[2] Michael Marrus, *The Holocaust in History* (Hanover 1987), S. XIII.

[3] Dan Diner, *Zwischen Aporie und Apologie: Über Grenzen der Historisierbarkeit des Nationalsozialismus*, in: Ders. (Hg.), *Ist der Nationalsozialismus Geschichte? Zu Historisierung und Historikerstreit*, (Frankfurt am Main 1987), S. 62-73, sowie Dan Diner (Hg.), *Zivilisationsbruch, Denken nach Auschwitz*, (Frankfurt am Main 1988).

[4] Omer Bartov, *The Lessons of the Holocaust*, in: *Dimensions: A Journal of Holocaust Studies* 12 Jg., H. 1 (1998), S. 20.

[5] Isaac Deutscher, *The Non-Jewish Jews and Other Essays*. Herausgegeben von Tamara Deutscher (London 1968), S. 163-164.

Geschichte selbst.[6] Auf der anderen Seite neigen bedeutende Werke jüngeren Datums, die sich mit der übergreifenden historischen Struktur des zwanzigsten Jahrhunderts beschäftigen, zur Marginalisierung des Holocaust – etwa Eric Hobsbawms *Das Zeitalter der Extreme*[7] oder Giovanni Arrighis *The Long Twentieth Century*[8]. In diesen Arbeiten[9]

---

6 Eli Wiesel, *Trivializing the Holocaust: Semi-fact and Semi-Fiction*, in: *New York Times* vom 16. April 1978

7 Hobsbawm unterscheidet im kurzen 20. Jahrhundert drei Perioden: 1914-1945, 1945-1973, 1973-1991. Er begreift zwar den Aufstieg und Fall der Sowjetunion als zentral für das 20. Jahrhundert, sieht aber in der Konfrontation zwischen Kapitalismus und Sozialismus nicht dessen entscheidenden Grundzug. Vielmehr behandelt Hobsbawm das kapitalistisch-kommunistische Bündnis gegen Hitler als Dreh- und Angelpunkt der Geschichte des 20. Jahrhunderts, da es dem 'Goldenen Zeitalter' nach dem Krieg, dem er weltgeschichtliche Bedeutung beimißt, den Weg bereitet habe. Vgl. Eric Hobsbawm, *The Age of Extremes: A History of the World, 1914-1991* (New York, 1994), S. 6-8.
Die Niederschlagung des Nazismus und Faschismus nimmt somit den zentralen Ort in seiner Geschichtsschreibung ein. Den Faschismus charakterisiert Hobsbawm als Massenbewegung mit einer Anziehungskraft für alle, die sich als Opfer der Gesellschaft sahen, als eingekeilt zwischen dem Großkapital und der erstarkenden Arbeiterbewegung. Weiter merkt Hobsbawm an, daß diese Vorstellungen einen charakteristischen Ausdruck in einer neuen Form des Antisemitismus fanden (S. 117-121). Doch darauf folgt keine Auseinandersetzung mit dem Holocaust selbst. Statt dessen konzentriert sich Hobsbawms Darstellung der Periode 1933-45 auf den Kampf gegen den Faschismus als einen Kampf für eine bessere Gesellschaft, der eine neue Ära gesellschaftlicher Veränderungen eingeleitet habe (S. 142-177).
Hobsbawms Darstellung wirft ein Schlaglicht auf die Schwierigkeiten, denen sich Erzählungen des Fortschritts im Umgang mit dem Holocaust gegenübersehen. Obwohl er keine lineare Konzeption der Geschichte vertritt, problematisiert er weder die Art des Fortschritts, die für die gesellschaftlichen Veränderungen der Nachkriegszeit charakteristisch war, noch das Verhältnis, in dem solcher 'Fortschritt' zum Holocaust oder ganz allgemein den Opfern der Geschichte steht. (Auf dieses Thema werde ich weiter unten zurückkommen). Statt dessen greift Hobsbawm auf eine abstrakt-universalistische Erzählung zurück, die im Hinblick auf den Holocaust unreflektiert ist und dessen diskursive Marginalisierung erfordert.

8 Hinsichtlich der hier diskutierten Problematik geht es nicht einfach darum, daß Arrighi den Holocaust nicht erwähnt, sondern daß dieser sich in Arrighis theoretischem Rahmen gar nicht fassen ließe. Arrighis Darstellung des

wird der Holocaust entweder überhaupt nicht erwähnt oder getrennt von der allgemeinen historischen Struktur betrachtet.[10]

Geschichtsverlaufs stützt sich auf eine Beschreibung der von ihm so genannten systemischen Akkumulationszyklen, die zu wechselnden Phasen materieller und finanzieller Expansion führen, durch die sich der Kapitalismus als Weltsystem vermeintlich auszeichnet (Vgl. Giovanni Arrighi, *The Long Twentieth Century: Money, Power, and the Origins of Our Times* (London 1994), S. X; 6.) Dieser Versuch, die Geschichte des Kapitalismus als stetige Wiederkehr eines bestimmten Musters zu fassen (und nicht etwa hinsichtlich der Formen der Vermittlung, die dieser Dynamik zu Grunde liegen und sie vorantreiben), verleiht Arrighis Darstellung in hohem Maße deskriptive und objektivistische Züge. Die kapitalistische Entwicklung wird im wesentlichen quantitativ bestimmt; qualitative Bestimmungen spielen nur insoweit eine Rolle, als Arrighi von einem stetigen Wechsel zwischen starken und schwachen Regulationsformen des Kapitals ausgeht.

Arrighi diskutiert die Besonderheiten der Entwicklung des industriellen Kapitalismus in Deutschland (S. 265-269; 279-292) und geht kurz auf ethnischen Hass und gewalttätige Auseinandersetzungen ein, die er als Reaktionen auf die Auflösung traditioneller Lebensweisen durch die verschärfte Weltmarktkonkurrenz begreift (S. 330). Sein Ansatz bietet jedoch keinerlei Grundlage, um gesellschaftliche Objektivität und Subjektivität theoretisch zu vermitteln und so eine historische Theorie der Ideologie im allgemeinen und der ideologischen Grundlagen des Holocausts im besonderen sinnvoll in seine Darstellung einzubeziehen.

9 Francois Furets *Das Ende der Illusion. Der Kommunismus im 20. Jahrhundert* (München/Zürich 1996), stellt hier in gewisser Hinsicht eine Ausnahme dar. Furet behandelt das 20. Jahrhundert als die Geschichte gescheiterter radikaler Reaktionen auf die liberale Demokratie (Faschismus, Kommunismus) und begreift den modernen Antisemitismus als zentral für eine dieser radikalen Reaktionen, den Nationalsozialismus. Doch Furets Auseinandersetzung mit dem Antisemitismus krankt an einer tiefen Ambivalenz. Einerseits wird der Antisemitismus als ideologische Revolte gegen Kapitalismus wie Kommunismus gefaßt („die zwei Formen des modernen Materialismus"), die sich gegen Ende des 19. Jahrhunderts ausbreitete und in Deutschland nach dem ersten Weltkrieg virulent wurde. (S. 46 u. 188-191). Andererseits schreibt Furet den Vernichtungsantisemitismus und den Holocaust im wesentlichen Hitler zu (S. 188-190) und nimmt sich damit die Möglichkeit, die ideologischen Formen auf konsistente Weise historisch zu bestimmen. Diese theoretische Ambivalenz hängt damit zusammen, daß Furet sich eine gesellschaftliche Theorie der Ideologie nur reduktionistisch vorstellen kann, auf der Basis einer Analyse von

Die Marginalisierung des Holocaust im allgemeinen historischen Diskurs war Ende der vierziger und in den fünfziger Jahren ganz offensichtlich.[11] Man könnte vielerlei Gründe für eine solcheMarginalisierung anführen – Strategien der Abwehr oder der Vermeidung zum Bei-

---

Interessen (S. 185). Indem er daher jegliche Theorie der Ideologie zurückweist, behandelt Furet Ideologie auf inkonsistente Weise. Einmal wird Ideologie historisch gefaßt, womit implizit die Notwendigkeit einer anderen Theorie der Ideologie eingeräumt wird, dann aber wieder in idealistischer Manier auf einzelne Personen zurückgeführt (z.B. Hitler), was ironischerweise der von Furet kritisierten Ideologie des Willens entspricht.
Überdies läuft Furets Auffassung des Nazismus seinem allgemeinen theoretischen Rahmen für die Geschichte des 20. Jahrhunderts zuwider. Im allgemeinen macht er sich Ernst Noltes Auffassung des Faschismus als *partikularistische* mimetische Reaktion auf den Bolschewismus zu eigen, gleichzeitig aber bestimmt er den Nazismus als eine *gegen-universalistische* Bewegung, welche die Grenzen des Faschismus und Nationalismus gesprengt habe. Diese Position ist zwar mit Furets knapper Auseinandersetzung mit dem Antisemitismus konsistent, steht aber in einem Spannungsverhältnis zu seinem allgemeinen theoretischen Rahmen und verweist auf dessen Schwächen.

10 Dan Diners *Das Jahrhundert verstehen* (München 1999) ist in dieser Hinsicht eine bedeutende Ausnahme. Diner versucht die Geschichte des 20. Jahrhunderts – für dessen erste Hälfte er sich auf Europa konzentriert – entlang zweier Achsen zu entfalten: Die eine bildet der Kampf zwischen dem Kommunismus und seinen Widersachern von 1917 bis 1989 als Weltbürgerkrieg um Werte und Weltanschauungen, die zweite Achse stellen geographische und ethnische Probleme dar. Indem Diner die Geschichte des Jahrhunderts auch aus der Perspektive der europäischen Peripherie zeichnet, vom Baltischen Meer und dem Schwarzen Meer bzw. der Ägäis aus, wirft er neues Licht auf die Entwicklungen im 20. Jahrhundert.
Diners Auseinandersetzung mit dem Holocaust nimmt nicht nur einen zentralen Stellenwert in seinem Buch ein, sondern ist darüber hinaus eine wichtige Intervention in die Debatte über Funktionialismus und Intentionalismus. Sein Versuch einer Vermittlung des Holocaust mit der allgemeinen Geschichte mißt dem Problem der Periodisierung weniger Bedeutung bei als der hier vorgestellte Ansatz. Der Holocaust wird implizit als Schnittpunkt der zwei historischen Achsen bestimmt, entlang derer sich Diners Auffassung zufolge die Geschichte des 20. Jahrhunderts darstellen läßt. Seine Ausführungen über die Besonderheiten des nationalsozialistischen Antisemitismus und Antibolschewismus, die sich mit dem vorliegenden Essay überschneiden, stehen allerdings streckenweise in einem Spannungsverhältnis zu diesem theoretischen Rahmen.

spiel[12], Strukturen der psychischen Verdrängung[13] oder die insbesondere im linken und kommunistischen Diskurs vorherrschende abstrakte universalistische Position, es wäre partikularistisch, dem Leiden und der Ermordung der Juden besondere Aufmerksamkeit zu schenken[14].

Trotzdem lassen sich die Schwierigkeiten, den Holocaustdiskurs und den allgemeinen historischen Diskurs zusammenzuführen, nicht allein mit Strategien der Vermeidung oder abstrakten universalistischen Positionen erklären.[15] Letzten Endes handelt es sich um ein theoreti-

---

11 Voneinander abweichende Darstellungen der komplexen Muster des öffentlichen Diskurses über den Holocaust nach dem Krieg in den USA, Frankreich, Israel und Deutschland liefern Michael Marrus, *The Holocaust in History,* a.a.O.; Peter Novick, *Nach dem Holocaust. Der Umgang mit dem Massenmord* (Stuttgart 2001); Henry Rousso, *Das Vichy-Syndrom. Von 1944 bis heute* (München 1992); Joan Wolf, *Negotiating Meaning: Narrative Politics and Memory of the Holocaust in French Public Discourse,* unveröfftl. Dissertation am Department of Political Science (University of Chicago 1997); Tom Segev, *Die siebte Million. Der Holocaust und Israels Politik der Erinnerung* (Reinbek bei Hamburg 1995); Kathy Harms/Lutz R. Reuter/Volker Dürr (Hg.), *Coping with the Past: Germany and Austria after 1945,* (Madison 1990) – darin vor allem die Aufsätze von Andrei S. Markovits, *Coping with the Past: The West German Labor Movement and the Left*, S. 219-232; Wolfgang Mommsen, *The Germans and their Past: History and Political Consciousness in the Federal Republic of Germany*, S. 252-269; Moishe Postone, *After the Holocaust: History and Identity in West Germany*, S. 233-251; Anson Rabinbach, *Beyond Bitburg: The Place of the 'Jewish Question' in German History after 1945*, S. 187-218; und Frank Trommler, *The Creation of History and the Refusal of the Past in the German Democratic Republic*, S. 79-93.

12 Vgl. etwa Wolfgang Benz, *Die Abwehr der Vergangenheit*, in: Dan Diner (Hg.), *Ist der Nationalsozialismus Geschichte? Zu Historisierung und Historikerstreit* (Frankfurt am Main 1987), S. 17-33.

13 Vgl. Alexander und Margarete Mitscherlich, *Die Unfähigkeit zu trauern. Grundlagen kollektiven Verhaltens* (München 1967).

14 Furet geht kurz darauf ein, wie verbreitet diese Haltung in Europa war, vor allem in den von der Sowjetunion kontrollierten Gebieten und in antifaschistischen Kreisen. Vgl. Furet, a.a.o., S. 353, 381, 395.

15 Eine Auseinandersetzung mit den Schwierigkeiten, eine Brücke zwischen dem allgemeinen Strom der Geschichte und dem Holocaust zu schlagen, leistet Omer Bartov, *Intellectuals on Auschwitz: Memory, History, and Truth*, in: *History and Memory* 5. Jg., H. 1 (1993), S. 87-129.

sches Problem, das mit der Frage zusammenhängt, ob der Holocaust historisiert werden kann und sollte.[16] Dies wiederum wirft die Frage auf, was unter Historisierung zu verstehen ist. Die grundlegende Frage ist hier meines Erachtens, ob sich der Holocaust ins Verhältnis zu den grundlegenden historischen Prozessen setzen läßt, die das gesellschaftliche Leben im zwanzigsten Jahrhundert geprägt und verändert haben, oder ob man ihn – so schrecklich er auch war – als ein Ereignis betrachten muß, das für die Opfer (und vielleicht auch für die Täter) von großer Tragweite war, das von allgemeiner moralischer Bedeutung ist, auf der Ebene der tiefergehenden historischen Struktur jedoch nur eine geringe Rolle spielt.

Auf der Grundlage früherer Arbeiten möchte ich in diesem Aufsatz zeigen, daß der Holocaust auch auf einer tiefergehenden strukturellen Ebene analysiert werden kann und muß – daß er von dieser Betrachtungsebene aus beleuchtet werden kann und seinerseits Aspekte der übergreifenden zeitlichen Strukturen unseres Jahrhunderts erhellen kann.

Dieser Versuch setzt voraus, sowohl die Besonderheit des Holocaust als auch die Grundzüge dieser historischen Prozesse herauszuarbeiten. Somit wird das Verhältnis zwischen der Geschichte und ihren Opfern in einem ganz konkreten Fall problematisiert. Mit anderen Worten, diese Problematik verweist auf den Zusammenhang zwischen den beiden Aufgaben der Historiker, die Marrus beschreibt. Und sie wirft die Frage auf, ob und auf welche Weise es noch möglich ist, eine Zukunft zu denken, ohne die Vergangenheit zu verraten.[17]

---

[16] Vgl. die Aufsätze in Diner (Hg.), a.a.O., darin besonders Saul Friedländer, *Überlegungen zur Historisierung des Nationalsozialismus*, S. 34-50; und Dan Diner, *Zwischen Aporie und Apologie: Über Grenzen der Historisierbarkeit des Nationalsozialismus*, S. 62-73.

[17] Diese Frage steht im Zentrum von Walter Benjamins Thesen *Über den Begriff der Geschichte*. Benjamin unterscheidet zwei Konzeptionen der Zukunft und betont dabei ihr gegensätzliches Verhältnis zur Vergangenheit. Die eine gründet sich auf den Begriff des Fortschritts und ist mit der Vorstellung homogener leerer Zeit verbunden. Benjamin zufolge ist dieser begriffliche Rahmen sowohl Ausdruck wie Fortschreibung des tatsächlichen Verlaufs der Geschichte als einer Geschichte von Herrschaft, in der die Vergangenheit der Gegenwart und

II.

Es gibt eine Reihe von Veröffentlichungen jüngeren Datums, die versuchen, die übergreifende zeitliche Struktur des zwanzigsten Jahrhunderts zu erfassen. Im Rahmen dieser Ausführungen beziehe ich mich auf Eric Hobsbawms *Das Zeitalter der Extreme*.[18] Um das kurze zwanzigste Jahrhundert begrifflich zu fassen, unterscheidet Hobsbawm drei Epochen: Zunächst, von 1914 bis zu den Nachwirkungen des Zweiten Weltkrieges, ein 'Katastrophenzeitalter', bestimmt von zwei Weltkriegen, der Weltwirtschaftskrise, der Krise der Demokratie sowie dem Aufstieg von Stalinismus, Nazismus und Faschismus. Dem folgte von etwa 1947 bis Anfang der siebziger Jahre unerwartet ein 'Goldenes Zeitalter' des schnellen Wirtschaftswachstums, der Ausweitung der Wohlfahrtsstaaten, der relativen politischen Stabilität und eines funktionierenden internationalen Systems. Dieses 'Goldene Zeitalter' wurde Anfang der siebziger Jahre durch eine neue Epoche abgelöst, die sich durch erneute Wirtschaftskrisen, Massenarbeitslosigkeit, zunehmende gesellschaftliche Differenzierung, den Zusammenbruch des internationalen Systems und einen katastrophalen Niedergang in Teilen der Welt auszeichnet.

Hobsbawms Periodisierung bringt eine Reihe von wesentlichen Veränderungen im Verhältnis von Staat und (kapitalistischer) Ökonomie zum Ausdruck. Charakteristisch für die erste Ära sind die unterschiedlichen Versuche, auf die weltweite Krise des liberalen Kapitalismus des neunzehnten Jahrhunderts zu reagieren. Dahingegen war die zweite Ära sowohl im Osten als auch im Westen durch eine erfolgreiche staatszentrierte Synthese gekennzeichnet, von der große Teile der Bevölkerung

---

die Tradition dem Konformismus unterworfen ist; einer Geschichte, in der die Toten vor einem Feind nicht sicher sind, der zu siegen nicht aufgehört hat. Die andere Konzeption der Zukunft bezieht sich auf eine revolutionäre Chance im Kampf für die unterdrückte Vergangenheit und zielt darauf ab, eine bestimmte Epoche aus dem homogenen Verlauf der Geschichte herauszusprengen. Eine qualitativ andere Zukunft ist für Benjamin somit untrennbar mit der Erlösung der Vergangenheit verbunden. Vgl. Walter Benjamin, *Über den Begriff der Geschichte*, in: Ders., *Gesammelte Schriften* I.2., Hrsg. von Rolf Tiedemann und Hermann Schweppenhäuser (Frankfurt am Main 1974), S. 691-703.

[18] Vgl. Hobsbawm, a.a.O.

in den Metropolen profitierten. Für das letzte Drittel des Jahrhunderts war die Auflösung dieser Synthese typisch – die Schwächung der Nationalstaaten als ökonomisch souveräne Einheiten, die Aushöhlung der Wohlfahrtsstaaten im Westen, der Zusammenbruch der bürokratischen Staaten im Osten und die scheinbar triumphale Wiederauferstehung der unkontrollierten Marktwirtschaft.

Die von Hobsbawm ausgemachten historischen Muster sind allgemein und übergreifend und umfassen viele Länder und Regionen. Sie lassen auf umfassende historische Prozesse schließen, die nicht durch die Politik einzelner Staaten oder lokale Besonderheiten erklärt werden können.[19] Darüber hinaus sind die in den Jahrzehnten nach dem Zweiten Weltkrieg noch denkbaren Vorstellungen historischer Linearität, zum Beispiel in den Diskursen über Modernität und Modernisierung, erschüttert worden durch die gesellschaftlichen und ökonomischen Transformationen der letzten Jahrzehnte, die Hobsbawm beschreibt. Diese Transformationen haben auch die zentrale Bedeutung des Kapitalismus als strukturierende historische Kategorie unserer Zeit verdeutlicht – ein Thema, auf das ich zurückkommen werde.

III.

Die Frage lautet also, ob der Holocaust und seine Folgen historisch so gefaßt werden können, daß eine Vermittlung mit jener allgemeinen historischen Ebene möglich wird, auf der sich Hobsbawms Betrachtungen bewegen. Dazu ist zunächst eine Klärung der Hauptmerkmale des Holocaust erforderlich. Dieser ist oft mit Begriffen wie 'einmalig' belegt worden, was leider mitunter als Wettbewerb um das größte Leiden verstanden wurde.[20] Das sollte jedoch nicht von der grundlegenden Frage ablenken, die keine theologische oder quantitative ist, weder

---

[19] Für die in den letzten Jahrzehnten weit verbreiteten postmodernen und poststrukturalistischen Ansätze stellen umfassendere historische Prozesse eine Herausforderung dar. Die Fragen, die durch übergreifende zeitliche Muster aufgeworfen werden, sind dabei zu unterscheiden von der Frage nach der 'Wirklichkeit' des Holocaust oder, allgemeiner, was überhaupt als Ereignis gilt. Zu diesen letzteren Problemen, vgl. Saul Friedländer (Hg.), *Probing the Limits of Representation: Nazism and the 'Final Solution'* (Cambridge 1992).

[20] Vgl. Peter Novick, a.a.O., S. 9.

hinsichtlich der Zahl der Ermordeten noch hinsichtlich des Ausmaßes ihres Leidens. (Es gibt zu viele historische Beispiele für Massen- und Völkermord). Die Frage zielt vielmehr auf eine *qualitative Besonderheit.* Entscheidende Aspekte der versuchten Vernichtung des europäischen Judentums durch die Nazis bleiben so lange unerklärlich, wie der Holocaust kurzerhand unter die allgemeine Kategorie Massenmord subsumiert wird – als Ergebnis einer mörderischen Sündenbockstrategie zum Beispiel, deren Opfer ebenso irgendeiner anderen Gruppe hätten angehören können.

Was den Holocaust kennzeichnete, war sein programmatischer und totaler Charakter: Er zielte auf eine vollständige Ausrottung der Juden; alle Juden – auch die Kinder – sollten getötet werden. Zudem war die Judenvernichtung offensichtlich nicht funktional. Sie war offenbar kein Mittel zu einem anderen Zweck. Die Juden wurden weder aus militärischen Gründen noch aufgrund demographisch-wirtschaftlicher Planungen ermordet. Die Politik der Nazis gegenüber den Juden unterschied sich auch von ihrem Massenmord an Polen und Russen, der mögliche Widerstandskerne in der Bevölkerung auslöschen sollte, um eine reibungslosere Ausbeutung der restlichen Bevölkerung als Heloten sicherzustellen. Tatsächlich gab es kein 'äußeres' Ziel für die Ermordung. Nicht nur sollte die Judenvernichtung eine totale sein, sie war sich offenbar selbst Zweck – Vernichtung um der Vernichtung willen –, ein Zweck, der absolute Priorität beanspruchte. Funktionalistische Erklärungen des Holocaust, die Versuche, ihn in Begriffen instrumenteller Vernunft zu fassen, sowie die üblichen Sündenbocktheorien können nicht einmal im Ansatz erklären, warum in den letzten Kriegsjahren, als die deutsche Wehrmacht von der Roten Armee überrollt wurde, ein bedeutender Teil des Schienenverkehrs nicht für die logistische Unterstützung des Heeres genutzt wurde, sondern für den Transport von Juden zu den Gaskammern aus so weit entfernten Orten wie der Insel Rhodos.[21]

---

[21] Die Deportation der Juden von Rhodos nach Auschwitz im Sommer 1944 ist nur ein Beispiel für den Aufwand, den die Nazis bei der Umsetzung ihres Vernichtungswillens gegen die europäischen Juden trieben. Vgl. Martin Gilbert, *The Holocaust* (New York 1985), S. 706-710, 722-725.

Eine adäquate Interpretation des Holocaust muß in der Lage sein, diese qualitative Besonderheit der Vernichtung des europäischen Judentums zu erfassen. Diese Besonderheit muß auch auf den Nazismus als Bewegung bezogen werden – eine Bewegung, die ihrem Selbstverständnis nach eine Revolte darstellte. Darüber hinaus muß sie mit Hilfe von Kategorien begriffen werden, die zwischen dem Holocaust und den allgemeinen historischen Entwicklungen vermitteln können, wie sie z.B. die oben beschriebene geschichtliche Periodisierung darstellt.

Zusammengenommen deuten eine solche Periodisierung und die Beschreibung der Besonderheit des Holocaust auf die Notwendigkeit einer analytischen Neubewertung hin. Die Einteilung des zwanzigsten Jahrhunderts in historische Zeitalter erinnert uns daran, daß der Holocaust nicht das Ende der Geschichte war. Dies gilt nicht nur in dem trivialen Sinne, daß seit dem Holocaust bereits ein halbes Jahrhundert vergangen ist, sondern auch insofern, als sich die allgemeine Struktur des gesellschaftlichen Lebens seither mehrfach gewandelt hat, und in dem intellektuell und emotional provokativen Sinne, daß selbst Projekte der menschlichen Emanzipation nicht mit Auschwitz endeten. Das Problem der Historisierung des Holocaust stellt sich daher aus der Perspektive des zu Ende gegangenen zwanzigsten Jahrhunderts notwendigerweise anders dar als in den Jahrzehnten unmittelbar nach dem Zweiten Weltkrieg.

IV.

Eine Vielzahl von Ansätzen zur Erklärung des Holocaust erscheint in kritischem Licht, wenn man sie daraufhin untersucht, inwiefern sie die Besonderheit des Holocaust und die Problematik der Vermittlung zwischen dem Holocaust und dem oben beschriebenen allgemeinen historischen Rahmen berücksichtigen. Von diesem Standpunkt betrachtet erscheint eine Reihe von Ansätzen historisch zu partikularistisch; etwa jene, die sich ausschließlich auf die Besonderheiten der deutschen Geschichte und Kultur und des deutschen Denkens konzentrieren[22],

---

[22] Vgl. etwa Lucy Dawidowicz, *The War Against the Jews, 1933-1945* (New York 1975); Daniel Jonah Goldhagen, *Hitlers willige Vollstrecker. Ganz gewöhnliche Deutsche und der Holocaust* (Berlin 1996); Jeffrey Herf, *Reactionary*

oder solche, die ausschließlich die Geschichte der Juden betrachten und den Antisemitismus transhistorisch begreifen.[23]

Ebenso wenig tragen auch die Debatten zwischen sogenannten funktionalistischen und intentionalistischen Interpretationen des Holocaust zur Erhellung der von mir formulierten Dimensionen der Problematik bei. Den Intentionalisten zufolge war der Holocaust von Anfang an geplant; sie postulieren einen direkten Zusammenhang zwischen der Ideologie, den Plänen und der Politik der Nazis und schreiben Hitlers Weltbild wesentliche Bedeutung zu.[24] Die Intentionalisten stellen antisemitische Schriften in den Mittelpunkt ihrer Analyse und behaupten eine lineare Kontinuität zwischen Hitlers Schriften aus den zwanziger Jahren und dem zwei Jahrzehnte später unternommenen Versuch, das europäische Judentum zu vernichten. Diese Betonung von Wille und Vorsatz wird von den Funktionalisten zurückgewiesen, die der Ideologie geringere Bedeutung beimessen. Ihrer Auffassung zufolge ist der 1933 eingeschlagene Kurs der antijüdischen Politik der Nazis eher im Zickzack als linear verlaufen, was darauf schließen lasse, daß es keinen vorsätzlichen, vorgefertigten Plan gab. Vielmehr habe sich der Holocaust zufällig zum Ziel entwickelt, als Ergebnis einer Reihe von

---

Modernism: Technology, Culture, and Politics in Weimar and the Third Reich (Cambridge 1984); George L. Mosse, *The Crisis of German Ideology: Intellectual Origins of the Third Reich* (New York 1964); Paul Lawrence Rose, *Revolutionary Anti-Semitism in Germany from Kant to Wagner* (Princeton 1990). Zur Kritik der Sonderwegsthese, vgl. David Blackbourn/Geoff Eley, *Mythen deutscher Geschichtsschreibung. Die gescheiterte bürgerliche Revolution von 1848* (Frankfurt am Main, Berlin/Wien 1980).

23 Vgl. etwa Malcolm Hay, *Europe and the Jews: The Pressure of Christendom on the People of Israel over 1900 Years* (Chicago 1988); Léon Poliakov, *Geschichte des Antisemitismus, Volume One: From the Time of Christ to the Court Jews* (New York 1965).

24 Vgl. u.a. Karl Dietrich Bracher, *Die deutsche Diktatur. Entstehung, Struktur und Folgen des Nationalsozialismus* (Köln 1980); Lucy Dawidowicz, *The War Against the Jews, 1933-1945,* a.a.O.; Gerald Fleming, *Hitler and the Final Solution* (Berkeley 1984); Klaus Hildebrand, *Monokratie oder Polykratie? Hitlers Herrschaft und das Dritte Reich*, in: Gerhard Hirschfeld/Lothar Kettenacker (Hg.), *Der Führerstaat, Mythos und Realität* (Stuttgart 1981), S. 23-41; und Klaus Hildebrand, *Das Dritte Reich* (München 1980).

bürokratischen Initiativen und Reaktionen auf verschiedene Probleme, die durch den Krieg und die Bürokratien eines im Grunde genommen chaotischen Systems ausgelöst wurden.[25]

Welche Stärken und Schwächen diese Positionen auch aufweisen, keine von ihnen eignet sich wirklich für die Betrachtungsebene, die ich einzuführen versuche, woran sich auch durch die Überbrückung der Unterschiede zwischen ihnen nichts ändert. Die funktionalistischen Positionen versuchen zwar, dem verschlungenen Weg der antisemitischen Politik der Nazis ab 1933 und der Komplexität der ihnen zugrundeliegenden Entscheidungsprozesse gerecht zu werden; dabei aber nehmen sie als gegeben hin, was erklärt werden muß – daß ein Programm der vollständigen Vernichtung überhaupt denkbar werden konnte. Die intentionalistischen Positionen dagegen setzen sich mit

---

[25] Vgl. u.a. Uwe Dietrich Adam, *Judenpolitik im Dritte Reich* (Düsseldorf 1972); Martin Broszat, *Der Staat Hitlers* (München 1969); Martin Broszat, *Soziale Motivation und Führer-Bindung des Nationalsozialismus*, in: *Vierteljahrshefte für Zeitgeschichte* 4 (1970); Martin Broszat, *Hitler und die Genesis der 'Endlösung'*: Aus Anlaß der Thesen von David Irving, in: *Vierteljahrshefte für Zeitgeschichte* 4 (1977); Hans Mommsen, *Die Realisierung des Utopischen: Die 'Endlösung der Judenfrage' im 'Dritten Reich'*, in: *Geschichte und Gesellschaft* 3 (1985); und Karl A. Schleunes, *The Twisted Road to Auschwitz: Nazi policy Towards the Jews, 1933-1939* (Urbana, Illinois 1970).
Im Rahmen ihres funktionalistischen Ansatzes behaupten Götz Aly und Susanne Heim, die Nazi-Ideologie allein hätte zwar zu Pogromen und Massakern, nicht aber zur vollständigen Vernichtung der europäischen Juden führen können. Ein wesentliches Moment der Vernichtungspolitik seien vielmehr die Berechnungen der Wirtschafts- und Sozialplaner der deutschen Besatzung in Osteuropa gewesen, die in der Vernichtung ein Mittel gesehen hätten, um das Überbevölkerungsproblems zu lösen. Vgl. Götz Aly/Susanne Heim, *Die Ökonomie der 'Endlösung': Menschliche Vernichtung und wirtschaftliche Neuordnung*, in: *Beiträge zur Nationalsozialistischen Gesundheits- und Sozialpolitik*, Band IV. *Sozialpolitik und Judenvernichtung: Gibt es eine Ökonomie der Endlösung?* (Berlin, 1987), S. 7-90. Vgl. auch Götz Aly, *'Endlösung': Völkerverschiebung und der Mord an den europäischen Juden* (Frankfurt am Main 1995). Zur Kritik dieses ökonomistischen Ansatzes, vgl. Ulrich Herbert, *Arbeit und Vernichtung: Ökonomisches Interesse und Primat der 'Weltanschauung' im Nationalsozialismus*, in Dan Diner (Hg.), *Ist der Nationalsozialismus Geschichte?*, a.a.O., S. 198-236, sowie Christopher R. Browning, *Der Weg zur 'Endlösung'. Entscheidungen und Täter*, (Bonn 1998), S. 59-76.

dieser Frage auseinander – reduzieren dabei aber das Problem der Ideologie auf Fragen von Absicht und Motivation. Dies gilt sowohl für jene, die den Holocaust in erster Linie mit Hitlers Antisemitismus erklären, als auch für die, die eine quasi-ontologische, spezifisch deutsche Kultur des Antisemitismus postulieren.[26]

Diese Debatte rekapituliert nicht nur die klassische moderne Antinomie zwischen Willen und unpersönlichen, objektiven Mechanismen, es trägt auch keine der Positionen dazu bei, einen möglichen Zusammenhang zwischen dem Holocaust und umfassenderen historischen Entwicklungen zu klären. Statt dessen behandeln beide den Holocaust als zufällige Erscheinung – die eine stellt die Zufälle des Entscheidungsfindungsprozesses in Nazideutschland während des Krieges in den Mittelpunkt, der andere die Zufälligkeit des Weltbildes eines Diktators oder die einzigartige Kultur eines Landes. Solche Positionen betrachten den Holocaust, wie Zygmunt Baumann bemerkt, gern als untypisch und gesellschaftstheoretisch unbedeutend.[27]

Es hat selbstverständlich auch viele Versuche gegeben, den Nazismus in größeren historischen Zusammenhängen zu interpretieren, z.B. die Vielzahl von Faschismus- wie Totalitarismustheorien. Obwohl Kategorien wie 'Faschismus' oder 'Totalitarismus' für bestimmte Zwecke durchaus nützlich sein können, sind sie, wie auch Saul Friedländer hervorhebt, wenig hilfreich zur Erklärung der planmäßigen Vernichtung des europäischen Judentums, die außerhalb ihres analytischen Rahmens verbleibt.[28] Dasselbe gilt letzten Endes für Theorien – denjenigen von Raul Hilberg und Hannah Arendt (in *Eichmann in Jerusalem*) etwa – welche die Strukturen der bürokratischen Verwaltung, die Arbeitstei-

---

[26] Vgl. Goldhagen, a.a.O.

[27] Zygmunt Baumann, *Dialektik der Ordnung. Die Moderne und der Holocaust*, Hamburg 1992, S. 1.

[28] Einer Formulierung Friedländers zufolge „ist der Punkt nicht, daß Begriffe wie 'Totalitarismus' oder 'Faschismus' ungeeignet wären, um die 'Endlösung' zu fassen, sondern umgekehrt, daß diese Begriffe wesentlich besser auf einzelne Phänomene passen, wenn man die 'Endlösung' herausläßt“. Vgl. Saul Friedländer, *Memory, History, and the Extermination of the Jews of Europe* (Bloomington 1993), S. 56-57. Vgl. auch Saul Friedländer, *From Anti-Semitism to Extermination*, in: François Furet (Hg.), *Unanswered Questions: Nazi Germany and the Genocide of the Jews* (New York 1989), S. 3-11.

lung und damit auch die geteilte Verantwortung hervorheben, die das Vernichtungsprogramm der Nazis charakterisierten.[29] Solche Ansätze können Licht darauf werfen, wie dieses Programm umgesetzt werden konnte und tatsächlich umgesetzt wurde, doch erklären sie nicht das Programm selbst.

Während die Debatten zwischen intentionalistischen und funktionalistischen Positionen den Zusammenhang zwischen dem Holocaust und umfassenden historischen Entwicklungen verdecken, münden die meisten Versuche zur Interpretation dieses Zusammenhangs darin, den Holocaust unter diese Entwicklungen zu subsumieren und dadurch seine Besonderheit zu verdecken. Dazu zählt auch Arno Mayers Versuch, den Holocaust durch den ausgeprägten Antibolschewismus der Nazis zu erklären, der seinerseits nur die extremste Erscheinungsform des heißen und kalten Bürgerkrieges in Europa von 1917 bis 1989 gewesen sei.[30] Obwohl es Mayers Ansatz gelingt, die engen Grenzen eines großen Teils des Holocaustdiskurses zu verlassen, verwischt auch er die Besonderheit des Holocaust. Die versuchte Vernichtung *aller* Juden *überall* (von Norwegen bis Rhodos) kann Mayer nicht wirklich erklären.

Hannah Arendt (in *Elemente und Ursprünge totaler Herrschaft*) sowie Horkheimer und Adorno (in der *Dialektik der Aufklärung)* haben erkannt, daß der Holocaust im Zusammenhang mit dem modernen Antisemitismus gesehen werden muß, den sie als Symptom umfassender historischer Transformationen der europäischen Gesellschaft zu deuten versuchten. Obwohl sie diese Transformationen auf ganz unterschiedliche Weise verstanden, ist ihren Arbeiten ein Motiv gemeinsam – daß der Antisemitismus zunahm, als die Juden in ihren tradierten gesellschaftlichen Rollen historisch überflüssig wurden.[31] Wenngleich die Kate-

---

[29] Raul Hilberg, *Die Vernichtung der europäischen Juden* (Frankfurt am Main 1990); Hannah Arendt, *Eichmann in Jerusalem. Ein Bericht von der Banalität des Bösen* (München 1964).

[30] Arno Mayer, *Why did the Heavens Not Darken? The 'Final Solution' in History* (New York/Toronto 1988).

[31] Arendt geht von einem Niedergang des Nationalstaats nach 1873 aus, mit dem die Juden im europäischen Konzert der Nationen überflüssig geworden seien. (*The Origins of Totalitarianism* (New York 1966), S. 11-28, 50-55, 97-

gorie der historischen Überflüssigkeit möglicherweise als Erklärung für weitverbreitete Ablehnung und sogar Massenmord dienen kann, bietet sie doch keine Grundlage, um das wesentliche Merkmal des Holocaust zu verstehen – daß es sich hier um ein geplantes Programm zur totalen Vernichtung eines Volkes handelte.

Ungeachtet der Probleme ihrer jeweiligen Ansätze haben Arendt, Adorno und Horkheimer jedoch richtig erkannt, daß der Antisemitismus die einzige Kategorie ist, die das Thema der Vernichtung direkt und auf historische Weise aufgreift. Funktionalistische Interpretationen weichen dieser Frage einfach nur aus, den meisten anderen Erklärungsansätzen wiederum, die sich dieser Frage zu stellen versuchen, gelingt es nicht, eine plausible Erklärung für ein Programm der völligen Ausrottung zu finden. In jedem Fall gilt dies für Ansätze, die sich auf die instrumentelle Vernunft und die Vorherrschaft bürokratisch-technokratischer Herrschaft in der Moderne konzentrieren[32], auf die dem Universalismus der Aufklärung eigene Ausgrenzung oder den Fanatismus eines ausgeprägten Antibolschewismus. Es gilt selbst für Positionen, die das rassistische und biologistische Denken betonen, das Ende des 19. und Anfang des 20. Jahrhunderts in Europa um sich griff.[33] Obwohl dieses Denken offenkundig eine sehr wichtige Dimension des Antisemitismus

---

99). Adorno und Horkheimer haben diese Phase als Übergang vom liberalen Kapitalismus in den Staatskapitalismus verstanden. Ein Aspekt ihrer komplexen Theorie des Antisemitismus ist die These, mit diesem Übergang seien die Juden, die historisch zu Repräsentanten der Zirkulationssphäre geworden waren, zunehmend überflüssig geworden. Vgl. Max Horkheimer und Theodor W. Adorno, *Dialectic of Enlightenment* (New York 1972) S. 199, 206, und Max Horkheimer, *The Jews and Europe*, in: S. Bronner and D. Kellner (Hg.) *Critical Theory and Society*, a.a.O., S. 89 – 94.

[32] Daniel Goldhagens *Hitlers willige Vollstrecker*, a.a.O., stellt solche Ansätze als zumindest einseitig in Frage, was immer die Probleme seines eigenen sein mögen.

[33] Vgl. etwa George Mosse, *Die Geschichte des Rassismus in Europa* (Frankfurt am Main 1990); Götz Aly/ Peter Chroust/Christian Pross, *Cleansing the Fatherland: Nazi Medicine and Racial Hygiene* (Baltimore/London 1994); Michael Burleigh/Wolfgang Wippermann, *The Racial State: Germany, 1933-1945* (Cambridge 1991); Paul Weindling, *Health, Race and German Politics between National Unification and Nazism, 1870-1945* (Cambridge 1989).

war, kann es für sich genommen nicht erklären, wie ein Programm der totalen Vernichtung möglich werden konnte.

Hierzu muß man sich auf das zentrale Element des modernen Antisemitismus in den Mittelpunkt stellen – die Vorstellung von den Juden als welthistorischer Bedrohung des Lebens. Die erneute Beschäftigung mit der Kategorie des Antisemitismus bedeutet nicht zwangsläufig, den Holocaust nur im Hinblick auf die Besonderheiten der deutschen Geschichte zu untersuchen. Sie impliziert weder eine lineare, geplante Entwicklung der antijüdischen Politik der Nazis, noch den Antisemitismus als alleinige, unvermittelte und direkte Erklärung für das Handeln, die Motivationen und Intentionen der Täter. Dennoch muß jeder Versuch, das totale Vernichtungsprogramm der Nazis gegen die Juden historisch zu begreifen, den Antisemitismus als Ideologie in den Mittelpunkt stellen. Dabei muß der Antisemitismus auch auf allgemeine historische Entwicklungen bezogen werden.

Den Antisemitismus dergestalt in den Mittelpunkt der Analyse zu rücken, zwingt uns auch, die Bedeutung von Ideologie zu überdenken. Es muß, wie Dominick LaCapra vorgeschlagen hat, zwischen der Ideologie als allgemeinem Bedeutungsrahmen und der Motivation und Intentionalität des Einzelnen unterschieden werden.[34] Beides in eins fallen zu lassen läuft auf die wenig überzeugende Behauptung hinaus, der tief in der Psyche der deutschen Täter verwurzelte Antisemitismus sei der unmittelbare Grund für ihr Handeln gewesen. Diese Gleichsetzung liegt jedoch auch der entgegengesetzten Argumentation zugrunde – der Behauptung nämlich, der Antisemitismus sei *nicht* von zentraler Bedeutung gewesen, weil die antijüdische Politik der Nazis nicht linear umgesetzt wurde und viele Deutsche anscheinend nicht durch einen starken Haß auf die Juden motiviert waren. Weil diese Position nicht zwischen Ideologie – als einem allgemeinen kulturellen Rahmen, einem Meinungshorizont – und dem Affekt und der Moti-

[34] Dominick LaCapra, *Representing the Holocaust: History, Theory, Trauma* (Ithaca 1994), S. 220. Diese Unterscheidung ist von Bedeutung, wenn psychoanalytische Kategorien zur Analyse gesellschaftlicher und historischer Phänomene herangezogen werden. Vgl. dazu auch George Mosses Darstellung des Rassismus als Weltanschauung in *Geschichte des Rassismus in Europa*, a.a.O.

vation des Einzelnen unterscheidet, ist sie unfähig zur Auseinandersetzung mit der Problematik der versuchten Vernichtung der Juden, im Unterschied zur Frage, wie die Vernichtung durchgeführt wurde.

Wenn ich noch einmal den modernen Antisemitismus aufgreife, so handelt es sich hier um eine ideologische Form, die nach 1873 in Europa weite Verbreitung fand (die Pogrome in Rußland sollten eher als Teil dieser Entwicklung denn als quasi mittelalterliche Ausbrüche verstanden werden) und in der von Hobsbawm als Katastrophenzeitalter bezeichneten Epoche in Nazideutschland ihren Höhepunkt erreichte. Ich werde nicht darauf eingehen, warum diese Ideologie in einigen europäischen Ländern weitaus stärker war als in anderen (obgleich ein Zusammenhang besteht zwischen dem Ausmaß, in dem die kapitalistische Modernität durch den Staat vermittelt wurde, und dem Erstarken des modernen Antisemitismus im letzten Drittel des 19. Jahrhunderts), oder warum sie in Deutschland hegemonial wurde. Ein solcher Versuch würde Vermittlungsebenen erfordern, auf die ich hier nicht näher eingehen kann.

Vielmehr werde ich eine Analyse des Antisemitismus als allgemeiner Ideologie skizzieren und versuchen, diese zu der bereits erwähnten allgemeinen zeitlichen Strukturierung der modernen Welt in Beziehung zu setzen. Im Rahmen dieses Ansatzes ist die Frage eines eventuellen deutschen *Sonderwegs* [im Original deutsch, A.d.Ü.] zwar für die Frage der Vermittlungsebenen relevant, nicht aber für den Charakter und die gesellschaftliche Konstitution der Ideologie selbst. Ich habe also nicht die Absicht zu erklären, *warum* der Nazismus und der moderne Antisemitismus in Deutschland hegemonial wurden. Statt dessen werde ich versuchen, genauer zu bestimmen, *was* Hegemonie erlangte, indem ich eine Analyse des modernen Antisemitismus vorschlage, die seine innere Verbindung zum Nationalsozialismus in Begriffen aufzeigt, die zwischen einer Analyse des Holocaust und den großen historischen Prozessen des zwanzigsten Jahrhunderts vermitteln können.

V.

Um mich dem Antisemitismus und seinem Verhältnis zu allgemeineren historischen Entwicklungen anzunähern, möchte ich zunächst auf eine Antinomie in den gängigen Deutungen des Nationalsozialismus und des Holocaust hinweisen. Einerseits haben viele Ansätze, insbesondere in den sechziger Jahren, den Nationalsozialismus als Aufstand gegen die Moderne interpretiert.[35] Andererseits interpretieren neuere Ansätze den Holocaust als etwas, das in der Aufklärung mit ihrer universalistischen und rationalistischen Vorstellung der Menschheit gründet[36], oder als eine der Moderne innewohnende Möglichkeit.[37]

Wie ich im zweiten Teil dieses Essays weiter ausführen werde, wirft dieser Widerspruch ein bezeichnendes Licht auf die unterschiedlichen Selbstwahrnehmungen der beiden Nachkriegsepochen. Während des 'Goldenen Zeitalters' der fünfziger und sechziger Jahre fand die Hegemonie einer bestimmten Form der Moderne auch darin ihren Ausdruck, daß der Nationalsozialismus als antimodern interpretiert wurde. Später, während des intellektuellen Aufstands gegen die 'Großen Erzählungen' der Moderne, wurde der Nationalsozialismus zunehmend als im Kern modern angesehen. In beiden Fällen betrachtete man den Nationalsozialismus als unvermittelten Gegensatz zum herrschenden Diskurs, als sein Anderes. Dies wiederum verweist implizit auf die Einseitigkeit beider Diskurse, des modernen wie des postmodernen. Darauf werde ich später zurückkommen.

An dieser Stelle möchte ich nur darauf hinweisen, daß diese Antinomie in der Interpretation des Nationalsozialismus aufschlußreich ist: Sie zeigt, wie wenig der Begriff der Moderne eine strenge analytische Kategorie ist, durch die der Nationalsozialismus bestimmt werden könnte – denn der Nationalsozialismus lehnte einige Elemente der Moderne ab, während er andere nachdrücklich affirmierte (moderne Technologie und industrielles Kapital etwa). Erforderlich ist somit ein Ansatz, der dieses Muster von Ablehnung und Affirmation unterschiedlicher Aspekte der Moderne durch die Nazis deuten und zum exterminatorischen Antisemitismus ins Verhältnis setzen kann.[38] Indem dieser Ansatz zeigt, wie fragwürdig Charakterisierungen des

---

[35] Vgl. George Mosse, *The Crisis of German Ideology,* a.a.O.

[36] Vgl. Berel Lang, *Act and Idea in the Nazi Genocide* (Chicago 1990).

[37] Vgl. Zygmunt Baumann, *Dialektik der Ordnung*, a.a.O.

[38] Auf diese Weise versucht der hier vorgestellte Ansatz die von Hannah Arendt, Saul Friedländer und vielen anderen geteilte Einsicht theoretisch zu fundieren, daß eine radikale Form des modernden Antisemitismus das ideologische Zentrum des Nationalsozialismus bildete.

Nationalsozialismus als antimodern oder modern sind, zieht er zugleich die allgemeine theoretische Gültigkeit von Kategorien wie 'modern', 'postmodern' oder 'antimodern' in Zweifel.

Die Form des Antisemitismus, die ihren extremsten Ausdruck im Holocaust fand, sollte nicht mit alltäglichen antijüdischen Vorurteilen verwechselt werden. Es handelt sich um eine Ideologie, die während des späten 19. Jahrhunderts in Europa weite Verbreitung fand; ihre Entstehung setzte frühere Formen des Antisemitismus voraus, die seit Jahrhunderten ein integraler Bestandteil der christlichen westlichen Zivilisation waren. Allen Formen des Antisemitismus ist gemeinsam, den Juden ein außergewöhnliches Maß an Macht zuzuschreiben. Doch nicht nur das Ausmaß, sondern auch die Qualität der den Juden zugeschriebenen Macht kennzeichnet den Antisemitismus. Die Macht, die den Juden im modernen Antisemitismus zugeschrieben wird, ist auf mysteriöse Weise unfaßbar, sie ist abstrakt und allumfassend. Es ist eine Form der Macht, die sich nicht direkt manifestiert, sondern sich einen konkreten Träger – politischer, sozialer oder kultureller Art – erst sucht, um durch ihn wirksam zu werden. Da die Macht der Juden in der Einbildung des modernen Antisemiten nicht konkret gebunden, nicht 'verwurzelt' ist, wird sie als ungeheuer groß und schwer kontrollierbar empfunden. Diese Macht steht hinter den Ereignissen, ist aber nicht mit ihnen identisch. Sie ist verborgen – konspirativ.

Im Weltbild des modernen Antisemitismus stellen die Juden eine unglaublich mächtige, undurchsichtige, internationale Verschwörung dar, die sowohl verantwortlich ist für den 'scheinbaren' Widerspruch von plutokratischem Kapitalismus und Sozialismus, als auch für den Aufstieg der profanen Kultur des Marktes und den Niedergang der traditionellen Werte und Institutionen. Die Juden wurden für wirtschaftliche Krisen ebenso verantwortlich gemacht wie für das ganze Spektrum gesellschaftlicher Umstrukturierungen und sozialen Verwerfungen, die eine Folge der raschen kapitalistischen Industrialisierung waren: explosives Wachstum der Städte, Niedergang der traditionellen Gesellschaftsklassen und -schichten, Entstehung einer neuen Schicht von Bankiers, Kapitalisten, Geschäftsleuten als auch eines großen, zunehmend organisierten Industrieproletariats. Der moderne Antisemitismus behauptete, diese rapiden und grundlegenden Veränderungen erklären zu können, die für viele Leute bedrohlich geworden waren.

In dieser vom Rassegedanken geprägten Vorstellungswelt werden die Juden nicht so sehr zur *Unter-Rasse* als vielmehr zur *Gegen-Rasse,* die verantwortlich gemacht wird für historische Prozesse, die zutiefst gefährlich und zerstörerisch sind für das soziale 'Wohlergehen' anderer 'Völker' – eine Bedrohung für das Leben an sich.[39]

Diese Ideologie wurde als grundsätzlich antimodern interpretiert. Sicherlich zählen sowohl die Plutokratie als auch die Arbeiterbewegungen zu den Begleiterscheinungen der kapitalistischen Moderne, zu den Folgen der massiven sozialen Restrukturierungsprozesse, die sie mit sich brachte. Das Problem solcher Erklärungsansätze liegt jedoch darin, daß zur 'Moderne' mit Sicherheit auch das Industriekapital zu zählen ist. Bekanntlich war das Industriekapital jedoch *kein* Ziel antisemitischer Angriffe, auch nicht zu Zeiten einer rapiden Industrialisierung. Auch zu vielen anderen Aspekten der Moderne, der Technologie etwa, verhielt sich der Nationalsozialismus eher affirmativ als kritisch.

Ich habe an anderer Stelle ausgeführt[40], daß auf der Grundlage des Marxschen Begriffs des Fetischs eine gründlichere Analyse der zentralen Elemente des Antisemitismus wie auch der sogenannten 'modernen' und 'antimodernen' Elemente des Nationalsozialismus möglich ist.[41]

---

39 Vgl. dazu auch Michael Marrus, *The Holocaust in History,* a.a.O., S. 25.

40 Moishe Postone, *Antisemitismus und Nationalsozialismus*, in diesem Band.

41 Jeffrey Herf versucht ebenfalls, dieses Verhältnis zu thematisieren. Doch indem er sich von der hier vorgestellten Art eines analytischen Rahmens abgrenzt, liefert er eine *Beschreibung* 'moderner' und 'antimoderner' Elemente in der Ideologie des deutschen Konservatismus und Nationalsozialismus und weniger eine *Analyse* ihres Verhältnisses zueinander. Eingebettet ist diese Beschreibung in eine Variante der Sonderwegsthese, die implizit auf einer linearen Konzeption der Moderne aufbaut, wobei Herf unter Moderne Aufklärung plus Technologie versteht. Indem er sich auf Deutschland als gänzlich einzigartige Ausnahme konzentriert, übersieht Herf die starke Ausbreitung chauvinistischer, rassistischer, fremdenfeindlicher und antisemitischer Ideologien in Europa und den USA im späten 19. und frühen 20. Jahrhundert, die mit einer Reihe gesellschaftlicher und ökonomischer Transformationen einhergingen. Da er diese bedeutenden allgemeinen kulturellen, gesellschaftlichen und ökonomischen Transformationen ausklammert, ist Herf auch zu keiner adäquaten Auseinandersetzung mit Arbeiten wie der *Dialektik der Aufklärung* von Adorno und Horkheimer oder Arendts *Elemente und Ursprünge totalitärer Herrschaft* in der Lage, die sich um eine Einbettung der Besonderheiten der deutschen

Anders als Erklärungsansätze, die vom Begriff der 'Moderne' ausgehen, bietet ein solcher Ansatz eine Grundlage für die Untersuchung einer Reihe von systematischen Formen der Fehlwahrnehmung (von Ideologien also), da er systematisch unterscheiden kann zwischen dem, was ist, und dem, was zu sein scheint, zwischen den historisch spezifischen gesellschaftlichen Verhältnissen des Kapitalismus und ihren Erscheinungsformen. Dabei werden Kategorien wie Ware, Geld und Kapital nicht allein als ökonomische Kategorien begriffen, sondern als Ausdruck von strukturierenden wie strukturierten Formen gesellschaftlicher Praxis, die für den Kapitalismus historisch spezifisch sind. Damit stellen diese Kategorien zugleich einen Versuch zur Überwindung der klassischen Dichotomie von Subjekt und Objekt dar; sie erheben den Anspruch, gesellschaftliche Verkehrs- und Denkformen gleichermaßen zu erfassen.[42] Der Begriff des Fetischs bezieht sich auf Denkformen, die den Erscheinungsformen kapitalistischer gesellschaftlicher Verhältnisse verhaftet bleiben und so diese gesellschaftlichen Verhältnisse hypostasieren oder naturalisieren.[43]

Mittels einer erkenntnistheoretischen Analyse des modernen Antisemitismus, die sich auf die Kategorien kapitalistischer Vergesell-

---

Entwicklung in größere historische Veränderungen bemühen. Tatsächlich wird es Herf dadurch unmöglich, überhaupt das Verhältnis der deutschen Besonderheit zu den allgemeineren Entwicklungen zu thematisieren. Vgl. Jeffrey Herf, *Reactionary Modernism,* a.a.O.

42 Somit sollte deutlich werden, daß Formen der Subjektivität in dem hier vorgestellten Ansatz weder als Funktion des Systems als Ganzes noch als Ausdruck zugrundeliegender materieller Interessen analysiert werden. Vielmehr soll versucht werden, die eingeschliffene Dichotomie von Kultur und Gesellschaft (oder Kultur und Ökonomie) zu überwinden, indem Formen der Subjektivität auf bestimmte Formen der Praxis bezogen werden.

43 So wird beispielsweise die Entstehung und Verbreitung biologistischer Rassetheorien durch eine neue gesellschaftliche Ordnung ermöglicht, die formal von Prinzipien der Freiheit und Gleichheit strukturiert ist und somit soziale Ungleichheit und Differenz nicht mehr als offen zu Tage liegende Strukturprinzipien anerkennt. In einer solchen Gesellschaft wird die Gleichheit einiger – der Warenbesitzer, d.h. der bürgerlichen Subjekte – als ontologische, quasinatürliche Eigenschaft betrachtet. Umgekehrt kann auch die systematische Ungleichheit (etwa der Frauen oder der Sklaven) als ontologisch oder biologisch gegeben aufgefaßt werden.

schaftung bezieht, läßt sich nicht nur der oben skizzierte theoretische Widerspruch in den Interpretationen von Nationalsozialismus und Holocaust aufgreifen, sondern auch der exterminatorische Antisemitismus zur oben beschriebenen Epocheneinteilung der modernen Welt ins Verhältnis setzen.

Das historisch Einzigartige der grundlegenden gesellschaftlichen Verkehrsformen des Kapitalismus (Ware, Kapital) liegt diesem Ansatz zufolge darin, daß sie durch die Arbeit und ihre Produkte vermittelt sind. Im Kapitalismus ist Arbeit nicht nur produktive Tätigkeit ('konkrete Arbeit'), sondern sie konstituiert auch ein historisch einmaliges, quasi-objektives Verhältnis gesellschaftlicher Vermittlung ('abstrakte Arbeit'), welches die offen zu Tage liegenden sozialen Verhältnisse, die andere Gesellschaftsformationen charakterisieren, überformt und ersetzt. Daher ist die Ware – die grundlegendste gesellschaftliche Form des Kapitalismus – nicht nur ein Objekt, in dem konkrete Arbeit vergegenständlicht ist, sondern auch eine Form objektivierter gesellschaftlicher Beziehungen. Als Objekt bringt die Ware gesellschaftliche Verhältnisse, die keinen anderen, 'unabhängigen' Ausdruck haben, zugleich zum Ausdruck und verschleiert sie.

Die grundlegenden Verkehrsformen des Kapitalismus werden im Rahmen dieser Analyse als dualistisch begriffen: Sie sind gekennzeichnet von dem Gegensatz zwischen einer abstrakten, allgemeinen und homogenen Dimension (dem 'Wert') – die auch ein System von abstrakter Herrschaft und abstraktem Zwang einschließt, das, obwohl es gesellschaftlich ist, als unpersönlich und 'objektiv' auftritt – und einer konkreten, partikularen, materiellen Dimension (dem 'Gebrauchswert'). Weil sie 'objektiv' vermittelt sind, erscheinen beide Dimensionen als natürlich und nicht als gesellschaftlich. Die abstrakte Dimension erscheint in der Form abstrakter, universeller, 'objektiver' Naturgesetze, die konkrete Dimension als reine, 'dingliche' Natur. Das heißt, die kapitalistischen gesellschaftlichen Verhältnisse erscheinen überhaupt nicht als gesellschaftliche und historische.

Vor diesem theoretischen Hintergrund fällt auf, daß die Eigenschaften der Macht, die der moderne Antisemitismus den Juden zuschreibt – Abstraktheit, Unfaßbarkeit, Universalität, Mobilität – allesamt solche der Wertdimension der kapitalistischen gesellschaftlichen Verhältnisse sind. Überdies tritt diese Dimension, genau wie die angebliche Macht der Juden, nie als solche in Erscheinung, sondern immer in Form eines materiellen Trägers, der Ware.

Ich möchte auf diese auffällige Ähnlichkeit eingehen, indem ich zunächst kurz darstelle, warum im Rahmen der Warenanalyse der Kapitalismus allein in seiner abstrakten Form erscheinen kann. Dies trägt zur Klärung der Frage bei, warum der moderne Antisemitismus, der gegen so viele Aspekte der 'modernen' Welt Sturm lief, sich so verdächtig stumm oder sogar positiv zum Industriekapital und zur modernen Technologie verhielt.

Der Dualismus der Warenform von Wert und Gebrauchswert vergegenständlicht sich in einem äußeren Gegensatz: Der 'Doppelcharakter' der Ware erscheint 'verdoppelt' als Geld (der Erscheinungsform des Werts) und als Ware (der Erscheinungsform des Gebrauchswerts). Obwohl die Ware als soziales Verhältnis sowohl Wert als Gebrauchswert verkörpert, erscheint sie als Ergebnis dieser Veräußerlichung nur als Gebrauchswertdimension, als etwas rein Stoffliches. Auf der anderen Seite erscheint das Geld als alleiniger Träger des Werts, als Ort und Quelle des rein Abstrakten, und nicht als veräußerlichte Erscheinungsform der Wertdimension der Warenform selbst. Folglich können auf dieser Analyseebene soziale Beziehungen, die für den Kapitalismus spezifisch sind, nur in ihrer abstrakten Dimension (z. B. als Geld) erscheinen und nicht als dualistische Struktur aus Abstraktem und Konkretem. Ihre konkrete Dimension wiederum (z. B. die Ware als Objekt) kann dagegen als ganz 'natürlich' erscheinen. Formen antikapitalistischen Denkens, die der Unmittelbarkeit dieser Erscheinungsformen verhaftet bleiben, tendieren dazu, den Kapitalismus nur in den Erscheinungsweisen seiner abstrakten Dimension wahrzunehmen, während seine konkrete Dimension als das 'natürliche' oder ontologisch Menschliche begrüßt wird, das vermeintlich außerhalb der kapitalistischen Gesellschaft steht. Beispiele hierfür sind die Vorstellung vom Geld als 'Quelle allen Übels' oder der 'radikale' Denker Proudhon, der das Geld der angeblich gesellschaftlich 'natürlichen' Dimension der Arbeit und ihrer Produkte gegenüberstellt und es dafür kritisiert, diese – die konkrete Dimension also – nicht unmittelbar auszudrücken.[44]

---

[44] Vgl. P. J. Proudhon, *System of Economic Contradictions: Or, the Philosophy of Misery,* Volume One (Boston 1888), S. 78-128.

Mit der weiteren Entwicklung des Industriekapitalismus erhält die dem Warenfetisch immanente Naturalisierung neue Dimensionen. Wie die Ware ist die Kapitalform durch den inneren Widerspruch von Konkretem und Abstraktem gekennzeichnet, die beide als natürlich erscheinen. Das 'Natürliche' hat aber nun eine andere Qualität. Kapital ist sich selbst verwertender Wert, ein kontinuierlicher, ununterbrochener Prozeß der Selbstausdehnung von Wert. Dieser Prozeß unterliegt schnell wechselnden Zyklen von Produktion und Konsumtion, von Schöpfung und Zerstörung in großem Maßstab. Kapital hat keine fixe, endgültige Form, sondern kann in Form von Geld oder von Waren erscheinen. Es erscheint somit als reiner Prozeß, der verschiedene Erscheinungsformen annehmen kann. Entsprechend verändert sich seine konkrete Dimension. Einzelne Arbeiten stellen keine unabhängigen Einheiten mehr dar. Sie entwickeln sich zunehmend zu zellularen Bestandteilen eines übergreifenden, komplexen und dynamischen Systems, das Menschen wie Maschinen umfaßt und einem einzigen Ziel folgt: der Produktion um der Produktion willen. Das entfremdete gesellschaftliche Ganze wird größer als die Summe der Individuen, die es konstituieren, und sein Ziel liegt außerhalb seiner selbst. Dieses Ziel ist ein Prozeß ohne Ende. Die Kapitalform gesellschaftlicher Verhältnisse hat blinden, prozessualen, quasi-organischen Charakter.

Dieser Charakter der Kapitalform ermöglichte es, daß im Laufe des 19. Jahrhunderts soziale und historische Prozesse zunehmend in biologischen Begrifflichkeiten wahrgenommen wurden. Ich möchte diesen Aspekt des Kapitalfetischs an dieser Stelle nicht weiter entwickeln. Für unsere Zwecke reicht es aus, die Auswirkungen zu beachten, die er auf die mögliche Wahrnehmung von Kapital hat. Wie oben angedeutet, kann die Ware aufgrund ihres Doppelcharakters als rein materielle Einheit erscheinen, und nicht als Objektivierung vermittelter gesellschaftlicher Verhältnisse. Ebenso kann konkrete Arbeit als rein materieller, kreativer Prozeß erscheinen, der sich von den kapitalistischen Verhältnissen trennen läßt. Auf der logischen Ebene des Kapitals ermöglicht es dieser 'Doppelcharakter', daß die industrielle Produktion als materieller, kreativer Prozeß erscheint ('Produktionsprozeß'), der sich vom Kapital ablösen läßt, das seinerseits nur in seiner abstrakten Dimension als 'entwurzeltes', 'parasitäres' Finanzkapital in Erscheinung tritt.

Dadurch erscheint die manifeste Form des Konkreten als organisch. Dies ermöglicht Spielarten von 'Revolten' und von 'Antikapitalismus', die in ihrer Glorifizierung des vermeintlich Vormodernen – der stofflichen Natur, des Blutes (Volk), des Bodens, der Arbeit und der Gemeinschaft – mit der positiven Affirmation moderner Phänomene wie Industrie und Technologie Hand in Hand gehen können. Sie alle scheinen auf der 'dinglichen' Seite der Gegensätze zu stehen. Der Begriff des 'fetischisierten Antikapitalismus' ermöglicht es zu verstehen, was all diese eigentlich unvereinbaren ('modernen' und 'vormodernen') Elemente übergreifend vereint: Sie alle scheinen konkrete und organische, 'gesunde' Gegenprinzipien zum Abstrakten zu sein.

Biologistisches und rassistisches Denken im allgemeinen und der moderne Antisemitismus im besonderen sollten nicht als historische Regression, nicht als atavistisch verstanden werden. Diese Denkformen sind im 19. Jahrhundert neu aufgetaucht und stellen keine Wiedergeburt historisch früherer Denkformen dar. Was sie atavistisch erscheinen läßt, ist ihr biologistischer Charakter. Dieser jedoch sollte aus dem Kapitalfetisch heraus begriffen werden, der das Konkrete als 'natürlich' und weiter das gesellschaftlich 'Natürliche' auf eine Weise erscheinen läßt, die seine Auffassung in biologischen Begrifflichkeiten ermöglicht.

Die Hypostasierung des Konkreten und die Identifikation des Kapitals mit dem manifest Abstrakten bilden die Grundlage eines 'Antikapitalismus', der die existierende Gesellschaftsordnung von einem Standpunkt aus zu überwinden sucht, der tatsächlich in dieser Ordnung gefangen bleibt. Insofern die konkrete Dimension diesen Standpunkt bildet, drängt diese Ideologie auf eine direktere und organisiertere Form kapitalistischer Vergesellschaftung. Dieser Antikapitalismus *scheint* also nur nostalgisch rückwärtsgewandt. Als Ausdruck des Kapitalfetisches drängt er in Wirklichkeit vorwärts. Er ist im Zuge des langen, steinigen Übergangs vom liberalen zum bürokratischen Kapitalismus entstanden und wird in einer überdeterminierten Situation struktureller, politischer und kultureller Krisen virulent.

Dieser 'Antikapitalismus' basiert auf dem einseitigen Angriff auf das Abstrakte – abstrakte Gesetze, abstrakte Vernunft, oder, auf einer anderen Ebene, Geld und Finanzkapital – vom Standpunkt des 'gesunden', 'verwurzelten', 'natürlichen' Konkreten. Im biologisierten modernen Antisemitismus wurde dieser fetischisierte Gegensatz von Abstraktem und Konkretem als rassischer Gegensatz zwischen Juden und (im Falle Deutschlands) Ariern gefaßt. Der moderne Antisemitismus beinhaltet eine Biologisierung des Kapitalismus – der seinerseits nur in seiner manifest-abstrakten Dimension verstanden wird – als internationales Judentum.

Nach dieser Interpretation wurden die Juden nicht nur als Kapitalisten gesehen, und sie wurden auch nicht nur mit dem Geld und der Zirkulationssphäre assoziiert. Vielmehr wurden sie mit dem Kapitalismus selbst identifiziert. Der Kapitalismus schien jedoch Technologie und Industrie nicht einzuschließen. Vielmehr schien der Kapitalismus allein in seiner abstrakten Dimension zu bestehen, die wiederum für die ökonomischen, sozialen und kulturellen Veränderungen im Zuge der schnellen Entwicklung des modernen Industriekapitalismus verantwortlich gemacht wurde. Die Juden wurden zu Personifizierungen der ungreifbaren, destruktiven und außerordentlich mächtigen internationalen Kapitalherrschaft. Bestimmte Formen antikapitalistischer Unzufriedenheit richteten sich gegen die abstrakte Erscheinungsform des Kapitals, die in den Juden personifiziert wurde – nicht, weil die Juden bewußt mit der Wertdimension assoziiert worden wären, sondern weil der Kapitalismus aufgrund der Antinomie von abstrakter und konkreter Dimension in dieser Weise erschien. Die 'antikapitalistische' Revolte war somit auch eine Revolte gegen die Juden. Die Überwindung des Kapitalismus und seiner negativen gesellschaftlichen Auswirkungen wurde assoziiert mit der Vernichtung der Juden.

VI.

Es bleibt die Frage, warum sich die biologische Interpretation der abstrakten Dimension des Kapitalismus ausgerechnet an den Juden festmachte. Im europäischen Kontext war diese 'Wahl' keineswegs zufällig. Die Juden hätten nicht einfach durch eine andere Gruppe ersetzt werden können. Dafür gibt es zahlreiche Gründe. Die lange Geschichte des Antisemitismus in Europa und die damit einhergehende Assoziation der Juden mit Geld ist wohlbekannt. Die Phase der raschen Expansion des Industriekapitals in der zweiten Hälfte des 19. Jahrhunderts fiel mit der politischen und bürgerlichen Emanzipation der Juden in Mitteleuropa zusammen. Die Juden wurden in der bürgerlichen Gesellschaft plötzlich sichtbar und zwar besonders in den Sphären und Berufen, die sich damals ausweiteten und mit den neuen gesellschaftlichen Verhältnissen assoziiert wurden: den Universitäten, den freien Berufen, dem Journalismus, den Künsten, dem Einzelhandel.

Man könnte weitere Faktoren erwähnen, doch einen möchte ich besonders betonen. So wie sich der 'Doppelcharakter' der Ware als gesellschaftliches Verhältnis im äußeren Gegensatz zwischen Abstraktem (Geld) und Konkretem (Ware) ausdrückt, so ist die bürgerliche Gesellschaft gekennzeichnet durch eine Trennung von Staat und Gesellschaft. Für den Einzelnen stellt sich dieser Bruch als Trennung zwischen Staatsbürger und Privatperson dar. Als Bürger ist der Einzelne abstrakt – was seinen Ausdruck beispielsweise im Gedanken der Gleichheit vor dem (abstrakten) Gesetz oder im Prinzip des allgemeinen und gleichen Wahlrechts findet. Als Privatperson ist der Einzelne konkret, eingebettet in reale Klassenbeziehungen, die als 'privat', das heißt nur die bürgerliche Gesellschaft betreffend, angenommen werden, und die keinen politischen Ausdruck finden sollen. In Europa hat sich jedoch die Vorstellung von der Nation als rein politischer Einheit, die vom Wesen der bürgerlichen Gesellschaft abstrahiert, nie ganz durchgesetzt. Die Nation war nicht nur eine politische Entität, sie war auch konkret, bestimmt von einer gemeinsamen Sprache, Geschichte, von gemeinsamen Traditionen und einer gemeinsamen Religion. In diesem Sinne stellten die Juden nach ihrer Emanzipation in Europa die einzige Gruppe dar, die die Bestimmung von Staatsbürgerschaft als rein politische Abstraktion erfüllte. Sie waren Bürger Deutschlands oder Frankreichs, wurden aber nicht wirklich als Deutsche oder Franzosen angesehen. Abstrakt gehörten sie der Nation an, jedoch nur selten konkret. Sie waren darüber hinaus Staatsbürger der meisten europäischen Länder. Das Merkmal der Abstraktheit, das nicht nur für die Wertdimension in ihrer Unmittelbarkeit charakteristisch ist, sondern auch – mittelbar – für den bürgerlichen Staat und seine Gesetze, wurde mehr und mehr mit den Juden assoziiert. Diese Assoziation sollte sich als fatal erweisen in einer Phase, in der das Konkrete gegenüber dem Abstrakten verklärt wurde und sich gegen 'Kapitalismus' und bürgerlichen Staat richtete. Die Juden waren entwurzelt, international und abstrakt.

VII.

Der moderne Antisemitismus ist also eine besonders gefährliche Form des Fetischs. Seine Macht und Gefährlichkeit liegen darin, daß er eine umfassende Weltanschauung liefert, die bestimmte Formen antikapitalistischer Unzufriedenheit erklärt und ihnen auf eine Weise politischen Ausdruck verleiht, die den Kapitalismus also solchen unbeschadet läßt. Seine Angriffe richten sich lediglich gegen die Personifizierungen jener gesellschaftlichen Verhältnisse, jedoch nicht gegen die Verhältnisse selbst. Versteht man den Antisemitismus in dieser Weise, dann kann man auch den Nationalsozialismus als fetischisierte antikapitalistische Bewegung begreifen. Sie ist gekennzeichnet durch den Haß auf das Abstrakte, die Hypostasierung des bestehenden Konkreten und eine entschlossene, unbarmherzige – wenn auch nicht notwendig haßerfüllte – Mission: die Welt von der Quelle allen Übels in Gestalt der Juden zu befreien. Der moderne Antisemitismus ist also eine Revolte gegen die vom Kapitalismus bestimmte Geschichte, die als jüdische Verschwörung gedacht wird. Innerhalb eines solchen ideologischen Rahmens gibt es keinen anderen Ausweg, als diese Verschwörung zu zerstören, um die Welt zu retten. Diese Ideologie war eine absolut notwendige Voraussetzung für den Holocaust, der aus den historischen Gegebenheiten der Jahre 1939 bis 1941 nicht hinreichend erklärt werden kann. Das bedeutet nicht, daß schon 1933 der Plan existierte, die Juden auszurotten. Es umreißt jedoch den ideologischen Rahmen, innerhalb dessen ein solches Vorhaben überhaupt vorstellbar werden konnte.

Eine Fabrik im Kapitalismus ist ein Ort, an dem Wert produziert wird (Verwertungsprozeß), was sich notwendigerweise durch die Produktion von Gütern, von Gebrauchswerten vollzieht (Arbeitsprozeß). Das Konkrete wird also als notwendiger Träger des Abstrakten produziert. Die Vernichtungslager der Nazis sind *keine* fürchterliche Abart einer solchen Fabrik, *kein* Extrembeispiel der Moderne, sondern sollten vielmehr als ihre groteske antikapitalistische *Negation* gesehen werden. Auschwitz war eine Fabrik zur 'Vernichtung des Werts', zur Vernichtung der Personifikation des Abstrakten. Ihre Organisationsform war die eines auf boshafteste Weise umgekehrten Industrieprozesses, dessen Ziel die 'Befreiung' des Konkreten vom Abstrakten war. Der erste Schritt dazu war die Entmenschlichung der Juden, ihre Reduktion auf das, 'was sie wirklich sind': Zahlen, numerierte Abstraktionen. Der zweite Schritt war die Auslöschung dieser Abstraktionen, wobei auch noch versucht wurde, ihnen die letzten Überreste konkreten 'Gebrauchswerts' zu entreißen: Kleidung, Gold, Haare.

Auschwitz, nicht die Machtergreifung der Nazis 1933, war die wirkliche 'Deutsche Revolution', der versuchte 'Umsturz' nicht nur der politischen Ordnung, sondern auch der bestehenden Gesellschaftsformation. Durch diese eine Tat sollte die Welt von der Tyrannei des Abstrakten befreit werden. Damit jedoch 'befreiten' sich die Nazis selbst aus der Menschheit.

Der Ansatz, den ich hier dargestellt habe, versteht das Vernichtungsprogramm der Nazis aus seinen ideologischen Grundlagen heraus und nicht unter Bezug auf Technologie oder als historischen Zufall. Ich habe dabei versucht, die Ideologie des Antisemitismus gesellschaftlich und historisch zu begründen. Ein solcher Ansatz macht es möglich, das Vernichtungsprogramm und seine innere Verbindung zum sogenannten 'idealistischen', 'revolutionären' Selbstverständnis der Nazis zu erklären. Er zeigt, daß auch der Charakter des Verbrechens der Vernichtung selbst, und nicht nur die Wahl der Opfer, aus einer Analyse des modernen Antisemitismus heraus begründet werden kann – wenn man ihn als fetischisierte Form des Antikapitalismus versteht, der im Übergang vom liberalen zum staatszentrierten Kapitalismus entstand.

VIII.

Ich habe versucht, die Auseinandersetzung mit dem Holocaust mit allgemeinen historischen Entwicklungen des 20. Jahrhunderts zu vermitteln, indem ich analysiert habe, wie die ideologischen Voraussetzungen des Holocaust in den gesellschaftlichen und kulturellen Umbrüchen selbst angelegt waren, die eine bestimmte Periode der kapitalistischen Entwicklung prägten haben. Um die üblichen Diskursgrenzen in der Auseinandersetzung mit dem Holocaust einerseits und den übergreifenden historischen Entwicklungen andererseits zu überwinden, möchte ich nun kurz zur zweiten Hälfte des 20. Jahrhunderts kommen. Dabei werde ich die Frage von Geschichte und Erinnerung im Zusammenhang mit übergreifenden strukturellen Veränderungen nach 1945 betrachten, um die These zu begründen, daß ein wechselseitiger Erklärungszusammenhang zwischen den öffentlichen Auseinandersetzungen um den Holocaust und zentralen Aspekten der beschriebenen Nachkriegsepochen besteht. Dadurch hoffe ich zeigen zu können, daß der Holocaust eng verflochten ist mit der durch das Kapital konstituierten Geschichte, in seinen ideologischen Vorbedingungen wie Nachwirkungen.

Ich habe den nationalsozialistischen Antisemitismus als gewaltsamen Versuch interpretiert, die (falsch verstandene) Geschichte qua Willensakt zu überwinden.[45] In der ersten Nachkriegsepoche (Hobsbawms „Goldenes Zeitalter“) schien es dagegen, als habe man den Schlüssel zur politischen Kontrolle des Geschichtsverlaufs ohne Terror gefunden – nach einer unsicheren Übergangsperiode, in der soziale Bewegungen und kritisches Denken unterdrückt und marginalisiert wurden (die McCarthy-Ära in den USA, die Schauprozesse in Osteuropa und die 'Verschwörung der Ärzte' in der Sowjetunion).

Das schnelle, immer weitere Kreise erfassende Wirtschaftswachstum der fünfziger und sechziger Jahre war im keynesianischen Westen wie im post-stalinistischen Osten an staatszentrierte Akkumulationsregime gebunden. Die langandauernde Krise des liberalen Kapitalismus, so schien es, war schließlich durch eine erfolgreiche staatszentrierte Synthese überwunden: Man hatte gelernt, die Dynamik des Kapitalismus durch politische Institutionen so zu kontrollieren, daß sie den meisten Bevölkerungsteilen in den Metropolen zugute kam. Vom Standpunkt dieser Epoche stellte die Geschichte keine Bedrohung mehr dar, und der Nationalsozialismus erschien als Regression, als deutscher Irrweg. So wurde das Interesse der Alliierten während des Krieges, Deutschland als historischen Sonderfall und den Nationalsozialismus als Ausfluß des deutschen Wesens darzustellen, durch eine Nachkriegsformation verstärkt und plausibel gemacht, in der die geschichtliche Entwicklung im positiven Licht, als moderner Fortschritt, der Nationalsozialismus hingegen als antimodern erschien.

Die Synthese des „Goldenen Zeitalters“ der ersten Nachkriegsjahrzehnte, dieser scheinbar gradlinige Sieg der Moderne, begann sich zu Beginn der siebziger Jahre aufzulösen. Jenseits der Kontrolle durch nationalstaatliche Strukturen wurde die historische Dynamik des Kapitalismus erneut sichtbar und ließ eine grundlegend andere historische Formation entstehen, die von längst überwunden geglaubten sozioökonomischen Verhältnissen geprägt war: Entfesselte Märkte etwa und

---

[45] Dies könnte ein Ausgangspunkt sein, um eine Parallele zwischen Nazismus und Stalinismus zu erkennen: Beide könnten als unterschiedliche Versuche begriffen werden, Geschichte durch einen Willensakt zu überwinden – d.h. durch die Partei.

ihre Begleiterscheinungen wie wachsende Unterschiede in Reichtum und Macht. Diese neue Formation kristallisierte sich in den neunziger Jahren als globaler neoliberaler Kapitalismus heraus.

Diese beiden Nachkriegskonstellationen können zum nichtlinearen Verlauf der Auseinandersetzungen mit dem Holocaust in Beziehung gesetzt werden. Die Verdrängung des Holocaust während der ersten Jahre nach 1945 aus den öffentlichen Diskussionen ist allgemein bekannt. Erst im Laufe der sechziger Jahre änderte sich dies allmählich. Seit Ende der sechziger, Anfang der siebziger Jahre sind Fragen des historischen Gedächtnisses und insbesondere des Holocaust ins Zentrum der öffentlichen Diskussionen gerückt. Wer das komplizierte Verhältnis von Geschichte und Erinnerung im 20. Jahrhundert verstehen will, sollte diese diskursiven Veränderungen zu den historischen Umbrüchen seit 1945 in Beziehung setzen.

Wie müssen wir die ursprüngliche Marginalisierung und die anschließende Zentralität des Holocaust-Diskurses historisch einordnen? Und was könnte diese Diskursverschiebung mit den globalen Umstrukturierungen seit 1945 zu tun haben und in welcher Weise könnte sie zu deren Erklärung beitragen? Charles Maier behauptete 1993 in einem Artikel, die wachsende Bedeutung des historischen Gedächtnisses im öffentlichen Diskurs sei Ausdruck eines historischen Bruchs, der das Ende der Vorwärtsgewandtheit der Nachkriegsjahrzehnte markiere. Am Ende des zwanzigsten Jahrhunderts gehe für die westlichen Gesellschaften auch ein kollektives Projekt zu Ende, welches gemeinsame Institutionen auf der Grundlage von Zukunftserwartungen zu begründen vermochte.[46] Für Maier äußert sich in der neuen zentralen Rolle des historischen Gedächtnisses ein „Übermaß an Erinnerung“[47] und damit ein Rückzug vom Universalismus – von einer Politik, die auf Veränderung abzielt, und von einschließenden politischen Gemeinschaften – hin zum Partikularismus, zur Politik der Ethnizität.

Maier verortet diese Verschiebung historisch. Implizit sieht er die wachsende Bedeutung der Erinnerungspolitik im Zusammenhang mit der historischen Transformation von staatszentrierten zu neoliberalen

---

[46] Charles S. Maier, *A Surfeit of Memory? Reflections on History, Melancholy and Denial*, in: *History and Memory* 5:2 (1993), S. 147.

[47] Ebd., S. 138.

Akkumulationsregimen, die ich oben beschrieben habe. Seine Argumentation verweist auf einen Zusammenhang zwischen dem Ende der Vorwärtsgewandtheit der ersten Nachkriegsära und der wachsenden öffentlichen Auseinandersetzung mit der Vergangenheit.

Ergiebig und erhellend an Maiers These ist vor allem, daß sie den Wandel des öffentlichen Diskurses über den Holocaust zu größeren historischen Entwicklungen ins Verhältnis setzt. Dennoch ist der Gegensatz, den er zwischen einer auf Veränderung orientierten Politik, Vorwärtsgewandtheit und Universalismus einerseits und Partikularismus und Erinnerungspolitik andererseits ausmacht, zu einseitig. Maier hinterfragt nicht in ausreichendem Maße den Veränderungswillen und den Universalismus der Politik der Nachkriegszeit, die ihm zufolge in jüngster Zeit verdrängt wurde; seine Argumentation erfaßt weder die Komplexität dieser Politik noch die der wiederauflebenden Erinnerungs- und Identitätspolitik. Maiers These zum Verlauf des Holocaust-Diskurses in der Nachkriegszeit ist in gewisser Hinsicht ein Beitrag zur Diskussion um Aufstieg und Fall des Modernisierungsprojektes in der zweiten Hälfte des zwanzigsten Jahrhunderts, insofern seine Analyse implizit auf der Kategorie der Moderne beruht. Erneut erweist sich diese Kategorie jedoch als analytisch unzureichend. Sie wird weder dem komplexen Charakter des nationalsozialistischen Antisemitismus gerecht, noch – wie ich jetzt zeigen werde – den Nachkriegsformationen des Kapitalismus und dem damit verbundenen Verlauf des Holocaust-Diskurses.

Die Geschichte des Holocaust-Diskurses in Ländern wie Frankreich, Deutschland und Israel deutet darauf hin, daß die Vorwärtsgewandtheit der Nachkriegsjahrzehnte komplexer ist als es Maiers modernistische Kritik der Erinnerungspolitik nahe legt.[48] Die vielen Anhaltspunkte, die es in diesen Ländern für das gibt, was einige Kommentatoren als Prozesse von Abwehr und geschichtlicher Verdrängung bezeichnet haben, weisen darauf hin, daß die Vorwärtsgewandtheit derjenigen Jahrzehnte, auf die sich Maier bezieht – der modernistischen Projekte des „Goldenen Zeitalters“ –, vielschichtiger ist und nicht einfach affirmativ als historischer Fortschritt begriffen werden kann. Das

---

[48] Vgl. hierzu u.a. die in Anmerkung 11 angegebene Literatur.

wiederum ist ein Hinweis darauf, daß die zwei Jahrzehnte andauernde Marginalisierung des Holocaust-Diskurses nach dem Krieg mit den komplizierten historischen Prozessen zu tun hat, die zusammen mit möglichen Prozessen gesellschaftlicher Abwehr und Verdrängung eine gespaltene historische Realität erzeugt haben: An der Oberfläche eine neue, zukunftsorientierte Gegenwart, darunter eine Vergangenheit, die niemals aufgearbeitet wurde.

Ich meine, daß eine Analyse solcher Prozesse einige allgemeinere Merkmale der von Hobsbawm umrissenen Zeitalter beleuchten und sowohl die 'modernistische' Vorwärtsgewandtheit der Nachkriegsjahrzehnte als auch die 'postmoderne' Wendung zur Erinnerungs- und Identitätspolitik in Frage stellen würde.

Um diese Behauptung zu belegen, werde ich kurz einige hinlänglich bekannte Aspekte des komplexen Zusammenspiels von Geschichte und Gegenwart im Nachkriegsdeutschland erörtern und auf dieser Grundlage einige äußerst vorläufige Überlegungen zur Strukturierung historischer Zeit und Erinnerung vorstellen.

IX.

Ich habe an anderer Stelle dargelegt, wie eine Reihe historischer Ereignisse und Entwicklungen darauf hindeutet, daß seit dem Krieg die historische Realität in Deutschland auf zwei verschiedenen Ebenen existierte.[49] Diese Ereignisse und Entwicklungen können somit symptomatisch gedeutet werden: als indirekte Anzeichen dafür, wie ungeachtet der einschneidenden Veränderungen in der politischen Kultur Westdeutschlands nach 1945 und insbesondere in den späten sechziger Jahren eine andere historische und psychische Ebene fortexistierte, die sich auf die nationalsozialistische Vergangenheit bezog.[50] Sie deuten darauf hin, wie die Vergangenheit des Nazi-Regimes, des Krieges, der nationalsozialistischen Verbrechen – vor allem des Holocaust – im Verborgenen weiter auf die Gegenwart einwirkte. In einer kom-

---

[49] Vgl. M. Postone, *After the Holocaust: History and Identity in West Germany*, a.a.O. (in diesem Band).

[50] Vgl. Dan Diner, *Negative Symbiose: Deutsche und Juden nach Auschwitz*, in: *Babylon: Beiträge zur jüdischen Gegenwart* 1 (1986). Vgl. auch Alexander und Margarete Mitscherlich, *Die Unfähigkeit zu* trauern, a.a.o.

plexen Dialektik von Normalität und Anormalität, die der deutschen Nachkriegsgesellschaft eigen ist, interagierte die Vergangenheit mit der unmittelbaren politischen und gesellschaftlichen Realität.[51] Im Rahmen eines solchen Ansatzes lassen sich einige äußerst problematische Aspekte des Verhältnisses Nachkriegsdeutschlands zu seiner Vergangenheit als Ausdrucksformen der Art und Weise deuten, wie diese Vergangenheit weiterhin die Gegenwart bestimmt hat – selbst 'hinter dem Rücken' der gesellschaftlichen Akteure.[52]

Darin deutet sich an, daß die Vergangenheit nicht einfach vergeht. Es zeigt zudem, daß die Vergangenheit zwar konstruiert sein mag, aber nicht einfach gänzlich frei erfunden wird. Die Auseinandersetzungen über Geschichte und Erinnerung in Deutschland nach dem Krieg formen nicht souverän das historische Gedächtnis, sondern sind ihrerseits als dynamische Momente in weitaus komplexere Strukturen eingelassen.

Dies läßt sich etwa anhand der intensiven öffentlichen Diskussionen zeigen, die der amerikanische Fernsehfilm *Holocaust* 1979 auslöste.[53] Diese Diskussionen warfen retrospektiv Licht auf den Charakter und das Ausmaß der Abwehr nach dem Krieg und deuteten darauf hin, daß selbst nach den kulturellen Brüchen der späten sechziger Jahre vieles beiseitegeschoben und psychisch vergraben wurde. Darin zeigte sich die Aufspaltung historischer Wirklichkeit seit dem Krieg. Für die Mehrheit der Bevölkerung bestand nach dem Krieg das Ziel in 'Normalität' um jeden Preis.[54] Ihre nachhaltige Identifikation mit der

---

51 Vgl. M. Postone, *After the Holocaust*, a.a.O.

52 Die Verwendung tiefenpsychologischer Begriffe zur Analyse historischer Phänomene setzt voraus, daß psychoanalytische Kategorien in letzter Konsequenz keine individuellen, sondern gesellschaftliche und historische sind, wie individuell vermittelt auch immer. Dies gilt bereits für die Kategorie des Individuums selbst. Vgl. dazu auch Dominick LaCapra, *History and Memory after Auschwitz* (Ithaca1998), S. 43-73.

53 Zur Rezeption des Films *Holocaust* in der Bundesrepublik und allgemeineren Problemen des Holocaust und des Antisemitismus, vgl. *New German Critique* 19 (1980), 20 (1980) und 21 (1980). Viele der Beiträge wurden später veröffentlicht in Anson Rabinbach/Jack Zipes (Hg.), *Germans and Jews since the Holocaust*, a.a.O.

54 Vgl. beispielsweise Bernt Engelmann, *In Hitler's Germany: Daily Life in the Third Reich* (New York 1986), S. 329-333.

Nazi-Vergangenheit wurde weder affirmiert noch durchgearbeitet und überwunden. Statt dessen wurde sie abgewehrt. Die primäre moralische Kategorie der unmittelbaren Nachkriegsphase war eine, die unabhängig von Erinnerung bestehen kann – Arbeit.

Die Intensität der öffentlichen Reaktion auf den Film *Holocaust* war ein Indiz dafür, daß diese Struktur der Abwehr 1979 durchbrochen worden war, wie schon mehrfach zuvor, etwa während der Frankfurter Auschwitz-Prozesse 1964/65. Doch jedesmal konnte sich die Struktur der Verdrängung danach wieder durchsetzen. Die Wiederkehr der Nazivergangenheit in den späten siebziger Jahren führte zwar bei manchen in Deutschland zum erneuten Versuch der Aufarbeitung, sie hatte jedoch auch eine Art Gegenreaktion zur Folge. Diese Gegenreaktion ließ sich quer durch das gesamte politische Spektrum finden, in erster Linie aber ging sie mit einer konservativen Offensive der achtziger Jahre einher. Diese Kampagne versuchte durch stärkere Kontinuität zu den umstrittenen Teilen deutscher Vergangenheit viele der politischen und kulturellen Entwicklungen seit den späten sechziger Jahren umzukehren. Bestandteil dieser Kampagne waren bekannte Ereignisse wie etwa der Besuch von Kohl und Reagan auf dem Soldatenfriedhof in Bitburg 1985[55] und der Historikerstreit 1986.[56]

Auf den ersten Blick scheint diese Kampagne keinerlei tiefergehende Analyse zu bedürfen. Es scheint sich um einen direkten und unverhohlenen Versuch der Rechten zu handeln, durch das Bekenntnis zur Kontinuität mit der Vergangenheit die kulturelle und politische Hegemonie wiederzugewinnen. Einige Aspekte dieser konservativen

---

55 Vgl. Geoffrey Hartman (Hg.), *Bitburg in Moral and Political Perspective* (Bloomington 1986), und M. Postone, Bitburg und die Linke, in: *Pflasterstrand* 211 (1985) (und in diesem Band).

56 Ein Großteil der Beiträge zum Historikerstreit ist dokumentiert in Ernst Reinhard Piper (Hg.), *'Historikerstreit'. Die Dokumentation der Kontroverse um die Einzigartigkeit der nationalsozialistischen Judenvernichtung* (München 1987). Vgl. auch Charles S. Maier, *The Unmasterable Past: History, Holocaust, and German National Identity* (Cambridge 1988) und Wolfgang Marienfeld, *Der Historikerstreit* (Hannover 1987). Zur breiteren Debatte über die Frage der Historisierbarkeit des Nationalsozialismus, vgl. Dan Diner (Hg.), *Ist der Nationalsozialismus Geschichte?* a.a.O.

Kampagne deuten jedoch darauf hin, daß die Angelegenheit etwas komplizierter ist.

Damit meine ich das Ausmaß, in dem die neuen Konservativen Deutschland und die Deutschen während der Nazizeit als tatsächliche oder potentielle Opfer darstellten. Ein Beispiel hierfür ist die Bundestagsresolution vom 13. Juni 1985, die implizit den Holocaust mit der Vertreibung der Deutschen aus dem Osten 1944/45 gleichsetzt. Zentral war dieses Motiv von Deutschland als Opfer für den Historikerstreit. Seinen deutlichsten Ausdruck fand es bei Ernst Nolte im Juni 1986 in der *Frankfurter Allgemeinen Zeitung*, als er behauptete, der Holocaust sei im wesentlichen defensiv gewesen: Hitlers „asiatische Tat" wurde demnach vom Wissen über frühere Greuel der Bolschewiki angetrieben und von der Angst, die Sowjets könnten eine solche „Tat" (d.h. Vernichtung) an den Deutschen planen. Deshalb vernichtete er die Juden.[57] Einige Monate später behauptete Günther Gillessen in der gleichen Zeitung, der Einmarsch Nazi-Deutschlands in die Sowjetunion 1941 sei defensiver Natur gewesen; er sei erfolgt, um einen drohenden Einmarsch der Sowjetunion in Deutschland zu verhindern.[58] Eine Variation dieses Opfer-Motivs wurde von der offiziellen Ideologie der DDR gefördert, die sich als Vertreterin der wirklichen Opfer des Nazismus darstellte.

Diese Darstellung Deutschlands und der Deutschen als Opfer hat einen Prozeß der Verkehrung zur Folge. Es scheint plausibel, daß diese Verkehrung mit tiefen Schuldgefühlen zusammenhängt, die Wut auf die Verantwortlichen dieser Schuldgefühle hervorrufen – die Juden.

---

[57] Ernst Nolte, *Vergangenheit, die nicht vergehen will*, in: *Frankfurter Allgemeine Zeitung* vom 6. Juni 1986. Die hier noch implizit hergestellte Verbindung zwischen Bolschewismus und Juden, die eine klassische Position der Nazis wieder aufnimmt, hat Nolte mittlerweile auch explizit formuliert. Beim Empfang des von der konservativen Deutschland-Stiftung verliehenen Konrad-Adenauer-Preises für Literatur im Juni 2000 sagte Nolte, Hitler könne rationale Gründe für die Angriffe auf die Juden gehabt haben, da der Bolschewismus breite Unterstützung durch die Juden erfahren habe und der Nazismus die stärkste Kraft gegen den Bolschewismus gewesen sei. Vgl. *New York Times* vom 21. Juni 2000.

[58] *Frankfurter Allgemeine Zeitung* vom 20. August 1986.

Ein Kommentator formulierte ironisch: Die Deutschen werden den Juden Auschwitz nie verzeihen.

Solche Prozesse psychischer Verkehrung haben die Tendenz, antisemitische Bilder von jüdischer Macht und zerstörerischen Absichten wiederaufleben zu lassen.[59] Während der Kontroverse um Bitburg z.B. schrieben einige konservative Zeitungen und Zeitschriften den Juden in den USA außerordentliche Macht zu und suggerierten, die negativen amerikanischen Reaktionen auf den Bitburg-Besuch seien von Juden herbeigeführt und manipuliert worden.[60]

Die Symptome eines solchen Prozesses von Abwehr und Verdrängung sind nicht mit 1989 verschwunden. Diskussionen über die DDR in den frühen neunziger Jahren waren oft Ausdruck von etwas, das meiner Ansicht nach als unbewußter Prozeß begriffen werden kann. So war etwa während der Bundestagsdebatte am 14. November 1991 von den sechs Millionen Opfern der Stasi die Rede.

Diese Prozesse waren nicht auf die deutsche Rechte beschränkt. Selbstverständlich hat sich die Linke in Deutschland nach dem Krieg wesentlich durch ihre Gegnerschaft zum Faschismus definiert. Dennoch hatten meines Erachtens linke Analysen die Tendenz, das Spezifische des Nationalsozialismus zu verwischen.[61] Diese Ausblendung

---

[59] Die Bilder jüdischer Macht lassen sich auch scheinbar ins Positive wenden. In Rainer Fassbinders Film *Lili Marlen* etwa werden die Juden als wesentlich mächtiger als die Nazis gezeichnet, als die eigentlichen Sieger des Zweiten Weltkriegs; auf diese Weise reproduziert der Film die Ideologie, die er kritisieren wollte.

[60] So verfaßte beispielsweise Fritz Ullrich Fack, ein Herausgeber der *Frankfurter Allgemeinen Zeitung*, am 29. April 1985 einen kaum verhohlenen Leitartikel über die einflußreichen Lobbygruppen in den USA, die das Zerrbild des 'häßlichen Deutschen' wieder aufrichten wollten. Weiter warf Fack den Gegnern des Bitburg-Besuchs von Kohl und Reagan vor, sie hätten keinerlei Skrupel, die Toten zu sortieren – eine Anspielung auf die Selektionen in den Vernichtungslagern, bei denen einige sofort in die Gaskammern geschickt und andere zunächst am Leben gelassen wurden. Facks Leitartikel bewirkte nicht nur eine psychische und moralische Verkehrung zwischen Nazis und Juden; zudem und in engstem Zusammenhang damit tat er dies auf eine Weise, in der sich die Ideologie des modernen Antisemitismus ausdrückte.

des besonderen Charakters der Nazi-Vergangenheit ging, worin auch immer ihre vielschichtigen Gründe liegen, Hand in Hand mit einem starken Bedürfnis der deutschen Neuen Linken nach Identifikation mit den Opfern der Geschichte. Am deutlichsten läßt sich dies an den Haltungen der deutschen Neuen Linken gegenüber Israel sehen.

Bekanntlich wurde die Neue Linke in großen Teilen des Westens nach dem Sechs-Tage-Krieg 1967 antizionistisch. Doch diese Wende wurde in Deutschland im allgemeinen radikaler vollzogen. Keine westliche Linke war vor 1967 so philosemitisch und prozionistisch. Vermutlich keine identifizierte sich in der Folge so stark mit der palästinensischen Sache. Israels Sieg im Krieg 1967 löste einen Prozeß psychologischer Verkehrung aus: Die Juden, nicht länger Opfer, sondern Sieger, wurden mit der Nazivergangenheit identifiziert und die Palästinenser mit den 'Juden'. Das bloße Wort 'Zionismus' wurde so negativ besetzt wie 'Nazismus'.

Das Resultat ging weit über eine historische und politische Kritik hinaus. Statt dessen, so könnte man argumentieren, diente der Nahe Osten vielen Deutschen als Projektionsfläche, um ihre eigene Vergangenheit auszuagieren. Von der Form des Antizionismus, die nach 1967 sehr stark wurde, läßt sich rückblickend sagen, daß sie zwei Funktionen gleichzeitig erfüllte. Zum einen konnte durch die Gleichsetzung von Zionismus und Nazismus der Kampf gegen den Zionismus zum verschobenen Ausdruck des Kampfes gegen die Nazivergangenheit werden. Zum anderen fanden im weit verbreiteten Bild des Zionismus antisemitische Bilder ihre Wiederkehr. Zionismus wurde nicht einfach als ein schlechtes oder problematisches politisches Programm kritisiert, sondern als weltweite, äußerst mächtige und zutiefst böse Verschwörung.

Diese 'verdoppelte' Funktion des Antizionismus verschaffte antisemitischen Bildern Eintritt ins linke Bewußtsein. Paradoxerweise trug sie dadurch indirekt und unbewußt dazu bei, einer Art Versöhnung mit der Nation den Boden zu bereiten. Das heißt: Vermittelt durch eine bestimmte Form des Antizionismus verschmolz der Antifaschismus,

---

[61] Vgl. beispielsweise A. Markovits, *Coping with the Past*, und A. Rabinbach, *Beyond Bitburg*, in: Harms/ Reuter/Dürr (Hg.), *Coping with the Past,* a.a.O..

der die Linke definierte und sie von der Rechten abgrenzte, mit der antisemitischen Ideologie, die einmal (Nazi-)Deutschland vereinte.

Ich habe es als ein Zeichen historischer Verdrängung und des daraus folgenden Einwirkens der Vergangenheit auf die Gegenwart gedeutet, daß ein Bedürfnis vieler Deutscher darin besteht, sich selbst als Opfer in der Geschichte zu identifizieren – sei es direkt, wie bei den neuen Konservativen, oder indirekt, wie bei den Linken, die sich, in wie verdrehter Form auch immer, mit den Opfern des Nazismus identifizieren.

Diese zwei Stränge begannen in der oben beschriebenen virulenten Form des Antizionismus zusammenzulaufen und gingen schließlich in den öffentlichen Reaktionen auf den Golfkrieg eine noch engere Verbindung ein. Bemerkenswert war nicht die Ablehnung des Krieges, sondern daß große Teile der deutschen Friedensbewegung die Bombardierung Bagdads emotional mit der Hamburgs und Dresdens im Zweiten Weltkrieg gleichsetzten und unmittelbare persönliche Angst vor Bombardierungen zum Ausdruck brachten (obwohl die überwältigende Mehrheit der Demonstranten lange nach dem Ende des Zweiten Weltkriegs geboren wurde). An diesen Reaktionen zeigte sich, daß die linke Identifikation mit den Opfern sich mit der neuen konservativen Tendenz verbunden hatte, die Deutschen als Opfer darzustellen. Damit rückte die Friedensbewegung in die Nähe einer auf neue Weise imaginierten nationalen Gemeinschaft.

Diese Phänomene können als unbewußte Verkehrungen begriffen werden, als Formen kollektiven Ausagierens. Die massenhafte Identifikation der Deutschen mit dem Nazismus im allgemeinen, und ihre Mittäterschaft beim Holocaust im besonderen, wurden somit abgewehrt und verdrängt.[62] Die These, daß die Abwehr und Verdrängung von Geschichte eine gespaltene historische Wirklichkeit in Deutschland hervorgebracht haben, läßt die Frage nach dem Verhältnis von Zukunftsorientierung und Erinnerung komplizierter erscheinen. Offen-

---

62 Vgl. Dominick LaCapras wichtige Erörterung der Anwendbarkeit psychoanalytischer Kategorien wie Verdrängung und Ausagieren auf gesellschaftliche und kulturelle Phänomene in *Representing the Holocaust: History, Theory, Trauma* (Ithaca 1994), sowie in *History and Memory after Auschwitz,* a.a.O..

bar war die Zukunftsorientierung in den Nachkriegsjahrzehnten komplexer, als Maiers Kritik der Erinnerung vermuten läßt.

Auf dem Hintergrund dieser Ausführungen läßt sich zeigen, daß diese Zukunftsorientierung in Deutschland zugleich den Charakter einer *Flucht vor der Vergangenheit* hatte. Anstatt Zukunftsorientierung und Universalität als unvermittelten Gegensatz zur Wiederkehr der Erinnerung und Partikularität zu begreifen, müssen beide Seiten differenziert werden. Demnach ist zu unterscheiden zwischen einer Zukunftsorientierung, die auf der Aneignung der Vergangenheit basiert, und einer anderen Form der Zukunftsorientierung, die entgegen allem Anschein tatsächlich von genau dieser Vergangenheit getrieben wird. Im gleichen Sinne muß ein Verhältnis zur Vergangenheit, das die Möglichkeit von etwas Neuem eröffnet und somit zukunftsorientiert ist, unterschieden werden von einem, das dem *Wiederholungszwang* unterworfen bleibt.

Die Bedeutung dieser begrifflichen Unterscheidung läßt sich durch eine andere, eng verwandte Verschiebung nach dem Krieg verdeutlichen. Maier beschreibt, wie sich in der Erinnerungspolitik eine neue Hinwendung zu eng abgegrenzter Ethnizität anstelle von einschließenden Gemeinschaften reflektiert. Die Gemeinschaften, auf die sich Maier bezieht, waren in der Nachkriegszeit jedoch auf eine ganz bestimmte Weise einschließend – sie waren nach dem Prinzip abstrakter Gleichheit konstruiert, das eine Seite eines modernen oder kapitalistischen Dualismus darstellt. Die Form der Universalität, die sie herstellen wollten, war abstrakt – sie gründete auf der Negation von Differenz.

In den späten sechziger Jahren entstanden zahlreiche neue soziale Bewegungen, die im Namen qualitativer Besonderheit die abstrakte Universalität als Form von Herrschaft kritisierten. Sicherlich reproduzierten viele dieser Bewegungen lediglich die Antinomie von abstrakter Gleichheit und Partikularismus. Andere dagegen versuchten, diese Antinomie zu überwinden.

Dieser Gegensatz zwischen abstrakter Gleichheit und konkretem Partikularismus verläuft parallel zu jenem zwischen einer Zukunftsorientierung, die über die Vergangenheit hinweggeht, und einem Eintauchen in die Vergangenheit, das mit einem partikularistischen Mythos der Identität einhergeht. In beiden Fällen bedingen sich die Seiten des Gegensatzes. Daher muß eine Kritik der partikularistischen Seite des

Gegensatzes – die den Kern von Maiers These eines Übermaßes an Erinnerung bildet – eine Kritik der universalistischen Seite nach sich ziehen. Anders gesagt: Die Kritik muß dem Gegensatz selbst gelten, seinen beiden Seiten. Somit wäre ein historischer Ansatz erforderlich, der diese klassischen Dualismen kritisiert und nach möglichen Formen ihrer Überwindung sucht – nach der Möglichkeit einer neuen Form von Universalität also, die Differenz zuläßt, und einer neuen Zukunftsorientierung, die sich die Vergangenheit aneignen kann.

X.

Lassen Sie mich mit einer Annäherung an dieses Problem beginnen, indem ich mich kurz der Frage der Zeitstruktur zuwende. Ich habe Aspekte der politischen Kultur Nachkriegsdeutschlands als Ausdruck von Abwehr und Verdrängung beschrieben. Abwehr und Verdrängung müssen jedoch nicht die Form der Vorwärtsgewandtheit annehmen. Daß sie es in diesem Fall taten, deutet darauf hin, daß das hier beschriebene Muster von Abwehr und Verdrängung und eine allgemeinere Zeitstruktur sich wechselseitig stützten und verstärkten. Im folgenden werde ich einen Ansatz skizzieren, der diese allgemeinere Zeitstruktur zur Frage der Zukunftsorientierung und der Hinwendung zur Vergangenheit in Beziehung setzen kann. Zudem soll gezeigt werden, daß ein Begriff historischer Zeitstruktur einen Rahmen bieten kann, in dem kritische psychoanalytische Ansätze und die kritische Theorie des Kapitalismus zusammengedacht werden können.

Viele Theoretiker, etwa Max Weber, haben die eigentümliche zeitliche Gerichtetheit bemerkt, durch die sich die moderne kapitalistische Gesellschaft auszeichnet. Diese zeitliche Gerichtetheit wurde mit einer eigentümlichen Form der Zeit in Verbindung gebracht – mit dem, was Walter Benjamin „homogene leere Zeit“ nannte.[63] Benjamins Begriff dieser Zeit bringt ein Paradoxon zum Ausdruck: Die moderne, kapitalistische Gesellschaft zeichnet sich durch eine Form zeitlicher Gerichtetheit aus, doch diese Gerichtetheit selbst führt nicht zu einer qualitativ anderen Zukunft – ein Thema, daß Jacques Derrida jüngst weiter ausgearbeitet hat.[64]

---

[63] Walter Benjamin, *Über den Begriff der Geschichte,* a.a.O., S. 260-261.

Ich möchte dieses Paradoxon durch eine Skizze des Verhältnisses von Kapitalismus und Zeitstruktur erhellen, die sich auf das oben entwickelte Verständnis stützt.[65] Dabei wird der Kapitalismus als eine historisch spezifische Form abstrakter gesellschaftlicher Vermittlung begriffen und nicht in erster Linie als Klassenverhältnis, das durch Markt und Privateigentum geformt wird. Diese Form gesellschaftlicher Verhältnisse ist insofern einzigartig, als sie durch Arbeit vermittelt wird.

Obwohl bestimmte Formen gesellschaftlicher Praxis diese Form der Vermittlung konstituieren, wird sie gleichsam unabhängig von den Menschen, die diese Praxis ausüben. Das Resultat ist eine historisch neue Form gesellschaftlicher Vermittlung: Sie unterwirft die Menschen unpersönlichen, zunehmend rationalisierten, strukturellen Zwängen und Beschränkungen, die nicht einfach auf soziale Gruppierungen oder die Institutionen von Staat und Ökonomie zurückgeführt werden können. Diese Form gesellschaftlicher Vermittlung ist an historisch neue, abstrakte Formen der Zeit gebunden, die einer komplexen historischen Dynamik im Innersten der modernen Welt zugrunde liegen.

Historische Dynamik gilt diesem Ansatz nicht als transhistorische Eigenschaft menschlicher Geschichte schlechthin, sondern als Besonderheit des Kapitalismus. Die Existenz einer historischen Dynamik wird folglich nicht affirmativ als Motor menschlichen Daseins, sondern kritisch als Form von Heteronomie begriffen, die mit der Herrschaft abstrakter Zeit zusammenhängt.

Die komplexe historische Dynamik des Kapitalismus hat eine Richtung, aber sie verläuft nicht linear. Die Geschichte des Kapitalismus ist nicht einfach eine Geschichte des Fortschritts – sei er technisch oder anders geartet. Vielmehr ist sie zwieschlächtig: Die Dynamik des Kapitalismus zeichnet sich einerseits dadurch aus, unablässig und immer schneller technische Prozesse, gesellschaftliche Arbeitsteilung und das gesellschaftliche Leben im allgemeinen Sinne zu transformie-

---

[64] Jacques Derrida, *Marx' Gespenster. Der Staat der Schuld, die Trauerarbeit und die neue Internationale* (Frankfurt am Main 1995).

[65] Die folgenden Ausführungen stützen sich auf meine Studie *Zeit, Arbeit und gesellschaftliche Herrschaft. Eine neue Interpretation der kritischen Theorie von Marx* (Freiburg 2003).

ren – Wesen, Struktur und Verhältnisse der gesellschaftlichen Klassen und anderer sozialer Gruppierungen, den Charakter von Produktion, Transport und Zirkulation, der Lebensweisen, Familienformen und so weiter. Dabei wird jedoch andererseits die grundlegende Voraussetzung dieser historischen Dynamik immer wieder als unveränderliche Bestimmung des gesellschaftlichen Lebens rekonstituiert – nämlich eine gesellschaftliche Vermittlung, die in letzter Instanz von Arbeit bestimmt wird. Die lebendige Arbeit bleibt dadurch ungeachtet des Produktivitätsniveaus für den gesamtgesellschaftlichen Produktionsprozeß zentral. Zwischen der zunehmenden Geschwindigkeit der Veränderung und der Rekonstitution der zugrundeliegenden Kernstruktur besteht ein Zusammenhang. Die historische Dynamik des Kapitalismus bringt unablässig das 'Neue' hervor, während sie das 'Gleiche' reproduziert.

Die historische Dynamik der modernen kapitalistischen Welt stellt sich im Rahmen dieser Analyse nicht einfach als lineare Abfolge von Gegenwarten dar, sondern als komplexe Dialektik zweier Formen konstituierter Zeit. Diese Dialektik akkumuliert die Vergangenheit in einer Form, welche die Grundzüge des Kapitalismus unablässig als scheinbar notwendige Gegenwart reproduziert – obwohl sie von einer anderen Form der Zeit vorwärts getrieben wird, die konkret, heterogen und zielgerichtet ist. Diese letztere Bewegung der Zeit ist die 'geschichtliche Zeit'. Beide, historische wie abstrakte Zeit, sind Formen der Herrschaft.

In diesem Rahmen konstituieren die Menschen die geschichtliche Zeit; sie entkommen ihr aber nicht. Vielmehr wird die geschichtliche Zeit im Kapitalismus in einer entfremdeten Form konstituiert, welche die Zwänge der Gegenwart verstärkt.[66] Andererseits ist es gerade diese Akkumulation der Vergangenheit, die in zunehmendem Maße in ein Spannungsverhältnis zu den Zwängen der Gegenwart gerät und die Möglichkeit einer zukünftigen Zeit eröffnet. Die Zukunft wird daher durch die *Aneignung* der Vergangenheit möglich.

---

[66] In diesem Sinne sollte Marx' vielzitierter Satz aus *Der achtzehnte Brumaire des Louis Bonaparte* verstanden werden, die Tradition aller toten Geschlechter laste wie ein Alp auf dem Gehirne der Lebenden. Vgl. Karl Marx, *Der achtzehnte Brumaire des Louis Bonaparte*, MEW 8, S. 115.

XI.

Diese kurze Skizze der Dialektik von Transformation und Rekonstitution des Kapitalismus stellt jeglichen unvermittelten Gegensatz zwischen Vorwärtsgewandtheit und einem zwanghaften 'Übermaß an Erinnerung' in Frage, da beide in ihrem Zusammenhang begriffen werden müssen. Die für den Kapitalismus charakteristische Vorwärtsgewandtheit beruht nicht auf einer Aneignung der akkumulierten Vergangenheit, sondern ist Ausdruck eines strukturellen Zwangs, die Gegenwart voranzutreiben; die Vergangenheit in entfremdeter Form treibt 'unterirdisch' die Gegenwart vor sich her. Gleichzeitig ist die Gegenwart nicht länger eine Lebensweise, die auf der Vergangenheit beruht; sie wird immer wieder neu konstituiert und dadurch in zunehmendem Maße 'präsentistisch'. Eine derartige historische Dynamik wirkt einer Lebensweise entgegen, die auf Erinnerung beruht, und verweist daher an sich auch nicht auf eine qualitativ verschiedene Zukunft.

Diese Annäherung an das Problem von Kapitalismus und Zeitstruktur könnte als Ausgangspunkt dienen, um zu verstehen, wie und warum die weit verbreitete Abwehr, die in den Jahrzehnten nach dem Krieg einige Länder und vor allem Deutschland prägte, in Form einer Vorwärtsgewandtheit auftrat, die vor der Vergangenheit flieht.

Zudem eröffnet sich die Möglichkeit, die Ablösung dieser Vorwärtsgewandtheit durch eine Politik der Erinnerung zu den allgemeinen historischen Veränderungen des Kapitalismus ab den späten sechziger und frühen siebziger Jahren ins Verhältnis zu setzen. Die späten sechziger Jahre waren ein entscheidender Moment in diesem Transformationsprozeß – ein Moment, als die Zwänge der Gegenwart radikal in Frage gestellt wurden. Die eigentümliche Vorwärtsgewandtheit des staatszentrierten fordistischen Kapitalismus und seines realsozialistischen Pendants stieß an ihre historischen Grenzen. Die Versuche zur Überwindung dieser Grenzen – die zu einem Bruch mit der zwanghaften Vorwärtsgewandtheit des Kapitals hätten führen müssen – waren jedoch äußerst erfolglos, schon was ihre Begriffe anbelangt. Viele der oppositionellen Bewegungen hatten einen 'Doppelcharakter': Sie versuchten die abstrakte Gleichförmigkeit der gegenwärtigen Zeit zu überwinden, doch sie schlugen sich kurzerhand auf die Seite ihres antinomischen Gegenteils, des Konkreten und Partikularistischen. So wurde etwa in den siebziger Jahren die konkrete Herrschaft im realsozialistischen Osten auf eine Weise aufgegriffen, die das Wesen abstrakter Herrschaft verfehlte; ein weiteres Beispiel sind die konkretistischen Formen des Antiimperialismus. Zur gleichen Zeit verschafften sich in der Krise der siebziger Jahre die strukturellen Zwänge der Gegenwart erneut Geltung und verkündeten den Anbruch einer Phase, in der sich die Vorwärtsgewandtheit des Kapitals in zunehmendem Maße vom materiellen Wohlergehen größter Teile der Bevölkerung abkoppelte.

Das Wiederaufleben historischer Erinnerung, einschließlich der an den Holocaust, kann als Teil dieses Prozesses begriffen werden und hatte demnach gleichfalls einen 'Doppelcharakter'. Es war ein Versuch, die Vergangenheit durchzuarbeiten und so eine qualitativ andere Zukunft zu ermöglichen, wie auch zugleich eine Wiederholung, eine Hinwendung *zurück* zur Vergangenheit, zum partikularistischen Gegenpol der abstrakten Gleichheit.

Anstatt daher Vorwärtsgewandtheit und Universalität kurzerhand als Gegensatz zum Wiederaufleben der Erinnerung und Partikularität zu begreifen, wie in der modernistischen Theorie und ihrem postmodernen Gegenstück üblich, muß zwischen beidem differenziert werden. Eine Zukunftsorientierung, die auf der Aneignung der Vergangenheit beruht, ist von einer zu unterscheiden, die entgegen allem Anschein von dieser Vergangenheit getrieben wird und dem *Wiederholungszwang* unterworfen bleibt. Ebenso muß eine Form der Universalität, die Differenz zuläßt, von der in den fünfziger und sechziger Jahren vorherrschenden unterschieden werden, die auf abstrakter Gleichheit und der Negation von Differenz gründete. Solche Unterscheidungen könnten meiner Ansicht nach durch einen Ansatz begründet werden, der die Zeitstruktur moderner Geschichte auf die Kategorie des Kapitals bezieht. Ein solcher Ansatz kann dazu beitragen, das Verhältnis des Holocaust-Diskurses zum Strukturwandel des Nachkriegskapitalismus aufzuklären.

XII.

Ganz allgemein: Ich habe den Versuch unternommen, ein mögliches Verhältnis zwischen dem Holocaust und seinen Folgen und übergreifenden Geschichtsmustern des 20. Jahrhunderts zu untersuchen – und zwar unter Bezugnahme auf die Kategorie des Kapitals.

Im Rahmen dieser Interpretation erscheinen die Juden als ganz spezifische Opfer der Geschichte – sie unterscheiden sich von denjenigen, auf deren Kosten Geschichte konstituiert wird (wie zum Beispiel Arbeiter oder Sklaven), oder von denjenigen, die von der Geschichte ausgeschlossen oder marginalisiert werden. Die Juden wurden vielmehr zu Objekten einer verschobenen Raserei, die der weitreichenden und alles durchdringenden Auswirkungen der historischen Dynamik des Kapitalismus entsprang; sie wurden zu Opfern eines fetischisierten, perversen Versuchs, die Menschheit vom geschichtlichen Prozeß zu befreien.

Dieser historische Prozeß mit seinem Dualismus von abstrakt Allgemeinem und konkret Einzelnem ist selbstverständlich nicht mit dem Krieg verschwunden. Ich habe versucht, die allgemeinen Etappen der geschichtlichen Entwicklung nach dem Krieg zum Verlauf des Holocaust-Diskurses ins Verhältnis zu setzen, wobei ich mich auf verschiedene Aspekte der komplizierten Beziehung zwischen Vergangenheit und Gegenwart konzentriert habe. Dabei habe ich auf das zurückgegriffen, was kritische psychoanalytische Ansätze mit der Kritik der politischen Ökonomie verbindet: eine Analyse der Gegenwart als von einer verschleierten Vergangenheit beherrschte. Diese Analyse hat zu dem Schluß geführt, daß die Herrschaft der Vergangenheit über die Gegenwart zur zwanghaften Flucht nach vorne und/oder der zwanghaften Neuinszenierung der Vergangenheit führt. Eine qualitativ andere Zukunft – ein Projekt, das sowohl die Herrschaft der entfremdeten Vergangenheit über die Gegenwart als auch den Gegensatz von abstrakt Allgemeinem und konkret Einzelnem aufheben anstatt vertiefen würde – ist aber nur auf der Grundlage der Aneignung von Geschichte möglich.

Obwohl dieser Ansatz auf einer sehr abstrakten Ebene der Analyse skizziert wurde, bietet er meiner Meinung nach doch einen Ausblick, wie wir anfangen können, eine Zukunft zu denken, ohne die Vergangenheit zu verraten.

2000

Übersetzt von Felix Kurz

Antisemitismus und Nationalsozialismus

I.

Ausmaß und Stärke der Reaktionen auf den Fernsehfilm *Holocaust* werfen Fragen bezüglich des Verhältnisses von Antisemitismus und Nationalsozialismus und deren öffentliche Diskussion in der BRD auf.[1] Diese Diskussion ist durch eine offenbare Antinomie gekennzeichnet.

---

[1] In Bezug auf den Film selbst konzentriert sich ein Großteil der Kritik in westdeutschen Publikationen auf den kommerziellen Charakter und seine Tendenz zur Trivialisierung. Meines Erachtens waren andere Aspekte des Films weitaus wichtiger im deutschen Kontext. Die besonderen Schwächen des Films begründeten gerade seine Stärke, eine öffentliche Reaktion hervorrufen zu können.
Die Schilderung des Schicksals einer einzelnen jüdischen Familie lieferte Vorschub für Sympathien mit den Opfern. Eine deutsche Öffentlichkeit fand sich in der Identifikation mit den Juden wieder, die durch die Darstellung einer assimilierten Familie der Mittelklasse zudem erleichtert worden war. Das Wissen um die Ermordung von 6 000 000 jüdischen *Menschen* wurde dadurch hervorgehoben. Die Darstellung und die Reaktionen verblieben jedoch im liberalen Reaktionsschema gegenüber Rassismus und begegneten nicht den Implikationen der eigenen Mehrheit. In der einfachen Reaktion auf die negativen Bewertungen des Anderen durch Rassismus und Antisemitismus werden die Tatsache und das Recht auf das Anderssein verneint. Was damit verschleiert wird, ist der Umstand, daß nicht nur Millionen von jüdischen Leben vernichtet wurden, sondern ebenso das Leben des europäischen Judentums. Durch die Erleichterung einer Identifikation schwächte der Film die Wahrnehmbarkeit, daß es sich um die Auslöschung einer anderen Kultur handelte.
Eine andere Schwäche des Films war die Darstellung der Lebensbedingungen in den Ghettos und in den Lagern, die im Vergleich zu den Greueln der Realität mild ausfielen. Doch erlaubte gerade dieser Umstand der Öffentlichkeit den Horror mitzufühlen. Die Zuschauer konnten in einer Art und Weise offen sein, die den meisten nicht möglich ist, wenn sie mit Dokumentaraufnahmen konfrontiert sind, die das unbegreifliche Grauen zeigen, die Opfer als entmenschlichte Skelette – lebend oder tot –, und daher häufig negative Abwehrreaktionen hervorrufen.
Schließlich behandelt der Film die Verfolgung und Vernichtung der Juden ausschließlich auf der Erscheinungsebene. Es wurde kein Versuch unternommen, den Antisemitismus oder die gesellschaftlichen und historischen Dimensionen des Nationalsozialismus anzudeuten. Jedoch zwang gerade dieser Mangel

Einerseits haben Liberale und Konservative, während sie die Diskontinuität zwischen der Nazivergangenheit und der Gegenwart betonten, im Bezug auf jene Vergangenheit ihre Aufmerksamkeit auf die Verfolgung und Vernichtung der Juden konzentriert. Andere Gesichtspunkte, die für den Nazismus zentral waren, sind dabei vernachlässigt worden. Die Betonung des Antisemitismus diente dazu, den angeblich totalen Bruch zwischen dem Dritten Reich und der BRD zu unterstreichen. Eine Auseinandersetzung mit der gesellschaftlichen und strukturellen Wirklichkeit des Nationalsozialismus, die 1945 nicht plötzlich verschwunden war, wurde so vermieden. Es ist bezeichnend, daß die westdeutsche Regierung an Juden 'Wiedergutmachungszahlungen' leistet, jedoch nicht an Kommunisten und andere verfolgte, radikale Gegner der Nazis. Mit anderen Worten, was den Juden geschah, ist instrumentalisiert und in eine Ideologie zur Legitimation des gegenwärtigen Systems verwandelt worden. Diese Instrumentalisierung war nur möglich, weil der Antisemitismus vorwiegend als eine Form des Vorurteils behandelt wurde. Eine solche Sündenbockideologie ist eine Auffassung, die die innere Beziehung zwischen Antisemitismus und anderen Aspekten des Nationalsozialismus verdeckt.

Andererseits neigte die Linke dazu, sich auf die Funktion des Nationalsozialismus für den Kapitalismus zu konzentrieren. Sie hob daher die Zerstörung der organisierten Arbeiterklasse hervor, die Gesellschafts- und Wirtschaftspolitik der Nazis, den Expansionismus und die bürokratischen Herrschaftstechniken von Partei und Staat. Kontinuitätsmomente zwischen dem Dritten Reich und der Bundesrepublik wurden von ihr betont, doch hat sie die Vernichtung der Juden natürlich nicht unterschlagen. Allerdings ist die Vernichtung schnell unter die allgemeinen Kategorien von Vorurteil, Diskriminierung und Verfolgung subsumiert worden.[2] Mit anderen Worten: Die Vernichtung der Juden wurde außerhalb des Rahmens einer Analyse des Nazismus behandelt.

---

die Zuschauer, sich mit dem unverarbeiteten Phänomen zu konfrontieren und sich nicht hinter analytischen Kategorien oder moralisierendem Bedauern zu verstecken.

2 Alle Juden in Ostdeutschland, ungeachtet ihrer politischen Herkunft, erhalten höhere Pensionen von der Regierung. Sie erhalten sie jedoch nicht als Juden, sondern als 'Antifaschisten'.

Antisemitismus wurde als eher peripheres denn als zentrales Moment des Nationalsozialismus verstanden. Auch die Linke hat die inneren Beziehungen zwischen beiden verdeckt.

Beide Positionen teilen ein Verständnis von modernem Antisemitismus als antijüdischem Vorurteil, als besonderem Beispiel für den Rassismus im allgemeinen. Die massenpsychologische Natur des Antisemitismus wird in einer Weise betont, die es ausschließt, ihn in eine sozioökonomische Untersuchung des Nationalsozialismus einzubeziehen.

Die Schwäche dieses Verhältnisses war insbesondere in den TV-Diskussionen offensichtlich, die im Anschluß an die Ausstrahlungen des Fernsehmehrteilers *Holocaust* geführt wurden. Die Podiumsteilnehmer waren besonders gut darin, Informationen zu vermitteln: über die Bedingungen in den Konzentrationslagern, die Aktivitäten der 'Einsatzgruppen' und deren Zusammensetzung (der Polizei ebenso wie der SS-Einheiten), den Massenmord an den Zigeunern und über die materiellen Schwierigkeiten und das Ausmaß des jüdischen Widerstandes. Jedoch gerieten sie in Verlegenheit, als sie die Vernichtung des europäischen Judentums zu erklären versuchten. Sie erörterten die Frage hauptsächlich unter der Annahme eines Mangels an Zivilcourage in der Bevölkerung (was implizierte, daß die überwiegende Mehrheit der deutschen Bevölkerung dem Antisemitismus der Nazis zumindest passiv widerstanden habe oder in den allgemeinen Kategorien von Mißtrauen und Furcht gegenüber dem Anderen oder in individualpsychologischen Kategorien: „Der potentielle 'Dorf' steckt in jedem von uns“[3]. Über Antisemitismus wurde hingegen wenig gesprochen und es gab keinen Versuch, den modernen Antisemitismus genauer zu bestimmen und ihn auf den Nazismus zu beziehen. Folgerichtig blieb die Frage, warum so etwas geschehen konnte, notwendig rhetorisch und bloßer Ausdruck von Scham und Entsetzen.

Die Scham und das Entsetzen, die der Film weckte, fokussierte die Diskussion auf die Frage, ob die Deutschen gewußt hätten, was den Juden geschehen war; eine Frage, die in Fernsehen und Presse sehr hitzig und emotional diskutiert wurde.[4] Indem *Holocaust* Massen-

---

[3] 'Dorf' war der Name der zentralen (fiktiven) Nazi-Figur in dem Film.

erschießungen von Juden durch 'Einsatzgruppen' zeigte, untergrub der Film die Fiktion, der Völkermord der Nazi sei Sache einer Handvoll Leute gewesen, die innerhalb eines Rahmens operierten, der von den Soldaten wie von der übrigen deutschen Bevölkerung hermetisch getrennt gewesen sei. Die Tatsache, daß Millionen Juden, Russen und Polen außerhalb der Lager mit Wissen und zeitweise mit aktiver Unterstützung der Wehrmacht ermordet wurden oder Hungers starben, konnte vom öffentlichen Bewußtsein nicht länger verdrängt werden.[5] Die öffentliche Reaktion auf *Holocaust* machte klar, daß Millionen Deutscher tatsächlich davon gewußt haben mußten, selbst wenn nicht in allen Einzelheiten.

Die Tatsache dieses Wissens wirft das Problem auf, daß der typische Deutsche nach dem Krieg darauf beharrte, nichts über die Vernichtung des europäischen Judentums und andere Naziverbrechen gegen die Menschheit gewußt zu haben. Es ist klar, daß die Verleugnung dieses Wissens einen Versuch darstellt, die Schuld zu leugnen. Es könnte jedoch argumentiert werden, daß, selbst wenn die Leute davon gewußt hätten, es wenig gab, was sie hätten tun können. Das Wissen um die Naziverbrechen muß nicht notwendigerweise Schuld einschließen. Welche Bedeutung hat also die Leugnung dieses Wissens *nach* dem Krieg, als die meisten doch sicherlich alles wußten?

Nach dem Krieg darauf zu beharren, nichts gewußt zu haben, muß vermutlich als fortgesetztes Beharren darauf interpretiert werden, nichts

---

4 Während der Herausgeber des *Spiegel*, Rudolf Augstein, ein Editorial verfaßte, in dem er sein fehlendes Wissen betonte (aber nicht entschuldigte), schrieb Henri Nannen vom *Stern* ein Editorial, in dem er sich selbst seines Wissens, aber Nichthandelns wegen, zumal er sogar weiterhin voller Stolz eine Uniform der Luftwaffe trug, verurteilte. Eine dramatische Situation ereignete sich im Fernsehen, als, nach vielen Unkenntnis vorschützenden Stellungnahmen, ein Nachrichtenredakteur, der über die öffentlichen Reaktionen berichtet hatte, seinen Bericht unterbrach, um eine persönliche Erklärung abzugeben. Während des Krieges habe er auf einem U-Boot im Atlantik gedient. Sie hätten selbst dort über Auschwitz Bescheid gewußt.

5 Schon 1940 beziehen sich interne Memoranden von Heydrichs SD (Sicherheitsdienst) auf das 'Problem' der deutschen Soldaten – die meisten von ihnen waren übrigens an der Ostfront –, die zum Urlaub nach Hause kamen und ihre Erfahrungen berichteten.

wissen zu *wollen*. „Wir wußten nicht“ müßte als „Wir wollen *noch immer* nicht wissen“ interpretiert werden. Das Wissen zuzugestehen – selbst als *post factum* erworbenes – hätte notwendig eine innere Distanzierung von vergangener Identifikation erfordert und zu politischen und gesellschaftlichen Konsequenzen geführt. Wären die Menschen nach dem Krieg für dieses Wissen offen gewesen, wäre vielleicht das, was ersichtlich fehlte, eingetreten: eine massive öffentliche Reaktion des Entsetzens und die Forderung nach gerechter Strafe. Vielleicht wäre es für viele Nazibeamte, Staatsanwälte und Richter nicht möglich gewesen, weiterhin die gleichen Funktionen in der Bundesrepublik auszuüben.[6] Ein antinazistischer Umschwung der Massen stand jedoch nicht auf der Tagesordnung. Das Ziel war 'Normalität' um jeden Preis – eine Normalität, die ohne Auseinandersetzung mit der Vergangenheit erreicht werden sollte. Die starke Identifikation mit jener Vergangenheit wurde nicht überwunden, sondern einfach unter Unmengen von Volkswagen begraben.

Das Ergebnis war psychische Selbstverleugnung und Verdrängung. Es gibt viele Interpretationen der Natur dieser massiven psychischen Verdrängung: Angst vor Strafe, Scham, fortgesetzte Identifikation oder statt der Überwindung die Verleugnung einer vergangenen starken Identifikation (Mitscherlichs These von der Unfähigkeit zu trauern). Daß eine solche Verdrängung stattfand, ist unbestreitbar. Daraus entstand eine Art kollektiver Somnambulismus: Die Mehrheit der Bevölkerung ging schlafwandelnd durch den Kalten Krieg, durch das 'Wirtschaftswunder' und durch das Wiederauftauchen von Politik während der Studentenbewegung.

Dieser schlafähnliche Zustand ist durch *Holocaust*, zumindest für einen Augenblick, erschüttert worden. Dies ist vermutlich ebenso ein Ergebnis der Zeit als des Films selbst. 34 Jahre nach Kriegsende hat sich die Geschichte verlangsamt. Die Vorwärtsgerichtetheit der Nachkriegsära – die Aufsplitterung der Welt in zwei Lager; die Periode der wirtschaftlichen Expansion, in der Glück durch Konsum erkauft

---

[6] Ich glaube nicht, daß das Ausbleiben einer solchen Reaktion nur der konservativen Politik der Alliierten nach 1945 zugeschrieben werden kann. Die 'Antifa'-Komitees waren klein und isoliert. Aus den Nazilagern entlassene Antifaschisten fanden beim 'Volk' wenig Beifall.

werden sollte; die Periode der Studentenbewegung, als man die Wurzel allen Glücks in der praktischen Politik vermutete, ist vorüber. Die Vergangenheit, die man glaubte hinter sich gelassen zu haben, ist wieder aufgetaucht. Sie war immer im Schlepptau, einen Schritt hinterher. Das ist jetzt offensichtlich geworden. Doch ist es noch zu früh, um festzustellen, ob die Reaktionen auf *Holocaust* zu Auseinandersetzungen mit weitreichenden Konsequenzen führen oder sich als eine vorübergehende Katharsis erweisen werden.

II.

Das Problem des Wissens von der Nazi-Vergangenheit hat eine besondere Rolle in der deutschen Neuen Linken gespielt, die nicht unmittelbar auf der Hand liegt. Diese Vergangenheit und ihre kollektive psychische Verdrängung waren sehr wichtige Momente in der Entstehung der Neuen Linken. Obwohl es eine Diskussion über den Nazismus und den Holocaust innerhalb der Linken gab, haben viele Gespräche in Frankfurt jüngst ein bemerkenswertes Phänomen offenbart: Während die meisten der älteren Generation der Neuen Linken sich in den 60er Jahren intensiv mit dem Problem beschäftigt haben, scheint es, daß ein großer Teil der jüngeren Generation, vielleicht die meisten, die sich 1968 und danach politisiert haben, über die Vernichtung des europäischen Judentums niemals Dokumentationen eingesehen oder sich überhaupt informiert hatten. Für diese Generation war *Holocaust* ein Schockerlebnis. Es war das erste Mal, daß sie konkret und hautnah mit dem Schicksal der Juden konfrontiert wurden. Sie hatten natürlich davon gewußt, aber offensichtlich nur abstrakt. Mit der Wirklichkeit dieses Entsetzens haben sie sich nie konkret auseinandergesetzt. Das Fehlen einer solchen Konfrontation spiegelte sich im Umgang der Nach-68er-Generation mit Geschichte und in ihrem Verständnis des Nationalsozialismus wieder.

In den späten 60er und den frühen 70er Jahren schenkte die Neue Linke der Geschichte der Arbeiterbewegung, insbesondere von 1918 bis 1923, und dem Widerstand gegen die Nazis weit mehr Aufmerksamkeit als der Geschichte des Nationalsozialismus selbst. Das Studium der Geschichte wurde zu einer Suche nach Identifikation, einer Suche, die angesichts der Nazivergangenheit besonders intensiv war. Eine historische Konfrontation mit dem Dritten Reich wurde dadurch jedoch umgangen. Durch die Hervorhebung der revolutionären Bewegungen, die auf den Ersten Weltkrieg folgten, wurde aber die Tatsache verdeckt, daß diese Geschichte spätestens 1933 zu Ende war und weder in der BRD noch in der DDR eine lebendige historische Tradition darstellte. Das Bedürfnis nach Identifikation führte zu einer Überbetonung des Widerstands gegen Hitler, die eine Auseinandersetzung mit der Popularität des Naziregimes vermied. Dadurch wurde aber auch die Entwicklung eines Verständnisses für die Lage der Juden in Europa zwischen 1933 und 1945 abgeblockt. Vielmehr wurde der 'Mangel an jüdischem Widerstand' zu einer impliziten Anklage, anstatt Ausgangspunkt für genauere Untersuchungen zu bilden.

Das Fehlen wirklichen Wissens über die Aktivitäten und die Politik der Nazis in Polen und in der Sowjetunion, in den Ghettos und in den Vernichtungslagern führte zu einem unvollständigen Bild des Nazismus. Das Ergebnis war eine Analyse des Nationalsozialismus, die jene Momente des Phänomens heranzog, welche in den Jahren 1933-1939 augenscheinlich waren: ein terroristischer, bürokratischer Polizeistaat, der im unmittelbaren Interesse des Großkapitals arbeitete und auf autoritären Strukturen, der Glorifizierung der Familie und der Benutzung des Rassismus als Mittel für den gesellschaftlichen Zusammenhalt beruhte. Diese Art der Analyse wurde noch durch die kommunistische Angewohnheit verstärkt, lieber vom Faschismus als vom Nazismus zu sprechen, wodurch die Klassenfunktion unter Ausschluß anderer Momente hervorgehoben wurde. Mit anderen Worten: Sowohl die undogmatische Linke als auch die orthodoxen Marxisten neigten dazu, den Antisemitismus als Randerscheinung des Nationalsozialismus zu behandeln. Dadurch wurden die Naziverbrechen gegen die Menschheit von der sozialhistorischen Untersuchung des Nationalsozialismus getrennt. Das Ergebnis ist, daß die Vernichtungslager entweder als bloße Beispiele imperialistischer (oder totalitärer) Massenmorde erscheinen oder unerklärt bleiben.

Das Bestehen auf einer Auseinandersetzung mit der *Besonderheit* des Nazismus und der Vernichtung des europäischen Judentums ist in Deutschland häufig als eine Anklage verstanden worden – auch von der Linken. Daß Terror, Massenmord, Rassismus und Autoritarismus ein deutsches Monopol seien, ist ein Mißverständnis, das Abwehrreaktionen hervorruft. Die bloße Erwähnung von Nazismus wird unmittelbar mit Greuelbeispielen in Vietnam, Palästina usw. 'beantwortet'. Auch linke Theorien des Nationalsozialismus neigen zu dieser Abwehrhaltung. Objektivistische Theorien verkehren entweder Horkheimers Diktum von der *Beziehung* zwischen Kapitalismus und Faschismus in eine vorausgesetzte *Identität* oder vermitteln beides ökonomistisch. Subjektivistische Theorien (wie z.B. die von Theweleit[7]) lassen hingegen die Besonderheit des Nationalsozialismus außer

---

[7] Klaus Theweleit, *Männerphantasien,* Frankfurt (Roter Stern Verlag) 1977. Das Buch ist eine reiche Quelle an Dokumenten und Interpretationen männlicher Phantasien. Seine Schwäche liegt in dem Versuch, den Nazismus in diesen Termini zu begreifen, d.h. als Resultat des Patriarchats. Die These ist mehr als fraglich. Erstens: Soweit eine Beziehung zwischen Patriarchat und Nazismus besteht, bedeutet dies keineswegs eine Identität. Im Gegenteil, die wohlbekannten Photos bartloser junger Nazis, die sadistisch lächeln, während sie älteren jüdischen Männern die Bärte ausreißen, scheinen auf psychologischer Ebene einen Haß auf das Patriarchat anzudeuten. Das wird nicht nur durch die Überlegung bestätigt, daß Hitler eher Gegenstand der Identifikation mit dem Ebenbürtigen als mit dem Vater war, sondern auch durch die Untersuchung der Familienpolitik der Nazis, die trotz ihrer Slogans keineswegs traditionalistisch war. Die offensichtlich paradoxe Verbindung von Revolte mit dem Wunsch nach Disziplin und Ordnung kann als Revolte gegen einen zu schwachen Vater verstanden werden, d.h. als eine Bewegung, die den Niedergang des Patriarchats ausdrückt (was natürlich von seiner Überwindung sehr verschieden ist).

Zweitens macht Theweleit den Fehler, psychosexuelle Strukturen unvermittelt auf direkte Beziehungen zwischen Männern und Frauen zu beziehen. Das führt ihn dann zu einem Verständnis von Rassismus als Nebenresultat der Beziehung zwischen den Geschlechtern. Der geschichtliche Charakter besonderer Formen des Rassismus wird darin verdeckt. Es ist erstaunlich, daß in einem Buch, das von der subjektiven Seite des Nazismus handeln will, Rassismus außer acht gelassen und Antisemitismus ignoriert wird. Der Versuch, die subjektive Seite eines historischen spezifischen Phänomens zu untersuchen, endet bei einer subjektivistischen, überhistorischen und unspezifischen Ideologie. Das Problem wird in der Form formuliert, ob es überhaupt möglich sei, von 'nichtfaschistischen' Männern zu reden (S. 44).

Männerphantasien ist in Deutschland ein großer publizistischer Erfolg gewesen. In der liberalen Presse wurde das Buch hoch gelobt. (*Die Zeit* widmete ihm eine ganze Seite.) Zur gleichen Zeit war es in der linken 'Szene' ungeheuer populär. Meiner Meinung nach aus genau dem Grund, aus dem ich es kritisiert habe: Die Interpretation des Textes stimmte mit dem Trend überein – eine nicht-

acht. So wird das Dritte Reich entweder mit dem Kapital oder mit dem Patriarchat identifiziert, jedenfalls in historisch unspezifischen Kategorien begriffen.

Theorie wurde zu einer Form psychischer Verdrängung. Konzepte wurden lieber genutzt, um eine unverstellte Wahrnehmung des Nazismus *abzublocken*, als um jene Wirklichkeit zu *begreifen* und verstehbar zu machen. Diese Verkehrung der Funktion von Analyse nährte sich meines Erachtens aus der Abscheu und Schuld, die die Nachkriegsgeneration gegenüber der Nazi-Vergangenheit empfand. Mit dem Schuldgefühl war nur schwer umzugehen. Es war kaum zu greifen, da es ja nicht auf wirklicher Schuld beruhte. Die Verbindung von Abscheu und Schuld führte vielmehr zu einem Interesse am Nazismus, das durch Abwehrreaktionen gekennzeichnet war. Jene verhinderten eine Auseinandersetzung mit der Besonderheit der Vergangenheit, da ein Zugeständnis jener Besonderheit mit einem Eingeständnis von Schuld verbunden gewesen wäre. Als Ergebnis wurde der Nazismus als leere Abstraktion behandelt, die mit Kapitalismus, Bürokratie und autoritären Strukturen assoziiert wurde und einfach eine schlimmere Ausprägung der uns bekannten 'Normalität' gewesen sei. Dadurch wurde nicht nur die Besonderheit der deutschen Vergangenheit aufgehoben, sondern der Terminus 'Faschismus' durch rhetorische Inflation in seiner Bedeutung entwertet. Einerseits verkannte diese einseitige Betonung der oben angesprochenen Momente des Nationalsozialismus seine antibürgerlichen Aspekte: die Revolte, sowie den Haß auf die Herrschenden und den grauen kapitalistischen Alltag. Andererseits konnte der Kampf gegen die autoritäre, kapitalistische Gegenwart der BRD, die durch Kontinuitäten der Nazivergangenheit geprägt war, als direkter Kampf gegen Faschismus interpretiert werden. Dies war ein Versuch, das damalige Fehlen eines deutschen Widerstandes wiedergutzumachen. Solche Tendenzen beeinflußten stark die politische Diskussion im Frankfurt der 70er Jahre, die in hohem Maße durch die Auseinandersetzung mit Theorie, Strategie und Taktik des westdeutschen Untergrunds bestimmt war.

---

authentische Huldigung an die Frauenbewegung – und ist so unspezifisch, daß das Problem des nationalsozialistischen Erfolgs in Deutschland in ein Problem von Männern überhaupt aufgelöst wird; außerhalb von Raum und Zeit.

Viele politische Aktivitäten in der BRD werden heute als 'Lernen aus der Vergangenheit' dargestellt. Die Foci des politischen Interesses und der Aktivität in Westdeutschland sind die Kämpfe gegen Unterdrückung, Berufsverbot, den Eingriff in bürgerliche Freiheiten, Gerichtsverfahren, die erschreckende Behandlung politischer Gefangener (in Wirklichkeit aller Gefangener), die Diskriminierung ausländischer Arbeiter, Rassismus und Kernenergie mit ihren politischen wie ökologischen Auswirkungen. Machen es diese Kämpfe notwendig, aus der Nazi-Vergangenheit zu lernen? Sicherlich sind sie zwar gegen den autoritären Staat gerichtet. Diese Bestimmung erschöpft die des Nationalsozialismus aber keineswegs. Diese Kampagnen – so wichtig sie sind – als 'Lernen aus der Vergangenheit' darzustellen, ist irgendwie verdächtig. Das Lernen geht hier etwas zu schnell und stellt zum Teil eine Flucht aus der Besonderheit jener Vergangenheit dar.

Die Auswirkungen dieser Flucht sind zweideutig. Ich bezweifle, daß es im Westen eine andere Linke gibt, die gegenüber Entwicklungen in anderen Ländern so offen und informiert ist wie die westdeutsche. Jedoch spürt man eine unterschwellige Verzweiflung, eine Suche nach Identität, mit der große Teile der undogmatischen Linken versucht haben, sich unmittelbar auf die Entwicklungen im Ausland zu beziehen – den italienischen 'heißen Herbst' 1969, die Black-Panther-Bewegung, Palästina, Portugal, alternative Projekte in den USA, die italienischen Stadtindianer, die französische 'Neue Philosophie' usw.

Am deutlichsten kam das Probleme des Lernen und Verdrängens, beziehungsweise von Flucht und der Suche nach Identität, in der Haltung der deutschen Neuen Linken gegenüber Israel zum Vorschein. Keine westliche Linke war vor 1967 in dem Maße philosemitisch und prozionistisch wie sie nach dem Sechs-Tage-Krieg propalästinensisch war. Was 'Antizionismus' genannt wurde, war in Wirklichkeit so emotional und psychisch beladen, daß es weit über die Grenzen einer politischen und gesellschaftlichen Kritik am Zionismus hinausging. Das bloße Wort war so negativ besetzt wie Nazismus; und das in einem Land, wo die Linke es hätte besser wissen müssen.[8] Der Wendepunkt vom

---

[8] Ein nicht weniger häufig angegebener Grund mancher Linker für die Weigerung *Holocaust* anzusehen, war das Argument, daß er ein Ausdruck

Philosemitismus zu jener Form des Antizionismus war der Krieg 1967. Ich vermute, daß hier ein Prozeß psychologischer Umkehr stattfand, in dem die Juden als Sieger mit der Nazi-Vergangenheit identifiziert wurden – positiv durch die deutsche Rechte, negativ von der Linken. Umgekehrt wurden die Opfer der Juden, nämlich die Palästinenser, als Juden identifiziert. Es ist in dieser Hinsicht bemerkenswert, daß der Auslöser für eine solche Wende nicht die Vertreibung und das Leiden der Palästinenser war, das schon lange vor 1967 begonnen hatte, sondern der siegreiche 'Blitzkrieg' der Israelis. Der Philosemitismus offenbarte seine andere Seite: Wenn die Juden einerseits keine Opfer sind, und deshalb integer, und andererseits die Israelis brutal und rassistisch sind, dann müssen sie 'Nazis' sein. Nach der Schlacht von Karameh 1968 erwiesen sich die Palästinenser zudem als die 'besseren Juden' – sie leisteten Widerstand. So war endlich eine Gelegenheit gegeben, sich mit den 'Juden' *und mit ihrem Widerstand* zu identifizieren. Der Kampf gegen Zionismus verwandelte sich in den langersehnten Kampf gegen die Nazivergangenheit – *befreit von Schuld.*

---

zionistischer Propaganda sei. Das vernachlässigt die offensichtliche Tatsache, daß die Vernichtung des europäischen Judentums für die meisten Juden nach 1945 der Grund war, mit dem Zionismus zu sympathisieren. Das hing nicht allein mit den Nazis zusammen, sondern auch mit dem Eifer der rumänischen, ukrainischen, kroatischen, flämischen und französischen Antisemiten und Faschisten, die die Nazis bei der Verfolgung und Vernichtung der Juden unterstützten. Gleiches gilt für die Politik 'passiver Duldung', wie sie von den Amerikanern und Briten vollzogen wurde. Zionismus wurde als nationalistische Antwort für viele Juden überzeugend, nachdem sie erfahren hatten, wie die Projektion einer jüdischen Weltverschwörung in ihr Gegenteil umschlug: eine Weltverschwörung gegen die Juden. Die Gründe für die jüdische Massenunterstützung des Zionismus zu verstehen, hat nicht notwendigerweise zur Folge, zionistische Politik zu akzeptieren und zu entschuldigen. Genauso wenig, wie Verständnis für die Reaktionen der Palästinenser auf Jahrzehnte zionistischer Unterdrückung, Einverständnis mit der Politik radikaler Nationalisten eines Habaschs oder Wadi Haddads bedeutet. Es ist wirklich nicht schwer, solche Unterscheidung zu machen. Das also kann nicht das Problem sein. Braucht sich eine deutsche Linke mit der Vernichtung des europäischen Judentums durch die Nazis deshalb nicht zu befassen, weil es die Wirklichkeit des Zionismus gibt?

Diese Abfolge psychischer Verkehrung manifestierte sich am groteskesten 1976 in Entebbe. Ein Flugzeug der Air France war entführt und alle nicht-jüdischen Passagiere freigelassen worden. Als Geiseln wurden die jüdischen Passagiere zurückgehalten, nicht einfach alle Israelis – was schlimm genug gewesen wäre. Dieses 'Selektionsverfahren' wurde, weniger als vierzig Jahre nach Auschwitz, von zwei jungen linken Deutschen vorgenommen. Innerhalb der Neuen Linken in Deutschland gab es keine öffentliche Protestreaktion – geschweige denn einen allgemeinen Aufschrei. 'Lernen aus der Vergangenheit' ist von einer Verwirklichung noch weit entfernt. Schuld hatte es abgeblockt, Unkenntnis hatte es behindert, und das überwältigende Bedürfnis nach unzweideutiger Identifikation hatte es schließlich verdrängt.

Vielleicht haben die unmittelbaren Probleme, denen sich eine deutsche Linke gegenübersieht, viel mehr mit einem zunehmend autoritären technokratischen Kapitalismus zu tun als mit Nazismus und Antisemitismus. Nichtsdestoweniger lastet die Vergangenheit zu schwer, als daß sie ignoriert werden könnte; der Versuch, die Vergangenheit beiseite zu schieben, um mit der Gegenwart fertig zu werden, hat nicht funktioniert. Die verdrängte Vergangenheit ist geblieben, hat ihre untergründige Arbeit fortgesetzt und dazu beigetragen, den Umgang mit der Gegenwart zu bestimmen.

III.

Ein wichtiger Aspekt in der Konfrontation mit dieser Vergangenheit wäre der Versuch, sich mit der Beziehung von Antisemitismus und Nationalsozialismus auseinanderzusetzen; zu versuchen, die Vernichtung des europäischen Judentums zu verstehen. Das kann nicht gelingen, solange Antisemitismus als Beispiel für Rassismus *sans phrase* und der Nazismus als Ausdruck des Großkapitals und eines terroristisch-bürokratischen Polizeistaates verstanden wird. Auschwitz, Chelmo, Majdanek, Sobibor und Treblinka dürfen nicht außerhalb der Analyse des Nationalsozialismus behandelt werden. Sie stellen nicht einfach seine furchtbarsten Randerscheinungen dar, sondern einen seiner logischen Endpunkte. Keine Analyse des Nationalsozialismus, die nicht die Vernichtung des europäischen Judentums erklären kann, wird ihm gerecht.

Meine Absicht ist nicht die Beantwortung der Frage, warum dem Nazismus und dem modernen Antisemitismus ein historischer Durchbruch in Deutschland gelungen ist. Ein solcher Versuch müßte einer Betrachtung der Besonderheit deutscher Entwicklung Rechnung tragen: darüber ist zur Genüge gearbeitet worden. Dieser Essay will vielmehr untersuchen, was damals durchbrach: Er ist eine Betrachtung der Aspekte des modernen Antisemitismus, die als unabdingbarer Bestandteil des deutschen Nationalsozialismus verstanden werden müssen und dazu beitragen, die Vernichtung des europäischen Judentums zu erklären. Dies ist auch die notwendige Voraussetzung einer adäquaten Beantwortung der Frage, warum es gerade in Deutschland geschah.

Was ist die Besonderheit des Holocaust und des modernen Antisemitismus? Dies ist sicherlich keine Frage der Quantität, sei es der Zahl der Menschen, die ermordet worden sind, noch des Ausmaßes ihres Leidens. Es gibt zu viele historische Beispiele für Massenmord und Genozid. So sind zum Beispiel viel mehr Russen als Juden von den Nazis getötet worden. Die Frage zielt vielmehr auf die *qualitative Besonderheit*. Bestimmte Aspekte der Vernichtung des europäischen Judentums bleiben so lange unerklärlich, wie der Antisemitismus als bloßes Beispiel für Vorurteil, Fremdenhaß und Rassismus allgemein behandelt wird, als Beispiel für Sündenbockstrategien, deren Opfer auch sehr gut Mitglieder irgendeiner anderen Gruppe hätten gewesen sein können.

Charakteristisch für den Holocaust war der verhältnismäßig geringe Anteil an Emotion und unmittelbarem Haß (im Gegensatz zu Pogromen zum Beispiel). Dafür zeichnete ihn das Selbstverständnis einer ideologischen Mission aus, und, was das wichtigste ist: Der Holocaust hatte keine funktionelle Bedeutung. Die Vernichtung der Juden war kein Mittel zu einem anderen Zweck. Sie wurden nicht aus militärischen Gründen ausgerottet oder um gewaltsam Land zu nehmen (wie bei den amerikanischen Indianern); es ging auch nicht um die Auslöschung der potentiellen Widerstandskämpfer unter den Juden, mit dem Ziel, den Rest als Heloten besser ausbeuten zu können (dies war übrigens die Politik der Nazis den Polen und Russen gegenüber). Es gab auch kein 'äußeres' Ziel. Die Vernichtung der Juden mußte nicht nur total sein, sondern war sich selbst Zweck – Vernichtung um der Vernichtung willen –, ein Zweck, der absolute Priorität beanspruchte.[9]

Eine funktionalistische Erklärung des Massenmords und eine Sündenbocktheorie des Antisemitismus können nicht einmal im Ansatz erklären, warum in den letzten Kriegsjahren, als die deutsche Wehrmacht von der Roten Armee überrollt wurde, ein bedeutender Teil des Schienenverkehrs für den Transport der Juden zu den Gaskammern benutzt wurde und nicht für die logistische Unterstützung des Heeres.

Ist die qualitative Besonderheit der Vernichtung des europäischen Judentums einmal erkannt, wird klar, daß Erklärungsversuche, die sich auf Kapitalismus, Rassismus, Bürokratie, sexuelle Unterdrückung oder die autoritäre Persönlichkeit stützen, viel zu allgemein bleiben. Die Besonderheit des Holocaust erfordert eine spezifischere Vermittlung, um sie wenigstens im Ansatz zu verstehen.

Die Vernichtung des europäischen Judentums steht natürlich in Beziehung zum Antisemitismus. Die Besonderheit des ersteren muß auf letzteren bezogen werden. Darüber hinaus muß der *moderne* Antisemitismus im Hinblick auf den Nazismus als Bewegung verstanden werden – eine Bewegung die in der Sprache ihres eigenen Selbstverständnisses eine Revolte war.

Der moderne Antisemitismus, der nicht mit dem täglichen antijüdischen Vorurteil verwechselt werden darf, ist eine Ideologie, eine Denkform, die in Europa im späten 19. Jahrhundert auftrat. Sein Auftreten setzt Jahrhunderte früherer Formen des Antisemitismus voraus. Antisemitismus ist immer ein integraler Bestandteil der christlich westlichen Zivilisation gewesen. Allen Formen des Antisemitismus ist eine Vorstellung von jüdischer Macht gemein: die Macht, Gott zu töten, die Beulenpest loszulassen oder, in jüngerer Zeit, Kapitalismus und Sozialismus herbeizuführen. Seine Denkweise ist manichäisch, mit den Juden in der Rolle der Kinder der Finsternis.

Nicht nur Ausmaß, sondern auch Qualität der den Juden zugeschriebenen Macht unterscheidet den Antisemitismus von anderen Formen des Rassismus. Alle Formen des Rassismus schreiben dem Anderen potentielle Macht zu. Diese Macht ist gemeinhin konkret,

---

[9] Einer der wenigen jüngeren Versuche in den westdeutschen Medien, die Vernichtung der Juden durch die Nazis qualitativ zu bestimmen, wurde von Jürgen Thorwald unternommen. (*Der Spiegel* vom 5. Februar 1979).

materiell und sexuell. Es ist die potentielle Macht des Unterdrückten (als Macht des Verdrängten) in Gestalt des 'Untermenschen'. Die den Juden zugeschriebene Macht ist jedoch größer und wird nicht nur als potentiell, sondern als tatsächlich wahrgenommen. Sie ist vielmehr eine andere Art der Macht, die nicht notwendigerweise konkret ist. Die den Juden im *modernen* Antisemitismus zugeschriebene Macht wird durch mysteriöse Unfaßbarkeit, Abstraktheit und Universalität charakterisiert. Es wird angenommen, daß diese Form der Macht sich selbst nicht direkt manifestieren kann, sondern eine gesonderte Ausdrucksweise benötigt. Sie sucht sich einen Träger, sei er politisch, sozial oder kulturell, durch den sie wirken kann. Weil die Macht der Juden nicht konkret gebunden, nicht 'verwurzelt' ist, wird sie zum einen als überwältigend wahrgenommen und ist zum anderen sehr schwer nachzuprüfen. Es wird angenommen, daß sie hinter den Erscheinungen stehe, ohne mit diesen identisch zu seien. Ihre Quelle ist hinterlistig verborgen: konspirativ. Die Juden stehen für eine ungeheuer machtvolle, unfaßbare internationale Verschwörung.

Ein Naziplakat bietet ein plastisches Beispiel für diese Wahrnehmung: Es zeigt Deutschland – dargestellt als starken, ehrlichen Arbeiter – das im Westen durch einen fetten, plutokratischen John Bull bedroht ist und im Osten durch einen brutalen, barbarischen, bolschewistischen Kommissar. Jedoch sind diese beiden feindlichen Kräfte bloße Marionetten. Über den Rand des Globus, die Marionetten fest in der Hand, späht der Jude. Eine solche Vision war keineswegs Monopol der Nazis. Der moderne Antisemitismus ist dadurch gekennzeichnet, daß die Juden für die geheime Kraft hinter jenen Widersachern, dem plutokratischen Kapitalismus und dem Sozialismus gehalten werden. 'Das internationale Judentum' wird darüber hinaus als das wahrgenommen, was hinter dem 'Asphaltdschungel' der wuchernden Metropolen, hinter der 'vulgären, materialistischen, modernen Kultur' und, generell, hinter allen Kräften steht, die zum Niedergang althergebrachter sozialer Zusammenhänge, Werte und Institutionen führen. Die Juden stellen demnach eine fremde, gefährliche und destruktive Macht dar, die die soziale 'Gesundheit' der Nation untergräbt. Für den modernen Antisemitismus ist nicht nur sein säkularer Inhalt charakteristisch, sondern auch sein systemartiger Charakter. Er beansprucht, die Welt zu erklären.

Diese deskriptive Bestimmung des modernen Antisemitismus ist zwar notwendig, um ihn von Vorurteil oder Rassismus im allgemeinen zu unterscheiden; sie kann jedoch als solche noch nicht die innere Beziehung zum Nationalsozialismus aufzeigen. Die Absicht also, die übliche Trennung zwischen einer sozioökonomischen Analyse des Nazismus und einer Untersuchung des Antisemitismus zu überwinden, ist auf dieser Ebene noch nicht erfüllt.

Es bedarf einer *Erklärung*, die fähig ist, beides zu vermitteln. Sie muß in der Lage sein, den oben beschriebenen Antisemitismus in den gleichen historischen Kategorien zu fassen, die auch benutzt werden könnten, um den Nationalsozialismus zu erklären. Es ist nicht meine Absicht, sozialpsychologische oder psychoanalytische Erklärungen zu negieren[10], sondern vielmehr einen historisch-erkenntnistheoretischen Zusammenhang zu erläutern, innerhalb dessen weitere psychologische Spezifizierung stattfinden kann. Solch ein Zusammenhang muß den *besonderen Inhalt* des modernen Antisemitismus fassen und hat insofern historisch zu sein, da erklärt werden muß, warum diese Ideologie – beginnend im ausgehenden 19. Jahrhundert – sich zu jener Zeit so verbreitete. Fehlt ein solcher Zusammenhang, bleiben alle anderen Erklärungsversuche, die sich um Subjektivität zentrieren, historisch unspezifisch. Es bedarf einer Erklärung in Form einer materialistischen Erkenntnistheorie.

Eine vollständige Entfaltung des Antisemitismusproblems würde den Rahmen dieses Essays bei weitem sprengen. Dennoch gilt es hervorzuheben, daß eine sorgfältige Überprüfung des modernen antisemitischen Weltbildes das Vorliegen einer Denkform deutlich werden läßt, in der die rasche Entwicklung des industriellen Kapitalismus durch den Juden personifiziert und mit ihm identifiziert wird. Es handelt sich dabei nicht um die bloße Wahrnehmung der Juden als Träger von Geld – wie im traditionellen Antisemitismus; vielmehr werden sie für ökonomische Krisen verantwortlich gemacht und mit gesellschaftlichen Umstrukturierungen und Umbrüchen identifiziert, die mit der raschen Industrialisierung einhergehen: explosive Verstädterung, der Untergang von traditionellen sozialen Klassen und Schichten, das Aufkommen

---

[10] Siehe z.B., Norman Cohen, *Warrant for Genocide,* London 1967.

eines großen, in zunehmendem Maße sich organisierenden industriellen Proletariats und so weiter. Mit anderen Worten: Die abstrakte Herrschaft des Kapitals, wie sie besonders mit der raschen Industrialisierung einhergeht, verstrickte die Menschen in das Netz dynamischer Kräfte, die, weil sie nicht durchschaut zu werden vermochten, in Gestalt des 'internationalen Judentum' wahrgenommen wurden.

Dies ist nicht wesentlich mehr als ein erster Zugang. Die Personifizierung ist zwar beschrieben, aber nicht erklärt. Es fehlt die erkenntnistheoretische Begründung. Ansätze dazu hat es gegeben. Das Problem jener Theorien – wie der Max Horkheimers[11] –, die sich wesentlich auf die Identifizierung der Juden mit dem Geld und damit auf die Zirkulationssphäre beziehen, besteht darin, daß sie nicht imstande sind, die antisemitische Vorstellung einzufangen, Juden stünden hinter Sozialdemokratie und Kommunismus. Auf den ersten Blick erscheinen Theorien wie die George Mosses[12], die den modernen Antisemitismus als Revolte gegen die 'Moderne' interpretieren, angemessener. Sowohl Plutokratie als auch Arbeiterbewegung waren Begleiterscheinungen der Moderne, beziehungsweise der massiven sozialen Umstrukturierungen, die aus der kapitalistischen Industrialisierung resultierten. Das Problem, das sich solchen Ansätzen stellt, ist der Umstand, daß die 'Moderne' ohne Zweifel das Industriekapital einschließt, welches bekanntlich gerade *nicht* Objekt antisemitischer Angriffe war, nicht einmal in der Periode rascher Industrialisierung. Die Einstellung der Nationalsozialisten gegenüber anderen Dimensionen der Modernität, insbesondere gegenüber modernen Technologien, war vielmehr affirmativ als kritisch. Jene Aspekte des modernen Lebens, die jeweils zurückgewiesen, und solche, die angenommen wurden, bilden zusammengenommen ein Muster. Dieses Muster muß in einem adäquaten Konzept dieses Problems enthalten sein. Da das Muster nicht nur auf den Nationalsozialismus beschränkt ist, hat dieses Problem eine darüber hinausreichende Bedeutung.

---

[11] Max Horkheimer, *Die Juden und Europa*, in: Ders., *Gesammelte Schriften*, Band 4, Hg. von Alfred Schmidt, Frankfurt am Main 1988, S. 308-331. Der Text entstand im Jahr 1939 und wurde zuerst in der *Zeitschrift für Sozialforschung*, Jahrgang VIII, New York 1939, Doppelheft 112, S. 115-137 veröffentlicht.

[12] George Mosse, *The Crisis of German Ideology*, New York 1964.

Die Affirmation des Industriekapitals durch den modernen Antisemitismus erfordert einen Ansatz, der unterscheiden kann zwischen dem, was moderner Kapitalismus ist, und der Art, wie er sich darstellt. Der Begriff 'modern' hält keine inhärente Differenzierung bereit, die eine solche Unterscheidung erlauben würde. Ich halte demgegenüber soziale Kategorien, wie 'Ware' und 'Kapital', die von Marx in seinem Spätwerk entwickelt wurden, für angemessener, da diesen eine Reihe von Unterscheidungen zwischen dem, was ist, und dem, was zu sein scheint, inhärent ist. Diese Kategorien können als Ausgangspunkt für eine Analyse dienen, die in der Lage ist, diverse Wahrnehmungen 'der Moderne' zu unterscheiden. Ein solcher Ansatz würde versuchen, das Muster sozialer Kritik und Affirmation, mit dem wir uns beschäftigen, mit den Charakteristika kapitalistischer Verhältnisse selbst in Beziehung zu setzen.

IV.

Diese Überlegungen führen zu Marx' Begriff des Fetischs, einem Begriff, der die Grundlage einer historischen Erkenntnistheorie bildet, die sich in der Unterscheidung zwischen dem Wesen der kapitalistischen Verhältnisse und ihrer Erscheinungsformen gründet. Was dem Begriff des Fetischs vorausgeht, ist Marx' Analyse der Ware, des Geldes, des Kapitals als Formen gesellschaftlicher Verhältnisse und nicht nur als bloße ökonomische Bestimmungen. Nach seiner Analyse erscheinen kapitalistische Formen gesellschaftlicher Beziehungen nicht als solche, sondern drücken sich in vergegenständlichter Form aus. Weil Arbeit im Kapitalismus auch die Funktion einer gesellschaftlichen Vermittlung hat ('abstrakte Arbeit'), ist die Ware nicht bloß Gebrauchsgegenstand, in dem konkrete Arbeit vergegenständlicht ist, sondern sie verkörpert auch gesellschaftliche Verhältnisse. Insofern ist ihr Produkt, die Ware, nicht einfach ein Produkt, in dem sich konkrete Arbeit vergegenständlicht; es ist ebenso die Form vergegenständlichter sozialer Beziehungen. Die Ware, als Vergegenständlichung beider Dimensionen kapitalistischer Arbeit, ist ihre eigene soziale Vermittlung. Sie hat insofern einen 'Doppelcharakter': Wert und Gebrauchswert. Als Objekt drückt die Ware soziale Verhältnisse aus und verschleiert sie zugleich. Diese Verhältnisse haben keine andere, davon unabhängige Ausdrucksform. Durch diese Form der Vergegenständlichung gewinnen die gesellschaftlichen

Verhältnisse des Kapitalismus ein quasi-objektives Eigenleben. Sie bilden eine 'zweite Natur', ein System von Herrschaft und Zwängen, das – obwohl gesellschaftlich – unpersönlich, sachlich und 'objektiv' ist und deshalb *natürlich* zu sein scheint. Diese gesellschaftliche Dimension bestimmt die Waren und ihre Produktionsweise. Zugleich drücken die kategorialen Formen eine spezifische, sozial konstituierte Naturvorstellung in der Begrifflichkeit objektiven, gesetzmäßigen und quantifizierbaren Verhaltens eines qualitativ homogenen Wesens aus. Die Marxschen Kategorien beziehen sich simultan auf besondere gesellschaftliche Verhältnisse *und* Denkformen. Der Fetisch verweist auf die Denkweisen, die auf Wahrnehmungen und Erkenntnissen basieren, die in den Erscheinungsformen der gesellschaftlichen Verhältnisse befangen bleiben.[13]

Betrachtet man die besonderen Charakteristika der Macht, die der moderne Antisemitismus den Juden zuordnet – nämlich Abstraktheit, Unfaßbarkeit, Universalität, Mobilität –, dann fällt auf, daß es sich hierbei um Charakteristika der Wertdimension jener gesellschaftlichen

---

[13] Die erkenntnistheoretische Dimension der Marxschen Kritik ist dem ganzen *Kapital* immanent, wurde aber nur im Rahmen seiner Warenanalyse entschlüsselt dargestellt. Seine Kategorien sollen verstanden werden als gleichzeitige Ausdrucksformen besonderer verdinglichter gesellschaftlicher Beziehungen und Denkweisen. Dies unterscheidet sie wesentlich von der Hauptströmung marxistischer Tradition, in der die Kategorien als Bestimmungen einer 'ökonomischen Basis' begriffen werden und das Denken als Überbauphänomen aufgefaßt wird, das sich aus Klasseninteressen und -bedürfnissen ableitet. Diese Form des Funktionalismus kann, wie erwähnt, die Nicht-Funktionalität der Vernichtung der Juden nicht adäquat erklären. Allgemeiner formuliert: Sie kann nicht erklären, warum eine bestimmte Denkform, die sehr wohl im Interesse bestimmter Klassen und anderer gesellschaftlicher Gruppen liegen kann, eben diesen und keinen anderen ideologischen Inhalt hat. Gleiches gilt für die aufklärerische Vorstellung von Ideologie (und Religion) als Ergebnis bewußter Manipulation. Die Verbreitung einer bestimmten Ideologie impliziert, daß sie eine Resonanz besitzen muß, deren Ursprung zu erklären ist. Andererseits steht der von Lukács, der Frankfurter Schule und Sohn-Rethel weiterentwickelte Marxsche Ansatz jenen einseitigen Reaktionen auf den traditionellen Marxismus entgegen, die jeden ernst zu nehmenden Versuch aufgegeben haben, Denkformen historisch zu erklären und jeden Ansatz in solche Richtung als 'Reduktionismus' ablehnen.

Formen handelt, die Marx analysiert hat. Mehr noch: diese Dimension – wie die den Juden unterstellte Macht – erscheint nicht unmittelbar, sondern nimmt vielmehr die Form eines stofflichen Trägers, wie der Ware, an.

Um die oben beschriebene Personifizierung zu deuten und dabei die Frage zu klären, warum der moderne Antisemitismus, der sich gegen so viele Aspekte der 'Moderne' wandte, sich dem industriellen Kapital und der modernen Technologie gegenüber so verdächtig still verhielt, wird es an dieser Stelle nötig sein zu analysieren, wie kapitalistisch-gesellschaftliche Verhältnisse sich darzustellen pflegen.

Ich beginne mit der Warenform als Beispiel. Die dialektische Einheit von Wert und Gebrauchswert in der Ware erfordert, daß dieser 'Doppelcharakter' sich in der Wertform entäußert, in der er 'doppelt' erscheint: als Geld (die Erscheinungsform des Werts) und als Ware (die Erscheinungsform des Gebrauchswerts). Diese Entäußerung erweckt den Schein, als enthalte die Ware, die eigentlich sowohl Wert wie Gebrauchswert ausdrückt, nur letzteren, das heißt, sie erscheint als rein stofflich und 'dinglich'. Weil die gesellschaftliche Dimension der Ware dabei entfällt, stellt sich das Geld als einziger Ort des Wertes dar, als Manifestation des ganz und gar Abstrakten anstatt als entäußerte Erscheinungsform der Wertseite der Ware selbst. Die dem Kapitalismus eigene Form vergegenständlichter gesellschaftlicher Beziehungen erscheint so auf der Ebene der Warenanalyse als Gegensatz zwischen Geld als Abstraktem einerseits und stofflicher Natur andererseits. Die kapitalistischen Verhältnisse scheinen ihren Ausdruck nur in der abstrakten Dimension zu finden – etwa als Geld und als äußerliche, abstrakte, allgemeine 'Gesetze'.

Ein Aspekt des Fetischs ist also, daß kapitalistische gesellschaftliche Beziehungen nicht als solche in Erscheinung treten und sich zudem antinomisch, als Gegensatz von Abstraktem und Konkretem, darstellen. Und weil beide Seiten der Antinomie vergegenständlicht sind, erscheint jede als quasi-natürlich: Die abstrakte Seite tritt in der Gestalt von 'objektiven' Naturgesetzen auf, und die konkrete Seite erscheint als reine stoffliche Natur. Die Struktur entfremdeter gesellschaftlicher Beziehung, die dem Kapitalismus eigen ist, hat die Form einer quasi-natürlichen Antinomie, in der Gesellschaftliches und Historisches nicht mehr erscheinen.

Diese Antinomie wiederholt sich im Gegensatz positivistischer und romantischer Denkweisen. Die Mehrzahl der kritischen Untersuchungen fetischistischer Denkformen bezieht sich vor allem auf jenen Strang der Antinomie, der das Abstrakte als überhistorisch hypostasiert – das sogenannte bürgerliche Denken – und damit den gesellschaftlichen und historischen Charakter der bestehenden Beziehungen verschleiert. In diesem Beitrag geht es um einen anderen Strang, nämlich um jene Formen von Romantizismus und Revolte, die ihrem Selbstverständnis nach anti-bürgerlich sind, in Wirklichkeit jedoch das Konkrete hypostasieren und damit innerhalb der Antinomie der kapitalistischen gesellschaftlichen Beziehungen verharren.

Formen antikapitalistischen Denkens, die innerhalb der Unmittelbarkeit dieser Antinomie verharren, tendieren dazu, den Kapitalismus nur unter der Form der Erscheinungen der abstrakten Seite dieser Antinomie wahrzunehmen, zum Beispiel Geld als 'Wurzel allen Übels'. Dem wird die bestehende, konkrete Seite dann als das 'natürliche' oder ontologisch-menschliche, das vermeintlich außerhalb der Besonderheit kapitalistischer Gesellschaft stehe, positiv entgegengestellt. So wird – wie etwa bei Proudhon – konkrete Arbeit als das nichtkapitalistische Moment verstanden, das der Abstraktheit des Geldes entgegengesetzt ist.[14] Daß konkrete Arbeit selbst kapitalistische gesellschaftliche Beziehungen beinhaltet und von ihnen materiell geformt ist, wird nicht gesehen.

Mit der Fortentwicklung des Kapitalismus, der Kapitalform und ihres Fetischs bekommt die dem Warenfetisch innewohnende Naturalisierung neue Dimensionen. Wie bei der Warenform ist die Kapitalform durch das antinomische Verhältnis des Abstrakten und Konkreten, die beide als natürlich erscheinen, gekennzeichnet. Die Qualität des 'Natürlichen' ist aber unterschiedlich. Verbunden mit dem Warenfetisch ist

---

[14] Proudhon, der in dieser Hinsicht als einer der geistigen Vorläufer des modernen Antisemitismus gelten kann, meinte daher, die Abschaffung des Geldes – der erscheinenden Vermittlung – genüge bereits, um die kapitalistischen Beziehungen abzuschaffen. Kapitalismus ist jedoch von vermittelten gesellschaftlichen Beziehungen gekennzeichnet, die in kategorialen Formen vergegenständlicht sind, von denen Geld ein Ausdruck, nicht aber Ursache ist. Proudhon verwechselt demnach die Erscheinungsformen – Geld als Vergegenständlichung des Abstrakten – mit dem Wesen des Kapitalismus.

die Vorstellung grundsätzlich gesetzmäßiger Verhältnisse zwischen individuellen Monaden, wie es sich etwa in der klassischen politischen Ökonomie und der Theorie von Naturgesetzen zeigt. Das Kapital ist nach Marx in seiner prozessualen Form als selbstverwertender Wert charakterisiert, als die unaufhörliche rastlose Selbstvermehrung des Wertes. Es erscheint in der Form von Geld sowie in der von Waren, das heißt, es hat keine fertige und endgültige Gestalt. Kapital erscheint als rein abstrakter Prozeß. Seine konkrete Dimension ändert sich dementsprechend: Individuelle Arbeiten bilden nicht länger abgeschlossene Einheiten, sondern werden mehr und mehr zu Teilkomponenten eines größeren dynamischen Systems, das Mensch wie Maschine umfaßt und dessen Zweck Produktion um der Produktion willen ist. Das Ganze wird größer als die Summe der sie konstituierenden Individuen und hat einen Zweck, der außerhalb ihrer liegt. Die Kapitalform gesellschaftlicher Verhältnisse hat einen blinden, prozessualen, quasi-organischen Charakter.

Mit der Durchsetzung der Kapitalform verlor das mechanische Weltbild des 17. und 18. Jahrhunderts an Bedeutung; mehr und mehr übernahmen organische Prozesse an Stelle statischer Mechanik die Form des Fetischs. Das drückt sich zum Beispiel in der Verbreitung solcher Denkformen aus wie der Lehre vom Staat als lebendigem Organismus, aber auch in den Rassentheorien und der zunehmenden Bedeutung des Sozialdarwinismus im späten 19. Jahrhundert.

Gesellschaft wie historischer Prozeß werden zunehmend biologisch begriffen. Diesen Aspekt des Kapitalfetischs will ich jedoch hier nicht weiter verfolgen. Festzuhalten ist, welche Wahrnehmungsweisen von Kapital sich daraus ergeben. Wie angedeutet, läßt der 'Doppelcharakter' auf der logischen Ebene der Warenanalyse die Arbeit als ontologische Betätigungsweise erscheinen und nicht als eine Tätigkeit, die materiell von den gesellschaftlichen Beziehungen geformt wird; er stellt die Ware als rein stoffliches Ding dar und nicht als Vergegenständlichung vermittelter gesellschaftlicher Beziehungen. Auf der logischen Ebene des Kapitals läßt der 'Doppelcharakter' (Arbeits- und Verwertungsprozeß) industrielle Produktion als ausschließlich materiellen schöpferischen Prozeß, ablösbar vom Kapital, erscheinen. Die manifeste Form des Konkreten ist nun organischer. So kann das industrielle Kapital als direkter Nachfolger 'natürlicher' handwerklicher Arbeit auftreten und, im Gegensatz zum 'parasitären' Finanzkapital, als 'organisch' verwurzelt.

Seine Organisation scheint der Zunft verwandt zu sein; der gesellschaftliche Zusammenhang, in dem es sich befindet, wird als eine übergeordnete organische Einheit gefaßt: Gemeinschaft, Volk, Rasse.

Kapital selbst – oder das, was als negativer Aspekt des Kapitalismus verstanden wird – wird lediglich in der Erscheinungsform seiner abstrakten Dimension verstanden: als Finanz- und zinstragendes Kapital. In dieser Hinsicht steht die biologistische Ideologie, die die konkrete Dimension (des Kapitalismus) als 'natürlich' und 'gesund' dem Kapitalismus (wie er erscheint) gegenüberstellt, *nicht* im Widerspruch zur Verklärung des Industriekapitals und seiner Technologie. Beide stehen auf der 'dinglichen' Seite der Antinomie.

Das wird gewöhnlich mißverstanden. So zum Beispiel von Norman Mailer, der in einer Verteidigung des Neo-Romantizismus (und des Sexismus) in seinem Buch *The Prisoner of Sex* schrieb, daß Hitler zwar von Blut gesprochen, aber die Maschine gebaut habe. Dabei blieb unverstanden, daß im fetischistischen 'Antikapitalismus' dieser Art *beides*, Blut wie Maschine, als konkretes Gegenprinzip zum Abstrakten gesehen wird. Die positive Hervorhebung der 'Natur', des Blutes, des Bodens, der konkreten Arbeit, der Gemeinschaft, geht ohne weiteres zusammen mit einer Verherrlichung der Technologie und des industriellen Kapitals.[15] Diese Denkweisen sind genauso wenig

---

[15] Theorien, die den Nationalsozialismus als 'antimodern' oder 'irrational' darstellen, erklären die Wechselbeziehung dieser Momente nicht. Der Begriff 'Irrationalismus' stellt den noch fortbestehenden 'Rationalismus' gar nicht mehr in Frage und kann das positive Verhältnis einer 'irrationalistischen', 'biologistischen' Ideologie zur Ratio von Industrie und Technologie nicht erklären. Der Begriff 'antimodern' übersieht die sehr modernen Aspekte des Nationalsozialismus und kann nicht angeben, warum nur einige Aspekte des 'Modernen' aufgegriffen wurden und andere nicht. Beide Analysen sind einseitig und repräsentieren nur die andere, die abstrakte Seite der oben beschriebenen Antinomie. Tendenziell verteidigen sie unkritisch die bestehende nichtfaschistische 'Modernität' oder 'Rationalität'. Damit ließen sie Raum für neue einseitige Kritik (diesmal seitens Linker) wie etwa die von Foucault oder Glucksmann, die die moderne kapitalistische Zivilisation nur als abstrakte verstehen. All diese Ansätze sind nicht nur unbrauchbar für eine Theorie des

anachronistisch oder Ausdruck einer historischen Ungleichzeitigkeit zu nennen, wie der Aufstieg von Rassentheorien im späten 19. Jahrhundert als Atavismus aufzufassen ist. Sie sind historisch neue Denkformen, nicht die Wiederauferstehung einer älteren Form. Sie erscheinen nur als atavistisch oder anachronistisch aufgrund ihrer Betonung der biologischen Natur. Das ist jedoch selbst Teil des Fetischs, der das 'Natürliche' als 'wesensgemäß' und ursprungsnäher erscheinen läßt und die geschichtliche Entwicklung als zunehmend künstlich. Solche Denkformen begleiten die Entwicklung des industriellen Kapitalismus. Sie sind *Ausdruck* jenes antinomischen Fetischs, der die Vorstellung erzeugt, das Konkrete sei 'natürlich', und dabei das gesellschaftlich 'Natürliche' zunehmend so darstellt, daß es biologisch erscheint.

Genau diese Hypostasierung des Konkreten und die Identifikation des Kapitals mit dem manifest Abstrakten lag einem 'Antikapitalismus' zugrunde, der die bestehende soziale Ordnung von einem der Ordnung immanenten Standpunkt aus überkommen wollte. Insofern dieser Standpunkt die konkrete Dimension der kapitalistischen Verhältnisse ist, deutet diese Ideologie in Richtung einer konkreteren und verstärkt organisierten Form der offenbar kapitalistischen sozialen Synthese. Diese Ideologie ist besonders funktional für die Entwicklung des Industriekapitals in der Krise. Die nationalsozialistische Ideologie war nicht nur aufgrund ihres Antimarxismus, und weil die Nazis die Organisationen der deutschen Arbeiterklasse zerstörten, im Interesse des Kapitals, sondern auch für den Übergang vom liberalen zum Quasi-Staatskapitalismus. Die Identifikation des Kapitals mit dem manifest

---

Nationalsozialismus, die eine angemessene Erklärung für die Verbindung zwischen 'Blut und Maschine' geben soll, sie können auch nicht aufzeigen, daß die Gegenüberstellung von 'abstrakt' und 'konkret', von positiver Vernunft und 'Irrationalismus' keineswegs die Grenzen einer absoluten Wahl abstecken, sondern daß die Pole dieser Gegensätze miteinander verbunden sind als antinomische Ausdrücke der dualen Erscheinungsformen ein und desselben Wesens: der kapitalistischen Gesellschaftsformation. (In diesem Sinn fiel Lukács in seinem unter dem Eindruck der unaussprechlichen Brutalität der Nazis geschriebenen Buch *Die Zerstörung der Vernunft* hinter seine eigenen kritischen Einsichten in die Antinomien bürgerlichen Denkens zurück, die er 25 Jahre zuvor in *Geschichte und Klassenbewußtsein* entwickelt hatte.) So bewahren solche Ansätze die Antinomie, anstatt sie theoretisch zu überwinden.

Abstrakten überschneidet sich zum Teil mit seiner Identifikation mit dem Markt: Die Angriffe auf den liberalen Staat als abstraktem beförderten die Entwicklung des interventionistischen Staates als konkretem. Diese Form des 'Antikapitalismus' erscheint daher nur so, als ob sie sehnsüchtig rückwärts gewandt sei; als Ausdruck des Kapitalfetischs drängt sie in Wirklichkeit vorwärts. Sie ist ein Beitrag zum Kapitalismus in seinem Übergang zum Quasi-Staatskapitalismus in einer Situation der strukturellen Krise.

Diese Form des 'Antikapitalismus' beruht also auf dem einseitigen Angriff auf das Abstrakte. Abstraktes und Konkretes werden nicht in ihrer Einheit als begründende Teile einer Antinomie verstanden, für die gilt, daß die wirkliche Überwindung des Abstrakten – der Wertseite – die geschichtlich-praktische Aufhebung des Gegensatzes selbst sowie *jeder* seiner Seiten einschließt. Statt dessen findet sich lediglich der einseitige Angriff gegen die abstrakte Vernunft, das abstrakte Recht und, auf anderer Ebene, gegen das Geld- und Finanzkapital. So gesehen entspricht dieses Denken seiner komplementären liberalen Position in antinomischer Weise: Im Liberalismus bleibt die Herrschaft des Abstrakten unbefragt; eine Unterscheidung zwischen positiver und kritischer Vernunft wird nicht getroffen.

Der 'antikapitalistische' Angriff bleibt jedoch nicht bei der Attacke auf das Abstrakte als Abstraktem stehen. Selbst die abstrakte Seite erscheint vergegenständlicht. Auf der Ebene des Kapitalfetischs wird nicht nur die konkrete Seite naturalisiert und biologisiert, sondern auch die erscheinende abstrakte Seite, die nun in Gestalt des Juden wahrgenommen wird. So wird der Gegensatz von stofflich Konkretem und Abstraktem zum rassischen Gegensatz von Arier und Jude. Der moderne Antisemitismus besteht in der Biologisierung des Kapitalismus – der selbst nur unter der Form des erscheinenden Abstrakten verstanden wird – als internationales Judentum.

Meiner Deutung nach wurden die Juden also nicht nur mit dem Geld, das heißt der Zirkulationssphäre, sondern mit dem Kapitalismus überhaupt gleichgesetzt. Diese fetischisierende Anschauung schloß in ihrem Verständnis des Kapitalismus alle konkreten Aspekte wie Industrie und Technologie aus. Der Kapitalismus erschien nur noch als das Abstrakte, das wiederum für die ganze Reihe konkreter gesellschaftlicher und kultureller Veränderungen, die mit der schnellen Industrialisierung verbunden sind, verantwortlich gemacht wurde. Die Juden wurden nicht bloß als *Repräsentanten* des Kapitals angesehen (in diesem Fall wären die antisemitischen Angriffe wesentlich klassenspezifischer gewesen), sie wurden vielmehr zu *Personifikationen* der unfaßbaren, zerstörerischen, unendlich mächtigen, internationalen Herrschaft des Kapitals. Bestimmte Formen kapitalistischer Unzufriedenheit richteten sich gegen die in Erscheinung tretende abstrakte Dimension des Kapitals in Gestalt des Juden, und zwar nicht etwa, weil die Juden bewußt mit der Wertdimension identifiziert worden waren, sondern vielmehr deshalb, weil durch den Gegensatz seiner konkreten und abstrakten Dimensionen der Kapitalismus selbst so erscheinen konnte. Deshalb geriet die 'antikapitalistische' Revolte zur Revolte gegen die Juden. Die Überwindung des Kapitalismus und seiner negativen Auswirkungen wurde mit der Überwindung der Juden gleichgesetzt.[16]

---

[16] Wollte man die Frage behandeln, warum der moderne Antisemitismus so unterschiedlich stark in den verschiedenen Ländern verbreitet war und warum er in Deutschland hegemonial geworden ist, dann müßte man die oben entwickelte Argumentation in den entsprechenden sozialen und historischen Kontext stellen. Was Deutschland betrifft, ließe sich von der besonders raschen Industrialisierung mit ihren weitreichenden sozialen Umwälzungen und dem Fehlen einer vorausgegangenen bürgerlichen Revolution mit ihren liberalen Werten und ihrer politischen Kultur ausgehen. Die Geschichte Frankreichs von der Dreyfus-Affäre bis zum Vichy-Regime scheint aber zu zeigen, daß eine bürgerliche Revolution vor der Industrialisierung keine ausreichende 'Immunität' gegen den modernen Antisemitismus gibt. Andererseits war der moderne Antisemitismus in Großbritannien nicht sehr verbreitet, obwohl es dort natürlich auch Rassentheorien und Sozialdarwinismus gab. Der Unterschied könnte in dem Grad der Entwicklung der gesellschaftlichen Abstraktheit von Herrschaft vor der Industrialisierung liegen. Unter diesem Gesichtspunkt kann der Grad der Vergesellschaftung Frankreichs als zwischen dem Englands und zum Beispiel dem Preußens betrachtet werden, gekennzeichnet durch eine besondere Form der 'Doppelherrschaft': Ware und Staatsbürokratie. Beide sind Rationalitätsformen. Sie unterscheiden sich jedoch durch den Grad an Abstraktheit, wodurch sie Herrschaft vermitteln. Es scheint ein Zusammenhang zu bestehen zwischen der institutionellen Konzentration konkreter Herrschaft im Frühkapitalismus (Kirche und Staatsbürokratie inklusive Armee und Polizei) und dem Ausmaß, in dem später die abstrakte Herrschaft des Kapitals nicht nur als bedrohlich, sondern auch als mysteriös und fremd wahrgenommen wurde.

V.

Obwohl die innere Verbindung zwischen jener Art des 'Antikapitalismus', der den Nationalsozialismus beeinflußte, und dem Antisemitismus gezeigt worden ist, bleibt die Frage offen, warum die biologische Interpretation der abstrakten Seite des Kapitalismus sich an den Juden festmacht.

Diese 'Wahl' war innerhalb des europäischen Kontextes keineswegs zufällig. Die Juden hätten durch keine andere Gruppe ersetzt werden können. Dafür gibt es vielfältige Gründe. Die lange Geschichte des Antisemitismus in Europa und die damit verbundene Assoziation Juden = Geld ist wohlbekannt. Die Periode der schnellen Expansion des industriellen Kapitals im letzten Drittel des 19. Jahrhunderts fiel mit der politischen und gesellschaftlichen Emanzipation der Juden in Mitteleuropa zusammen. Die Zahl der Juden an den Universitäten, in den freien Berufen, im Journalismus, den schönen Künsten, im Einzelhandel nahm immer schneller zu – das heißt, die Juden wurden in der bürgerlichen Gesellschaft rasch aufgenommen, besonders in Sphären und Berufen, die sich gerade ausweiteten und mit der neuen Form verbunden waren, die die Gesellschaft gerade annahm. Man könnte viele andere Faktoren berücksichtigen. Einen möchte ich hervorheben: Ebenso wie die Ware, als gesellschaftliche Form, ihren 'Doppelcharakter' in dem entäußerten Gegensatz zwischen dem Abstrakten (Geld) und dem Konkreten (der Ware) ausdrückt, so ist die bourgeoise Gesellschaft durch die Trennung von (politischem) Staat und (bürgerlicher) Gesellschaft charakterisiert. Im Individuum stellt sie sich als Trennung zwischen Staatsbürger und (Privat-)Person dar. Als Staatsbürger ist das Individuum abstrakt. Das drückt sich zum Beispiel in der Vorstellung von der Gleichheit aller vor dem (abstrakten) Gesetz (zumindest in der Theorie) aus oder in der Forderung 'eine Person, eine Stimme'. Als eine (Privat-)Person ist das Individuum konkret, eingebettet in reale Klassenbeziehungen, die als 'privat' angenommen werden; das heißt, sie betreffen die bürgerliche Gesellschaft (im Gegensatz zum Staat) und sollen keinen politischen Ausdruck finden. In Europa war jedoch die Vorstellung von der Nation als einem rein politischen Wesen, abstrahiert aus der Substantialität der bürgerlichen Gesellschaft, nie vollständig verwirklicht. Die Nation war nicht nur eine politische Entität, sie war auch konkret, durch eine gemeinsame Sprache, Geschichte, Traditionen und Religion bestimmt.

In diesem Sinne erfüllten die Juden nach ihrer politischen Emanzipation als einzige Gruppe in Europa die Bestimmung von Staatsbürgerschaft als rein politischer Abstraktion. Sie waren deutsche oder französische Staatsbürger, aber keine richtigen Deutschen oder Franzosen. Sie gehörten abstrakt zur Nation, aber nur selten konkret. Sie waren außerdem noch Staatsbürger der meisten europäischen Länder.

Diese Realität der Abstraktheit, die nicht nur die Wertdimension in ihrer Unmittelbarkeit kennzeichnet, sondern auch mittelbar den bürgerlichen Staat und das Recht, wurde genau mit den Juden identifiziert. In einer Periode, in der das Konkrete gegenüber dem Abstrakten, dem 'Kapitalismus' und dem bürgerlichen Staat verklärt wurde, entstand daraus eine fatale Verbindung: Die Juden wurden als wurzellos, international und abstrakt angesehen.

VI.

Der moderne Antisemitismus ist also eine besonders gefährliche Form des Fetischs. Seine Macht und Gefahr liegen darin, daß er eine umfassende Weltanschauung liefert, die verschiedene Arten antikapitalistischer Unzufriedenheit scheinbar erklärt und ihnen politischen Ausdruck verleiht. Er läßt den Kapitalismus aber dahingehend bestehen, als er nur die Personifizierung jener gesellschaftlichen Form angreift. Ein so verstandener Antisemitismus ermöglicht es, ein wesentliches Moment des Nazismus als verkürzten Antikapitalismus zu verstehen. Für ihn ist der Haß auf das Abstrakte charakteristisch. Seine Hypostasierung des existierenden Konkreten mündet in einer einmütigen, grausamen – aber nicht notwendig haßerfüllten Mission: der Erlösung der Welt von der Quelle allen Übels in Gestalt der Juden.

Die Vernichtung des europäischen Judentums ist ein Anzeichen dafür, daß es viel zu einfach ist, den Nazismus als eine Massenbewegung mit antikapitalistischen Obertönen zu bewerten, die diese Hülse 1934 im Röhmputsch abwarf, nachdem sie erst einmal ihren Zweck erreicht und sich in Form staatlicher Macht gefestigt hatte.

Zum einen sind die ideologischen Formen nicht einfach Bewußtseinsmanipulationen. Und zum anderen mißversteht diese Auffassung das Wesen des 'Antikapitalismus' der Nazis – das Ausmaß, in dem es der antisemitischen Weltanschauung innerlich verbunden war. Es stimmt, daß auf den zu konkreten und plebejischen 'Antikapitalismus' der SA 1934 verzichtet wurde; nicht jedoch auf die antisemitische Grundhaltung – die 'Erkenntnis', daß die Quelle allen Übels das Abstrakte sei – der Jude.

Eine kapitalistische Fabrik ist ein Ort, an dem Wert produziert wird, der 'unglücklicherweise' die Form der Produktion von Gütern annehmen muß. Das Konkrete wird als der notwendige Träger des Abstrakten produziert. Die Vernichtungslager waren demgegenüber keine entsetzliche Version einer solchen Fabrik, sondern müssen eher als ihre groteske arische 'antikapitalistische' *Negation* gesehen werden. Auschwitz war eine Fabrik zur 'Vernichtung des Werts', das heißt zur Vernichtung der Personifizierung des Abstrakten. Sie hatte die Organisation eines teuflischen industriellen Prozesses mit dem Ziel, das Konkrete vom Abstrakten zu 'befreien'. Der erste Schritt dazu war die Entmenschlichung, das heißt die 'Maske' der Menschlichkeit wegzureißen und die Juden als das zu zeigen, was 'sie wirklich sind', Schatten, Ziffern, Abstraktionen. Der zweite Schritt war dann, diese Abstraktheit auszurotten, sie in Rauch zu verwandeln, jedoch auch zu versuchen, die letzten Reste des konkreten gegenständlichen 'Gebrauchswerts' abzuschöpfen: Kleider, Gold, Haare, Seife. Auschwitz, nicht die 'Machtergreifung' 1933, war die wirkliche 'Deutsche Revolution' – die wirkliche Schein-'Umwälzung' der bestehenden Gesellschaftsformation. Diese Tat sollte die Welt vor der Tyrannei des Abstrakten bewahren. Damit jedoch 'befreiten' die Nazis sich selbst aus der Menschheit.

Militärisch verloren die Nazis den Krieg gegen die Sowjetunion, die USA und Groß-Britannien. Sie gewannen ihren Krieg, ihre 'Revolution' gegen das europäische Judentum. Sie ermordeten nicht nur sechs Millionen jüdische Kinder, Frauen und Männer. Es ist ihnen gelungen, eine Kultur zu zerstören – eine sehr alte Kultur –, die des europäischen Judentums. Diese Kultur war durch eine Tradition gekennzeichnet, die eine komplizierte Spannung von Besonderheit und Allgemeinheit in sich vereinigte. Diese innere Spannung wurde als äußere in der Beziehung der Juden zu ihrer christlichen Umgebung verdoppelt. Die Juden waren niemals völlig Teil der größeren Gesellschaften, in denen sie lebten; sie waren auch niemals völlig außerhalb dieser Gesellschaften. Dies hatte für die Juden häufig verheerende Auswirkungen, manchmal jedoch auch sehr fruchtbare. Dieses Spannungsfeld sedimentierte sich im Zuge der Emanzipation in den meisten jüdischen Individuen. Die schließliche Lösung dieser Spannung zwischen Besonderem und Allgemeinem ist in der jüdischen Tradition eine Funktion der Zeit, der Geschichte – die Ankunft des Messias. Vielleicht jedoch hätte das europäische Judentum angesichts der Säkularisierung und Assimilation jene Spannung aufgegeben. Vielleicht wäre jene Kultur schrittweise als lebendige Tradition verschwunden, bevor die Auflösung des Besonderen und des Allgemeinen verwirklicht worden wäre. Hierauf wird es niemals mehr eine Antwort geben können.

VII.

'Lernen aus der Vergangenheit' muß das Verständnis des Antisemitismus, mithin des verkürzten 'Antikapitalismus', einschließen. Es wäre ein schwerwiegender Fehler, würde die Linke den Kapitalismus nur in der Form der abstrakten Dimension des Kapitalwiderspruchs wahrnehmen, sei es in der Begrifflichkeit der technokratischen Herrschaft oder der abstrakten Vernunft. Es ist mehr als Vorsicht geboten gegenüber solchen Vorstellungen, die, wie in Gestalt 'neuer' Psychotherapieformen, das Gefühl in einen Gegensatz zum Denken stellen, oder gegenüber Auffassungen, die das gesellschaftliche Problem der Ökologie biologisieren. 'Antikapitalismus', der das Konkrete verklärt und das Abstrakte unmittelbar abschaffen möchte – anstatt praktische und theoretische Überlegungen darüber anzustellen, was die historische Überwindung von beidem bedeuten könnte –, kann politisch und gesellschaftlich im besten Falle unwirksam bleiben. Schlimmstenfalls wird er jedoch selbst dann gefährlich, wenn die Bedürfnisse, die der 'Antikapitalismus' ausdrückt, als emanzipatorische interpretiert werden könnten.

Die Linke machte einmal den Fehler anzunehmen, daß sie ein Monopol auf Antikapitalismus hätte; oder umgekehrt: daß alle Formen des Antikapitalismus zumindest potentiell fortschrittlich seien. Dieser Fehler war verhängnisvoll – nicht zuletzt für die Linke selbst.

Ich möchte mich für die Diskussion und Kritik bei Barbara Brick, Dan Diner und Jeffrey Herf bedanken.

1979
Übersetzt von Renate Schumacher und Dan Diner
Redaktion: J. Olaf Kleist

Geschichte und Ohnmacht

Massenmobilisierung und aktuelle Formen des Antikapitalismus

Der Zeitraum seit den frühen siebziger Jahren ist bekanntlich von einem tiefgreifenden historischen Strukturwandel geprägt, der häufig als Übergang vom Fordismus zum Postfordismus bezeichnet wird (oder besser als Übergang vom Fordismus über den Postfordismus zum neoliberalen globalen Kapitalismus) und die Mitte des 20. Jahrhunderts entstandene staatszentrierte Ordnung unterminiert hat. Diese Transformation des gesellschaftlichen, ökonomischen und kulturellen Lebens ist ebenso einschneidend wie der frühere Übergang vom liberalen Kapitalismus des 19. Jahrhunderts in die staatsinterventionistischen, bürokratischen Formen des 20. Jahrhunderts.

Weil auch der dramatische Zusammenbruch der Sowjetunion und des Kommunismus in Osteuropa sich im Zuge dieser Transformationen vollzog, wurden sie als Anzeichen für das Ende des Marxismus und der Marxschen kritischen Gesellschaftstheorie gedeutet. Zugleich haben die jüngeren historischen Transformationen jedoch die zentrale Bedeutung historischer Dynamik und übergreifender struktureller Veränderungen erneut erwiesen – die Problematik, die im Zentrum der Marxschen Kritik steht (und die genau jene ist, die den großen Theorien der postfordistischen Ära – denen von Foucault, Derrida und Habermas – entgleitet).

Rückt man diese Problematik in den Mittelpunkt, dann erscheint eine Reihe wichtiger Fragen in neuem Licht. So stellt sich etwa das Verhältnis der Demokratie zum Kapitalismus und zu seiner Negation, dem Kommunismus, anders dar, wenn es auf die übergreifenden historischen Transformationen der letzten dreißig Jahre bezogen wird; gleiches gilt auf einer allgemeineren Ebene für das Verhältnis von historischer Kontingenz (und somit Politik) und Notwendigkeit.

Der jüngere Strukturwandel ist die Umkehrung einer Entwicklung, die als Logik eines zunehmenden Staatszentrismus erschien. Folglich werden lineare Vorstellungen historischer Entwicklung, ob marxistisch oder weberianisch, durch diesen Strukturwandel in Frage gestellt. Die Feststellung umfassender historischer Muster – wie der Aufstieg des Fordismus aus der Krise des liberalen Kapitalismus des 19. Jahrhunderts und der spätere Niedergang der fordistischen Synthese – zeigt zudem, daß das Ausmaß der Kontingenz im Kapitalismus beschränkt ist. Aus der Sphäre der Politik allein, beispielsweise den Unterschieden zwischen konservativen und sozialdemokratischen Regierungen, läßt sich nicht erklären, warum unabhängig von der jeweiligen Regierungspartei die Institutionen des Wohlfahrtsstaats überall im Westen in den fünfziger, sechziger und frühen siebziger Jahren gestärkt und ausgebaut wurden, nur um in den darauffolgenden Jahrzehnten zurückgestutzt zu werden. Die Unterschiede, die es dabei zweifellos gab, waren graduelle, nicht qualitative.

Die Existenz solcher allgemeinen Muster, die meines Erachtens in letzter Instanz in der Dynamik des Kapitals gründen, wurde in den Diskussionen über Demokratie ebenso weitgehend übersehen wie in den Debatten über die Vorzüge gesellschaftlicher Planung gegenüber der Marktvermittlung. Diese Muster verweisen auf einen bestimmten Grad historischer Notwendigkeit. Indem Marx sie aus den Kategorien seiner Kritik entwickelte, bestimmte er sie als historisch spezifische Formen von Heteronomie und deutete darauf hin, daß die Überwindung des Kapitals nicht allein Ausbeutung und strukturelle Ungleichheit umfaßt, sondern auch bestimmte strukturelle Einschränkungen des Handelns, wodurch sich das Reich historischer Kontingenz und somit der Horizont der Politik erweitern.

Soweit wir von 'Indeterminiertheit' reden wollen, sollten wir darunter ein Ziel sozialen und politischen Handelns verstehen und nicht eine ontologische Eigenschaft des gesellschaftlichen Lebens. Positionen, die dies versuchen, betonen zwar den Zusammenhang von Freiheit und Kontingenz, übersehen dabei jedoch, daß die Kontingenz durch das Kapital als Form gesellschaftlichen Lebens eingeschränkt wird. Innerhalb des hier dargestellten theoretischen Rahmens läßt sich der Begriff 'Kommunismus' als Bezeichnung der Indeterminiertheit wiedergewinnen, die mit der Überwindung der kapitalistischen Zwänge möglich wird; Sozialdemokratie bezeichnet die Versuche, Ungleichheit im Rahmen der Notwendigkeit zu mildern, die das Kapital stiftet. Der Kommunismus, in diesem Sinne als Unbestimmtheit verstanden, kann jedoch nur als historisch bestimmte Möglichkeit entstehen, die aus den inneren Spannungen des Kapitals erwächst, und nicht als 'Tigersprung' aus der Geschichte.

Das zweite große Thema, das die jüngeren historischen Transformationen aufwerfen, ist der Internationalismus. Der Zusammenbruch der Sowjetunion und das Ende des Kalten Krieges haben die Möglichkeit eines erneuerten, global kritischen Internationalismus eröffnet; im Gegensatz zu jenen Formen des 'Internationalismus' aus der Zeit des Kalten Krieges, deren Kritik an einem der Lager zugleich als Legitimationsideologie für andere Lager diente. Diese waren jedoch durch und durch Teil eines größeren Ganzen, das der Gegenstand der Kritik hätte sein sollen.

Dieser Aufsatz stellt den Beginn einer Auseinandersetzung mit diesem zweiten großen Thema dar, dem Zusammenhang von historischen Veränderungen, Internationalismus und den gegenwärtigen politischen Mobilisierungen. Trotz der zentralen Bedeutung der Marxschen Analyse für einen Begriff der heutigen Welt besteht eine tiefe Kluft zwischen seiner kritischen Theorie des Kapitalismus und den meisten jüngeren antihegemonialen Massenmobilisierungen. Ich möchte einige höchst vorläufige Reflexionen über die Sackgasse vorstellen, in die viele antihegemoniale Bewegungen meines Erachtens heute geraten sind, unter kritischer Berücksichtigung verschiedener Formen politischer Gewalt.

Diese Sackgasse zeigte sich auf dramatische Weise in den Reaktionen vieler Linker – in jedem Fall in den USA, vielleicht auch in Europa – auf den Selbstmordanschlag auf das World Trade Center am 11. September 2001 und am Charakter der Massenmobilisierungen gegen den Irak-Krieg. In beiden Fällen war die Linke mit etwas konfrontiert, das sie als Dilemma hätte begreifen müssen – auf einmal befand sich eine globale imperiale Macht im Konflikt mit einer zutiefst reaktionären Bewegung der Gegenglobalisierung, im anderen Fall im Konflikt mit einem brutalen faschistoiden Regime. Doch in keinem der beiden Fälle problematisierte die Linke (wenigstens in den USA) dieses Dilemma und versuchte, diese Konstellation im Hinblick auf etwas zu analysieren, das in der heutigen Welt außerordentlich schwierig geworden ist – die Formulierung einer Kritik in emanzipatorischer Absicht. Dies hätte erfordert, eine neue Form des Internationalismus zu entwickeln, die mit den Dualismen des Bezugsrahmens des Kalten Krieges bricht. Diese Dualismen legitimierten häufig die Politik und Struktur von Staaten als 'antiimperialistisch', die keinen Deut emanzipatorischer waren als die zahlreichen autoritären und repressiven Regime, die von der amerikanischen Regierung gestützt wurden.

Anstatt mit einem solchen Rahmen zu brechen, hat sich ein Großteil der Linken jedoch in letzter Zeit auf genau diese früheren theoretischen Bezugsrahmen und politischen Positionen bezogen, deren zunehmend anachronistischer Charakter ein Schlaglicht auf die Schwierigkeiten wirft, heutzutage eine adäquate Kritik zu formulieren. Das Herzstück dieses Neo-Antiimperialismus bildet eine Konkretisierung des Abstrakten, eine Fetischisierung des globalen Kapitals in Gestalt der USA, oder, in manchen Spielarten, der USA und Israel. Selbstverständlich hat der unheilvolle, anmaßende Charakter der Bush-Administration diesen Prozeß nachhaltig befördert. Diese Weltsicht – in vieler Hinsicht die Neuformulierung einer Weltsicht vom Anfang des 20. Jahrhunderts, in der England und die Juden die Rolle der USA und Israels inne hatten – ist jedoch der Konstitution einer adäquaten antihegemonialen Politik äußerst abträglich. Verstärkt wird dieser wiedererwachte Manichäismus – der einigen Formen der Globalisierungskritik der neunziger Jahre entgegensteht, etwa der Bewegung gegen die Sweatshops – durch die Wiederkehr einer tiefen Konfusion über die Frage der politischen Gewalt, die bereits die Neue Linke zuzeiten plagte. Das Ergebnis ist eine Form von Opposition, die von den Schwierigkeiten zeugt, denen antihegemoniale Bewegungen in der postfordistischen Ära gegenüberstehen. Diese Form von Opposition ist der gegenwärtigen Welt unangemessen und kann in manchen Fällen als Legitimationsideologie für etwas dienen, das vor hundert Jahren als innerimperialistische Konkurrenz bezeichnet worden wäre.

Ich möchte dies ausführen, indem ich zunächst auf die Reaktionen vieler Linker (zumindest in den USA) auf die Anschläge vom 11. September eingehe. Am meisten verbreitet war das Argument, man müsse diese Aktion, so furchtbar sie auch sein möge, als Reaktion auf die amerikanische Politik verstehen, vor allem die Nahostpolitik. Es stimmt zweifellos, daß terroristische Gewalt politisch begriffen werden muß (und nicht einfach als irrationale Handlung), dennoch ist die Auffassung der Politik der Gewalt, die in solchen Positionen zum Ausdruck kommt, vollkommen falsch. Die Gewalt wird als *Reaktion* verstanden, nicht als *Aktion*. Die Politik, die hinter dieser Gewalt steht, wird kaum hinterfragt. Statt dessen wird die Gewalt als ein Reflex, als *Antwort* erklärt (und gelegentlich implizit gerechtfertigt). Dieses Schema kennt nur einen Akteur auf der Welt: die USA.

Diese Argumentation betont die Mißstände derer, die solche Aktionen durchführen, ohne den Deutungsrahmen zu hinterfragen, in dem diese Mißstände interpretiert werden. Die Aktionen, die aus diesen Deutungen folgen, werden kurzerhand als – vielleicht bedauernswerter – Ausdruck von Wut verstanden. Dabei wird weder das Weltbild hinterfragt, das diese Gewalt motiviert, noch eine kritische Analyse der Politik geleistet, die sich in der gezielten Gewalt gegen Zivilisten ausdrückt. Konsequenterweise mündet diese im Kern unpolitische Argumentation in der Apologie. Sie gibt sich wenig Mühe, das strategische Kalkül zu verstehen, das weniger von den Attentätern als ihren Hintermännern aufgestellt wird, und ignoriert das Problem der Ideologie. Es ist beispielsweise ein schwerwiegender Fehler, die Erfahrung von Mißständen, aus der sich eine Bewegung wie El Qaida speist, in verkürzter Weise als unmittelbare Reaktion auf die amerikanische und israelische Politik zu interpretieren, wie es in den USA nach dem 11. September häufig der Fall war. Dabei werden einfach zu viele andere Aspekte des neuen Jihadismus ausgeblendet. Wenn etwa Osama bin Laden von dem Schlag spricht, der den Muslimen vor achtzig Jahren versetzt worden sei, bezieht er sich nicht auf die Gründung des Staates Israel, sondern die Abschaffung des Kalifats – und damit der vermeintlichen Einheit der muslimischen Welt – durch Atatürk im Jahre 1924, lang bevor die USA eine Rolle im Nahen Osten spielten und Israel gegründet wurde. Es gilt festzuhalten, daß bin Laden eher eine globale als eine lokale Sichtweise vertritt und darin eines der hervorstechendsten Merkmale des neuen Jihadismus liegt, was sich sowohl an den von ihm unterstützten Kämpfen zeigt (die er dadurch zu Ausdrucksformen ein und desselben Kampfes macht), als auch an der Ideologie, die ihn maßgeblich antreibt. Und einer der zentralen Aspekte des globalen Charakters dieser Ideologie ist der Antisemitismus.

Die Auseinandersetzung mit dem Antisemitismus ist im Hinblick auf Globalisierung und Antiglobalisierungsbewegung von entscheidender Bedeutung, selbst wenn dies aufgrund des Ausmaßes mißverstanden werden kann, in dem israelische Regierungen den Antisemitismusvorwurf als Legitimationsideologie benutzt haben, um jede ernst zu nehmende Kritik an der israelischen Politik zu diskreditieren. Es ist sicherlich möglich, und wurde auch bereits geleistet, eine fundamentale Kritik an dieser Politik zu formulieren, die nicht antisemitisch ist. Gleichzeitig sollte Kritik an Israel nicht den Blick auf den weitverbreiteten virulenten Antisemitismus in der gegenwärtigen arabischen und muslimischen Welt versperren. Zudem werde ich versuchen zu zeigen, daß der Antisemitismus ein Problem für die Linke darstellt.

Nach dem 11. September wurde das Ausmaß offenbar, in dem antisemitische Motive in der arabischen Welt Verbreitung gefunden haben (auf das Wiederaufleben des Antisemitismus und impliziter Leugnung des Holocaust in Europa werde ich in diesem Aufsatz nicht eingehen). Diese Ideologie drückt sich unter anderem in der Vorstellung aus, nur die Juden hätten den Anschlag auf das World Trade Center organisieren können, und in der starken Verbreitung der *Protokolle der Weisen von Zion* in der arabischen Welt – die berüchtigte zaristische Fälschung, die vorgibt zu enthüllen, wie die Juden sich zur Weltherrschaft verschworen haben, und die von den Nazis und Henry Ford weit verbreitet wurde. Ausmaß und Intensität solcher Weltverschwörungsvorstellungen zeigten sich kürzlich auf dramatische Weise an der ägyptischen Fernsehserie *Horseman Without a Horse* und der Verbreitung christlich-mittelalterlicher Ritualmordvorwürfe an die Adresse der Juden in den arabischen Medien.

Ohne einen Begriff des modernen Antisemitismus läßt sich diese Entwicklung nicht verstehen. Einerseits ist der moderne Antisemitismus eine Form des essentialisierenden Diskurses, der – wie alle diese Formen – gesellschaftliche und historische Phänomene in biologistischen oder kulturalistischen Begriffen essentialistisch deutet. Gleichzeitig unterscheidet er sich von anderen essentialistischen Diskursen durch seinen populistischen und scheinbar antihegemonialen Charakter. Er schreibt den Juden eine außerordentliche Macht zu, die im Unterschied zu der konkreten körperlichen bzw. sexuellen Macht, die dem Anderen im rassistischen Denken gewöhnlich zukommt, als abstrakt, universell und ungreifbar gilt. Das Zentrum des modernen Antisemitismus bildet die Vorstellung der ungeheuer mächtigen jüdischen Weltverschwörung. An anderer Stelle habe ich ausgeführt, wie das moderne antisemitische Weltbild die abstrakte Herrschaft des Kapitals – die die Menschen den Zwängen mysteriöser Kräfte unterwirft, die sie sich nicht erklären können – als Herrschaft des internationalen Judentums versteht. Der

Antisemitismus kann daher als antihegemonial erscheinen, und aus diesem Grund bezeichnete August Bebel ihn vor hundert Jahren als Sozialismus der dummen Kerle. Angesichts seiner späteren Entwicklung hätte man auch vom Antiimperialismus der dummen Kerle sprechen können. Gerade als fetischisierte Form oppositionellen Bewußtseins ist der Antisemitismus besonders gefährlich, weil er scheinbar antihegemonial ist – der Ausdruck einer Bewegung der kleinen Leute gegen die abstrakte Herrschaft.

Die neue Welle des Antisemitismus in der arabischen Welt möchte ich als fetischisierte, zutiefst reaktionäre Form von Antikapitalismus diskutieren. Es ist ein schwerwiegender Fehler, diese antisemitische Welle einfach als reflexhafte Reaktion auf die Politik der USA und Israel zu sehen. Diese empirizistische Reduktion wäre gleichbedeutend damit, den nationalsozialistischen Antisemitismus kurzerhand als Reaktion auf Versailles zu erklären. Die amerikanische und israelische Politik haben zwar zweifellos zu dieser neuen Welle des Antisemitismus beigetragen, gleichzeitig kommt ihnen in der Ideologie eine Bedeutung zu, die weit über ihre tatsächliche Rolle hinausgeht. Um diese Bedeutung zu verstehen, muß man sich den bereits erwähnten grundlegenden historischen Wandel seit den frühen siebziger Jahren ansehen, den Übergang vom Fordismus zum Postfordismus.

Ein wichtiger Aspekt dieses Übergangs ist die wachsende Bedeutung supranationaler (im Unterschied zu internationalen) ökonomischer Netzwerke und Ströme, die von einem Niedergang nationaler Souveränität begleitet wird. Nationalstaatliche Strukturen sind, auch in den Metropolen, immer weniger in der Lage, ökonomische Prozesse erfolgreich zu steuern, wie der Niedergang des keynesianischen Wohlfahrtsstaats im Westen und der Zusammenbruch der bürokratischen Staaten im Osten gezeigt haben. Damit verbunden war eine zunehmende vertikale Differenzierung zwischen Armen und Reichen innerhalb aller Länder sowie zwischen Ländern und Regionen.

Der Zusammenbruch des Fordismus bedeutet das Ende der Phase einer staatlich gesteuerten nationalen Entwicklung – sei es auf Grundlage des kommunistischen, des sozialdemokratischen oder des etatistischen Modells, das in der Dritten Welt vorherrschend war. Daraus haben sich für viele Länder enorme Schwierigkeiten ergeben, aber auch schwerwiegende theoretische Probleme für eine Sichtweise, die den Staat als Akteur der Veränderung und Entwicklung begreift.

Der Zusammenbruch der fordistischen Synthese, die sich seit der Mitte des zwanzigsten Jahrhunderts durchsetzen konnte, hat sich in den verschiedenen Teilen der Welt höchst unterschiedlich ausgewirkt. Die erfolgreiche Bewältigung der neuen Welle postfordistischer Globalisierung in Südostasien ist ebenso bekannt wie der katastrophale Niedergang des subsaharischen Afrika. Weniger bekannt ist der steile Abstieg der arabischen Welt, dessen dramatische Ausmaße kürzlich im UN-Weltentwicklungsbericht 2002 dargestellt wurden. So ist etwa das Pro-Kopf-Einkommen in der arabischen Welt in den letzten zwanzig Jahren beständig zurückgegangen und liegt heute nur knapp über dem Niveau des subsaharischen Afrika. Selbst in Saudi-Arabien beispielsweise ist das Bruttoinlandsprodukt von 24 000 Dollar pro Kopf in den späten siebziger Jahren auf 7 000 Dollar zu Beginn dieses Jahrhunderts gesunken.

Die Gründe für diesen Niedergang sind vielschichtig. Den Kontext bilden die grundlegenden Umstrukturierungen, von denen oben die Rede war – Umstrukturierungen, die mysteriös erscheinen und einen relativen Abstieg der arabischen Welt zur Folge hatten. Dieser Niedergang hat den arabischen Nationalismus und die mit ihm verbundenen autoritären staatlichen Strukturen untergraben, die sich als unfähig erwiesen, sich den globalen Transformationen anzupassen. Gleichzeitig waren fortschrittliche politische und soziale Bewegungen gegen den Status Quo im Nahen Osten aus einer Reihe von Gründen außerordentlich schwach oder wurden, wie im Irak, unterdrückt. Das Versagen arabisch-nationalistischer wie vermeintlich traditionell-monarchistischer Regime, die beide fortschrittliche Oppositionsbewegungen unterdrückt haben, hatte ein Vakuum zur Folge. Islamistische Bewegungen, die vorgeben, den von den Menschen erfahrenen Niedergang zu erklären, haben dieses Vakuum gefüllt.

Verstärkt wurde diese ideologische, reaktionäre Verarbeitungsweise der Krise der gesamten Region durch das Ausmaß, in dem arabische Regime den palästinensischen Kampf für nationale Selbstbestimmung seit Jahrzehnten als Blitzableiter funktionalisiert haben, um die verbreitete Wut und Unzufriedenheit von den gesellschaftlichen Problemen vor Ort abzulenken. (Noch einmal, um unnötige Mißverständnisse zu vermeiden: Die Feststellung, daß palästinensische Kämpfe funktionalisiert werden, bedeutet nicht per se, diese Kämpfe zu diskreditieren.) Allerdings hat die Tendenz, das Elend der arabischen Massen auf bösartige fremde Mächte zurückzuführen, mit dem jüngeren Abstieg der arabischen Welt stark zugenommen. Der ideologischen Rahmen, der zur Interpretation dieses Abstiegs bereit stand, wurde von Ideologen wie Sayyed Qutb von der Ägyptischen Bruderschaft formuliert, der die kapitalistische Moderne als Verschwörung von Juden (Freud, Marx, Durkheim) zur Zersetzung 'gesunder' Gesellschaften ablehnte. Israel stellte in seiner antisemitischen Vorstellungswelt lediglich den Brückenkopf einer weitaus mächtigeren, bösartigen Weltverschwörung dar. Diese Art von Ideologie wurde in den dreißiger und vierziger Jahren von der Nazi-Propaganda im Nahen Osten gefördert und erhielt nach dem Sechs-Tage-Krieg 1967 einen neuen Schub durch die während des Kalten Krieges ausgebildete Ideologie der Sowjetunion, in deren Kritik an Israel nun antisemitische Motive Einzug erhielten.

Ich plädiere also mit anderen Worten dafür, die Ausbreitung des Antisemitismus und antisemitischer Formen des Islamismus (etwa die Ägyptische Muslimbrüderschaft und ihren palästinensischen Ableger, die Hamas) als Ausbreitung einer fetischisierten antikapitalistischen Ideologie zu begreifen, die von Israel und der israelischen Politik ausgelöst wird, aber auch, auf einer wesentlich grundlegenderen Ebene, vom Niedergang der arabischen Welt im Zuge der triefgreifenden strukturellen Veränderungen, die der Übergang vom Fordismus in den neoliberalen globalen Kapitalismus mit sich bringt. Das Ergebnis ist eine populistische und zutiefst reaktionäre antihegemoniale Bewegung, die nicht zuletzt für jegliche Aussicht auf eine fortschrittliche Politik in der arabischen und muslimischen Welt eine Gefahr darstellt.

Anstatt diese reaktionäre Form des Widerstands auf eine Weise zu analysieren, die fortschrittlicheren Formen des Widerstands Unterstützung bieten könnte, haben viele westliche Linke sie jedoch entweder ignoriert oder als zwar bedauerliche, doch verständliche Reaktion auf die israelische Politik im Gazastreifen und der West-Bank rationalisiert. Diese apologetische Einstellung weiter Teile der amerikanischen und europäischen Linken hängt eng mit der fetischistischen Identifikation der USA mit dem globalen Kapital zusammen. Diese Tendenz, das Abstrakte (die Herrschaft des Kapitals) als etwas Konkretes (amerikanische Hegemonie) zu fassen, ist meines Erachtens Ausdruck fundamentaler Hilflosigkeit auf begrifflicher wie politischer Ebene.

Lassen Sie mich dies anhand der weltweiten Massenmobilisierungen gegen den Krieg der USA im Irak ausführen und dabei auf einige Fragen politischer Gewalt eingehen. Auf den ersten Blick erscheinen diese Mobilisierungen als Neuauflage der breiten Antikriegsbewegung der sechziger Jahre. Dagegen möchte ich zeigen, daß es einige grundlegende Unterschiede gibt, die zudem die gegenwärtige Sackgasse der Linken erhellen könnten.

Die Antikriegsbewegungen in den sechziger Jahren wurden von Leuten angeführt, die sich bewußt waren, daß sie mit ihrer Opposition gegen den Krieg der USA die vietnamesischen Kommunisten unterstützten, die als Vertreter einer positiven gesellschaftlichen und politischen Veränderung galten. Ebenso verhielt es sich mit den Bewegungen gegen die US-Politik gegenüber dem kubanischen Regime, der sozialistischen Regierung Chiles in den frühen siebziger Jahren, den Sandinisten in Nicaragua in den achtziger Jahren und dem ANC in Südafrika. In jeder dieser Auseinandersetzungen galten die USA als politische Kraft, die einer positiven Veränderung entgegenstand. Entsprechend wurde der Widerstand gegen die USA als Unterstützung fortschrittlicher Alternativen verstanden. Ob man diese Bewertung der Konfliktparteien teilt, ist in diesem Zusammenhang unerheblich. Kaum jemand war so unredlich, die Opposition gegen die USA nicht als faktische Unterstützung ihrer Gegner zu begreifen. Eine Antikriegsbewegung kann nur dann von sich behaupten, keine Unterstützung der Gegenseite darzustellen, wenn sie sich gegen beide Seiten richtet (wie es etwa die Zweite Internationale am Vorabend des Ersten Weltkrieges versuchte).

Die jüngste Massenmobilisierung gegen den Krieg scheint auf den ersten Blick nicht anders zu sein. Bei näherer Betrachtung ergeben sich jedoch große politische Unterschiede. Der jüngste Widerstand gegen die USA wurde nicht im Namen einer fortschrittlichen Alternative geleistet. Im Gegenteil verteidigte er de facto ein Regime, das in keinster Weise als progressiv oder potentiell progressiv gelten kann – ein Regime, das weitaus repressiver und brutaler war als beispielsweise die mörderischen Militärregime in Brasilien, Chile und Argentinien in den siebziger und achtziger Jahren.

Damit soll keineswegs gesagt werden, Anhänger fortschrittlicher Veränderung hätten die Bush-Administration und ihren Krieg unterstützen sollen. Allerdings waren die jüngeren Massenmobilisierungen kein Ausdruck einer Bewegung – oder ein Beitrag zu ihrer Entstehung –, die gleichzeitig gegen den Krieg der USA und für eine grundlegende Veränderung im Irak und darüber hinaus im Nahen Osten eingetreten wäre. In den USA wurde kaum politische Aufklärung geleistet, die über die kruden Slogans der Bewegung hinausgegangen wäre. In diesem Zusammenhang ist es bezeichnend, daß auf keiner der Massendemonstrationen fortschrittliche Oppositionelle aus dem Irak gesprochen haben, die eine genauere und kritische Perspektive auf den Nahen Osten bieten können. Darin liegt meines Erachtens ein politisches Versagen der Linken.

Eine Ironie der gegenwärtigen Situation besteht darin, daß die Linke durch ihre fetischisierte 'antiimperialistische' Position, deren Opposition gegen die USA nichts mehr mit der Befürwortung fortschrittlicher Veränderung zu tun hat, es der neokonservativen Rechten in der Bush-Administration erlaubt hat, die einstige Sprache der Linken zu übernehmen und sogar zu monopolisieren, die Sprache von Demokratie und Befreiung. Natürlich ließe sich argumentieren, daß die Bush-Regierung vom demokratischen Wandel im Nahen Osten spricht, diesen Wandel aber niemals bewerkstelligen wird. Doch hat allein die Bush-Administration dieses Thema überhaupt auf die Tagesordnung gesetzt und damit ein grelles Licht auf die Tatsache geworfen, daß die Linke es nicht getan hat.

Während noch vor einer Generation die Opposition gegen die amerikanische Politik ganz bewußt mit der Unterstützung von Befreiungskämpfen einherging, wird diese Opposition heute für per se antihegemonial gehalten. Der Kalte Krieg scheint die Tatsache aus dem Gedächtnis getilgt zu haben, daß der Widerstand gegen eine imperiale Macht nicht notwendigerweise fortschrittlich sein muß, daß es auch faschistische 'Antiimperialismen' gegeben hat. Diese Unterscheidung wurde während des Kalten Krieges unter anderem dadurch verwischt, daß die UdSSR Bündnisse mit autoritären Regimes einging, die mehr mit Faschismus als mit Kommunismus gemein hatten und sogar die Linke in ihren Ländern liquidierten, etwa im Irak. Antiamerikanismus wurde per se zu einem progressiven Code, obwohl es zutiefst reaktionäre ebenso wie progressive Formen von Antiamerikanismus gegeben hat.

Wieso hat sich die Linke – auch die Teile, die kein affirmatives Verhältnis zur Sowjetunion hatten – in diese Richtung bewegt? Wie konnten sich so viele Progressive in eine Ecke zurückziehen, in der ausschließlich die US-Politik als das entscheidende Thema gilt, ganz gleich auf wessen Verteidigung eine solche Position de facto hinauslaufen würde?

Ich möchte eine Auseinandersetzung mit diesem Problem beginnen, indem ich mich der Frage der politischen Gewalt zuwende. Die Kritiker der heftigen Welle von Wut und Nationalismus, die Amerika nach dem 11. September ergriff, haben häufig auf die verbreitete Wut auf die USA verwiesen, vor allem in arabischen und muslimischen Ländern. Meistens klammerte diese Position jedoch die Frage aus, welche Art von Politik sich im 11. September ausdrückte. Ein solcher Anschlag wurde bezeichnenderweise nicht vor zwanzig oder dreißig Jahren von Gruppen ausgeführt, die allen Grund hatten, auf die USA wütend zu sein – die vietnamesischen Kommunisten zum Beispiel oder die chilenische Linke. Es ist wichtig, das Ausbleiben eines solchen Anschlags nicht als Zufall zu begreifen, sondern als Ausdruck eines politischen Prinzips. Tatsächlich lag ein Anschlag auf Zivilisten jenseits des politischen Horizonts dieser Gruppen.

Die Kategorie der Wut ist unzureichend, um die Gewalt des 11. September zu verstehen. Die Formen von Gewalt müssen politisch interpretiert und nicht gerechtfertig werden. Zum Beispiel wurde Mitte der achtziger Jahre Druck auf das Zentralkomitee des ANC ausgeübt, eine Terrorkampagne gegen südafrikanische weiße Zivilisten zu starten. Hinter solchen Forderungen stand neben Rachebedürfnissen auch die Überzeugung, die weißen Südafrikaner wären erst dann zur Abschaffung der Apartheid bereit, wenn sie genauso leiden würden wie die schwarzen Südafrikaner. Das Zentralkomitee des ANC verweigerte solchen Forderungen jegliche Unterstützung, nicht nur aus taktischen oder strategischen Gründen, sondern auch aufgrund politischer Prinzipien. Das Argument lautete, daß Emanzipationsbewegungen nicht die Zivilbevölkerung zum Angriffsziel erklären.

Ein grundlegender Unterschied zwischen Bewegungen besteht meines Erachtens darin, ob sie willkürliche Angriffe auf Zivilisten ablehnen (wie Viet Minh, Vietcong und ANC) oder nicht (wie die IRA, Al Qaida oder die Hamas). Dieser Unterschied ist kein taktischer, sondern ein hochgradig politischer; die Form der Gewalt und die Form der Politik stehen in einem Verhältnis zueinander. Zwischen sozialen Bewegungen für eine grundlegende gesellschaftliche Veränderung und Formen der Gewalt, die zwischen militärischen und zivilen Zielen unterscheiden – wie etwa die vietnamesische FNL und der ANC – besteht ein innerer Zusammenhang. Umgekehrt bedeutet dies, daß es Bewegungen, die hauptsächlich Zivilisten angreifen, nicht in erster Linie um gesellschaftliche Veränderung geht, wie radikal sie auch erscheinen mögen. Es ließe sich über solche Bewegungen einiges mehr anmerken, doch in der Hauptsache geht es hier um die gegenwärtige Opposition in den Metropolen und ihre Schwierigkeiten, zwischen diesen grundverschiedenen Formen von 'Widerstand' zu unterscheiden.

Die Anschläge vom 11. September 2001 stellen einige Vorstellungen von Gewalt, die in Teilen der Neuen Linken in den späten sechziger und frühen siebziger Jahren Verbreitung gefunden haben, ebenso grundsätzlich in Frage, wie der August 1968 und schließlich 1989 die Hegemonie des Leninismus in Frage stellten und das Ende einer Entwicklung markierten, die 1917 ihren Anfang genommen hatte.

Im Rückblick läßt sich in den späten sechziger und frühen siebziger Jahren eine bedeutende politische Verschiebung ausmachen, als die damalige Neue Linke sich von einer lockeren Bewegung, die für gewaltfreien Widerstand und gesellschaftliche Veränderung eintrat, hin zu einer zersplitterten militanten Bewegung entwickelte. Einige dieser Splittergruppen fingen an, den bewaffneten Kampf zu verherrlichen oder sogar selbst Gewalt auszuüben. Im Zusammenhang damit nahm die Unterstützung für Gruppen wie die provisorische IRA und die PFLP zu, die wenig mit den sozialistischen und kommunistischen Bewegungen gemeinsam hatten, von denen die Linke früher geprägt war. In zunehmendem Maße wurde eine Form der Gewalt in den Metropolen propagiert und international unterstützt, die sich grundlegend von jener unterscheidet, die im 20. Jahrhundert in der Linken hegemonial war.

Gewalt wurde nun auf eine Weise bestimmt, die starke Überschneidungen mit Georges Sorels Gewaltbegriff aus dem frühen 20. Jahrhundert aufweist. Seine Abhandlung *Über die Gewalt* (1908) stellt Gewalt als reinigenden Akt der Selbsterschaffung gegen die Dekadenz der bürgerlichen Gesellschaft dar. Eine ähnliche Vorstellung von der Gewalt als erlösendem Akt der Regeneration, in dem sich politisch das Diktat des reinen Willens ausdrückt, war bekanntlich für die faschistischen und nazistischen Konzepte der Neuen Ordnung und des Neuen Menschen von zentraler Bedeutung.

Nach dem Zweiten Weltkrieg übernahmen einige Linke diese Haltungen, in einigen Fällen vermittelt durch den Existentialismus. Diese Entwicklung vollzog sich vor allem in den späten fünfziger und sechziger Jahren, als sich die Gesellschaftskritik zunehmend auf die technokratischen und bürokratischen Formen von Herrschaft konzentrierte und die Sowjetunion immer stärker als Bestandteil der herrschenden instrumentellen Rationalität gesehen wurde. In diesem Kontext wurde Gewalt als nicht-verdinglichte, reinigende Kraft verstanden, die in Gestalt der Kolonisierten von außen die Fundamente der bestehenden Ordnung angreift.

Hannah Arendt hat eine aufschlußreiche Kritik an den Vorstellungen von Gewalt geleistet, die sich in den Werken von Sorel, Pareto und Frantz Fanon finden. Zu unterscheiden ist ihr zufolge zwischen Positionen wie denen von Sorel und Fanon, die aus einem tiefen Haß auf die bürgerliche Gesellschaft Gewalt als per se emanzipatorisch verherrlichen, und linken Denkern, die aus dem Verlangen nach einer gerechten Gesellschaft auf das Mittel der Gewalt zurückgreifen. Im Sinne Arendts möchte ich kurz darstellen, warum die Verherrlichung der Gewalt nach Art eines Sorel in den späten sechziger Jahren wiederkehrte.

Die späten sechziger Jahre waren ein entscheidender historischer Moment, in dem die Gegenwart in ihrer scheinbaren Unausweichlichkeit grundlegend in Frage gestellt wurde. Im Rückblick zeigt sich, daß in diesem Moment der staatszentierte Fordismus und sein etatistisches 'realsozialistisches' Pendant an ihre historischen Grenzen stießen. Die Versuche, über diese Grenzen hinauszugelangen, erwiesen sich jedoch als ausgesprochen erfolglos, selbst auf der theoretischen Ebene. Die Auflösung der fordistischen Synthese beflügelte utopische Hoffnungen, doch gleichzeitig wurde das Angriffsziel gesellschaftlicher, politischer und kultureller Unzufriedenheit in unerträglichem Ausmaße unbestimmbar, gerade weil es nun überall zu sein schien. Das Bedürfnis nach Veränderung war vorhanden, der Weg dorthin jedoch höchst ungewiß.

Studenten und Jugendliche wandten sich in dieser Zeit weniger gegen Ausbeutung als gegen Bürokratisierung und Entfremdung. Die klassischen Arbeiterbewegungen schienen nicht nur unfähig, die brennenden Fragen vieler junger Radikaler aufzugreifen, sondern – ebenso wie die 'realsozialistischen' Regime – zutiefst in das verstrickt zu sein, wogegen Studenten und Jugendliche rebellierten.

Angesichts dieser neuen historischen Situation, dieser politischen *terra incognita*, wandten sich viele oppositionelle Bewegungen dem Konkreten und Partikularistischen zu. Beispiele dafür sind konkretistische Formen des Antiimperialismus oder der zunehmende Fokus von Linken, die Kontakte zu osteuropäischen Dissidenten unterhielten, auf konkrete Herrschaftsformen im kommunistischen Ostblock. So unterschiedlich diese Strömungen damals erschienen sein mögen, verdeckten beide das Wesen abstrakter Herrschaft just als das Regime des Kapitals dabei war, noch abstrakter zu werden.

Die Hinwendung zur Sorelschen Gewalt war ein Moment dieser Wende zum Konkreten. Die Gewalt, oder die Idee der Gewalt, schien den Strukturen von Bürokratisierung und Entfremdung zuwider zu laufen. Im Angesicht von Entfremdung und bürokratischer Erstarrung hielt man Gewalt für schöpferisch und die militante Aktion per se für revolutionär. Obwohl Gewalt dabei mit politischem Willen assoziiert wurde, würde ich mit Arendt argumentieren, daß die Verherrlichung der Gewalt in den späten sechziger Jahren sich gerade aus einer starken Frustration über die eingeschränkte Handlungsfähigkeit in der modernen Welt speiste. In einer historischen Situation gesteigerter Ohnmacht drückte Gewalt die Wut über die Ohnmacht aus und förderte gleichzeitig die Verdrängung dieser Ohnmachtsgefühle. Sie wurde nicht mehr als Mittel der Veränderung verstanden, sondern als Akt der Selbstkonstitution als Außenstehender, als Anderer. Die Idee grundlegender Veränderung wurde ausgeklammert und durch die ambivalenteren Vorstellungen von Widerstand und widerständischem Subjekt ersetzt.

Die Kategorie des Widerstands besagt jedoch wenig über die bestimmten Formen von Kritik, Rebellion und 'Revolution'. Widerstand ist eine undialektische Kategorie, mit der sich keine Dynamik – und somit keine dialektische Wirklichkeit – fassen läßt und die mit einer Vorstellung von Gewalt zusammenhängt, die wichtige Unterscheidungen zwischen politisch vollkommen verschiedenen Formen von Gewalt verwischt.

Bei der beschriebenen Wende zum Konkreten im Angesicht abstrakter Herrschaft handelt es sich selbstverständlich um eine Form der Verdinglichung. Zwei der verschiedenen Spielarten dieser Verdinglichung, die in den letzten 150 Jahren eine beachtliche Kraft entwickelt haben, sind die Identifikation des globalen Kapitals mit der britischen und später amerikanischen Hegemonie und seine Personifizierung in den Juden. Diese Wende zum Konkreten hat, zusammen mit einer stark von den Dualismen des Kalten Krieges geprägten Weltsicht (selbst unter Linken, die der Sowjetunion kritisch gegenüber standen), zur Konstitution eines Bezugsrahmens beigetragen, in dem sich auch die jüngeren Massenmobilisierungen gegen den Krieg bewegt haben. Innerhalb dieses Bezugsrahmens verweist der Widerstand gegen eine Weltmacht nicht einmal implizit auf den Wunsch nach emanzipatorischer Veränderung, erst recht nicht im Nahen Osten. Dieses verdinglichte Verständnis endet schließlich in der stillschweigenden Unterstützung von Bewegungen und Regimes, die weitaus mehr mit früheren reaktionären und selbst faschistischen Formen von Rebellion gemein haben als mit irgend etwas, das man fortschrittlich nennen könnte.

Ich habe eine Sackgasse der heutigen Linken beschrieben und versucht, sie zu einer Form verdinglichten Denkens und Empfindens ins Verhältnis zu setzen, in der sich der beginnende Zerfall der fordistischen Synthese in den späten sechziger und frühen siebziger Jahren ausdrückte. Meiner Ansicht nach zeugt diese Sackgasse von einer Krise der Linken, die vielschichtige Gründe hat – die Erkenntnis, daß die industrielle Arbeiterklasse kein revolutionäres Subjekt ist oder sein wird, das Ende der staatszentrierten Ordnung, mit der der Staat nicht länger entscheidender Adressat gesellschaftlicher Veränderung ist, und der Übergang von einer internationalen in eine supranationale Weltordnung. Diese Verdinglichung hat einen weiteren Aspekt, den ich kurz skizzieren möchte. Selbstverständlich wurde der neoliberale globale Kapitalismus von mehreren aufeinanderfolgenden amerikanischen Regierungen vorangetrieben. Die neoliberale Weltordnung gänzlich mit den USA in eins zu setzen, wäre jedoch in politischer wie theoretischer Hinsicht ein Fehler. Im späten 19. und frühen 20. Jahrhundert forderte eine wachsende Zahl von Nationalstaaten, vor allem Deutschland, die hegemoniale Rolle Großbritanniens und der liberalen Weltordnung heraus. Diese Rivalitäten, die in zwei Weltkriegen kulminierten, bezeichnete man damals als imperialistische Rivalitäten. Möglicherweise erleben wir heute die Anfänge einer Rückkehr zu einer Ära imperialistischer Rivalität auf einer neuen und erweiterten Stufe. Einer der entstehenden Spannungsherde ist das Verhältnis zwischen den atlantischen Mächten und einem um die französisch-deutsche Allianz gruppierten Europa.

Der Krieg im Irak kann teilweise als Eröffnungssalve in dieser Rivalität gesehen werden. Während die Deutschen vor einem Jahrhundert das britische Empire mit der Berlin-Bagdad-Bahn herausfordern wollten, war das irakische Baath-Regime zuletzt auf dem Weg, ein *client state* der deutsch-französischen Achse zu werden. Es ist bezeichnend, daß Saddam Husseins Irak seit 2000 als erster Staat den Verkauf von Öl nicht mehr in Dollar, sondern in Euro abwickelte. Dieser Schritt war natürlich eine Herausforderung an die Stellung des Dollars als weltweite Leitwährung. Die Frage ist nicht, ob der Euro-Block eine progressive oder regressive Alternative zu den USA darstellt. Vielmehr geht es darum, daß diese Maßnahme (und die amerikanische Reaktion darauf) den Auftakt zu einer innerkapitalistischen Rivalität im globalen Maßstab darstellt. Gegenwärtig verändert sich die Bedeutung 'Europas'. Es wird nun als möglicher Gegenhegemon zu den USA konstruiert.

Was immer man gegen die gegenwärtige amerikanische Administration einwenden mag – und es lassen sich bei einer ganzen Bandbreite von Fragen schwerwiegende Einwände gegen sie formulieren –, die Linke sollte äußerst vorsichtig sein, nicht unfreiwillig zum Strohmann eines rivalisierenden potentiellen Gegenhegemons zu werden. Am Vorabend des Ersten Weltkrieges schien es dem deutschen Generalstab richtig zu sein, nicht nur gegen Frankreich und England Krieg zu führen, sondern auch gegen Rußland. Weil Rußland die reaktionärste und autokratischste europäische Großmacht sei, könne man den Krieg als einen der mitteleuropäischen Kultur gegen die finstere Barbarei Rußlands darstellen und ihm auf diesem Wege die sozialdemokratische Unterstützung sichern. Diese politische Strategie ging auf – und endete in einer Katastrophe. Wir sind weit entfernt von einer Vorkriegssituation. Dennoch sollte die Linke nicht den gleichen Fehler begehen, einen aufsteigenden Gegenhegemon zu unterstützen, um die Zivilisation gegen ihre Bedrohung durch eine reaktionäre Macht zu verteidigen.

Es ist sicherlich nicht einfach, das globale Kapital zu begreifen und ihm entgegenzutreten – in jedem Fall ist es von entscheidender Bedeutung, einen Internationalismus wiederherzustellen und neu zu formulieren, der ohne jeden Dualismus auskommt. Wer am verdinglichten Dualismus des Kalten Krieges festhält, läuft Gefahr, eine Politik zu treiben, die vom Standpunkt menschlicher Emanzipation, vom Standpunkt des 'Kommunismus' aus, bestenfalls fragwürdig wäre, wie viele Menschen sie auch ansprechen mag.

2003
Übersetzt von Felix Kurz

Nachweise

Stammheim und Tel Zaatar: Versuch über Moral und Politik (unter dem Pseudonym: M. Lubetsky); in: Autonomie. Materialien gegen die Fabrikgesellschaft (Frankfurt), H. 10, 1977/78, S. 91-100.

Thesen zu Fassbinder, Antisemitismus und Deutschland. Ein Frankfurter Herbst; Rede, gehalten auf einer Veranstaltung in Boston über die Vorgänge in Deutschland im Jahr 1985, zuerst in: Radical America 19 (1985) S. 24-33. Übersetzt von Ingwer Schwensen.

Bitburg. 5.Mai 1985 und danach. Brief an die westdeutsche Linke; in: Bahamas Nr. 10 (1993), S. 26-28. Zuerst in: Radical America 19 (1985), (gekürzt) auf deutsch in: Pflasterstrand 211, 1985. Übersetzt von Matthias Küntzel und Ingwer Schwensen.

Nach dem Holocaust: Geschichte und Identität in Westdeutschland; zuerst in: Dürr, Volker/Harms, Kathy/Reuter, Lutz R. (Hrsg.): Coping with the Past. Germany and Austria after 1945, Madison 1990, S. 233-25. Übersetzt von Christine Achinger und Fred Kiefer.

„Die deutsche Linke muß anerkennen, nunmehr Opposition in einer Großmacht zu sein." Interview mit Moishe Postone; zuerst in: Arbeiterkampf (Hamburg) Nr. 122 (1992), S. 4-5. Das Gespräch führten Matthias Küntzel, Clemens Nachtmann und Jutta Willutzki.

Das Ende der Nachkriegszeit und die Wiederkehr der Vergangenheit. Ein Kommentar; zuerst in: Y. Michal Bodeman (Hrsg.), Jews, Germans, Memory. Reconstructions of Jewish Life in Germany, Michigan 1996, S. 273-279. Übersetzt von Ralf Schweimeier.

Kritische Theorie und die Problematik der Geschichte des 20. Jahrhunderts; zuerst in: Perspektiven. Internationale Studentenzeitung 36 (2000), S. 27-30. Dort auch auf Amerikanisch. In anderer Übersetzung auch in: Das Argument. Zeitschrift für Philosophie und Sozialwissenschaften Nr. 231 (1999).

Der Holocaust und der Verlauf des 20. Jahrhunderts; Vortrag, auszugsweise gehalten auf einer Veranstaltung der *initiative kritische geschichtspolitik* in der Humboldt-Universität Berlin im Sommer 2000. Auf Amerikanisch: *The Holocaust and the Trajectory of the Twentieth Century*, in: Moishe Postone/Eric Santer (Hrsg.): Catastrophe and Meaning: The Holocaust and the Twentieth Century, Chicago: University of Chicago Press 2003. Übersetzt von Felix Kurz.

Antisemitismus und Nationalsozialismus erschien zuvor in verschiedenen Versionen:
I.) *Anti-Semitism and National Socialism: notes on the German reaction to 'Holocaust'*, New German Critique 19 (1980) S. 97-115.
II.) Übersetzung von I): *Antisemitismus und Nationalsozialismus*, zuerst in: Diskus. Frankfurter Studentenzeitung, H. 3/4 (1979), S. 37-47; dann: Autonomie Nr. 14 (1979), S. 58-67; gekürzt auch in: Redaktion diskus (Hrsg.): Küß den Boden der Freiheit. Texte der Neuen Linken, Berlin/Amsterdam (ID-Archiv), S. 425-437. Übersetzung: Renate Schumacher.
III.) Gekürzte und überarbeitete Fassung von I): *Anti-Semitism and National Socialism*, in: Rabinbach, Anson/Zipes, Jack (Hrsg.): Germans and Jews since the Holocaust. The Changing Situation in West Germany, New York/London: Holmes & Meier 1986, S. 302-314.
IV.) Gekürzte und überarbeitete Fassung von II.) unter Berücksichtigung von III.): *Die Logik des Antisemitismus*, zuerst in: Merkur. Deutsche Zeitschrift für europäisches Denken, Januar 1982; dann: *Antisemitismus und Nationalsozialismus. Ein theoretischer Versuch*, in: Dan Diner (Hrsg.): Zivilisationsbruch. Denken nach Auschwitz. Frankfurt am Main: Fischer 1988; S. 242-254; dann in: Kritik & Krise. Materialien gegen Ökonomie und Politik H. 4/5 (1991), S. 6-10; weiter in: Michael Werz (Hrsg.): Antisemitismus und Gesellschaft. Zur Diskussion um Auschwitz, Kulturindustrie und Gewalt. Frankfurt am Main: Neue Kritik 1995; Übersetzung: Renate Schumacher und Dan Diner.
Die hier gedruckte Version ist eine Zusammenstellung der Übersetzungen II.) und IV.) unter Berücksichtigung von I.) und III.). Es wurde versucht, den Aufsatz mit allen veröffentlichten Teilen, soweit es keine unnötigen Wiederholungen einschloß, möglichst komplett zusammen-

zufügen. Die Übersetzungen wurden überarbeitet und wo nötig ergänzt. Zusammenstellung und Bearbeitung: J. Olaf Kleist.

Geschichte und Hilflosigkeit. Massenmobilisierung und aktuelle Formen des Antikapitalismus; Vortrag, gehalten auf dem Kongreß *Indeterminate Kommunismus* im November 2003 in Frankfurt. Erstveröffentlichung. Übersetzt von Felix Kurz.

ça ira

Arbeitskreis Kritik des deutschen Antisemitismus

Antisemitismus – die deutsche Normalität

Geschichte und Wirkungsweise des Vernichtungswahns

„Die konkrete deutsche Tat Auschwitz ist in ihrer Singularität zu begreifen, ohne das Band zur bürgerlichen Kälte und zur Totalität spätkapitalistischer Vergesellschaftungsformen ganz zu zerschneiden." *Aus dem Inhalt:* Verleugnete Kontinuität – Zur Geschichte des Antisemitismus • Reflexionen zu Auschwitz • Das Fortleben des Antisemitismus in der postfaschistischen Demokratie

ISBN 3-924627-69-X • 14,00 € • 289 S.

Léon Poliakov

Vom Antizionismus zum Antisemitismus

Dieses Pamphlet Léon Poliakovs, des Autors der achtbändigen „Geschichte des Antisemitismus", beschreibt die Karriere des Antizionismus seit Lenin. Was zu Beginn als Kritik des jüdischen Nationalismus auftrat, verwandelte der stalinsche „Sozialismus in einem Land" nach und nach zum Tarnwort des sowjetischen Antisemitismus. Poliakov denunziert die Feindschaft gegen Israel als – gerade unter den Linken – moderne Form des Antisemitismus.

ISBN 3-924627-31-2 • 9,00 € • 159 S.

Ulrich Enderwitz

Antisemitismus und Volksstaat

Zur Pathologie kapitalistischer Krisenbewältigung

Zweite, um einen Anhang erweiterte und vom Autor mit einem Vorwort versehene Auflage

Aus dem Inhalt: Feudalismus und Markt: Die Anfänge der Lohnarbeit • Wertbildung als Wucher: Der Burgjude • Absolutismus und Manufaktur: Der Hofjude • Industriekapital und starker Staat: Die politische Entmachtung des Bürgertums • Antisemitismus als Staatsräson • Volksgemeinschaft und innerer Feind: Die „Reichskristallnacht" • Ideologie als Wahn: Die jüdische Weltverschwörung • Anhang: Der revolutionäre Staat - Das Paradox der bürgerlichen Gesellschaft

ISBN 3-924627-28-2 • 12,00 € • 203 S.

Initiative Sozialistisches Forum

Furchtbare Antisemiten, ehrbare Antizionisten

Über Israel und die linksdeutsche Ideologie

Zweite, erweiterte und korrigierte Auflage

Hundert Jahre nach Theodor Herzl und dem Basler Zionistenkongreß ist Israel zur liebsten Projektionsfläche der deutschen Ideologie geworden. Staatstragende Philosemiten wie oppositionelle Antizionisten behaupten unisono, dieser Staat sei etwas Besonderes, Einzigartiges, Außergewöhnliches. Das Besondere an Israel aber ist nur die Kehrseite der Massenvernichtung, aus der niemand, weder die Philosemiten noch die Antizionisten, die Konsequenz zu ziehen bereit ist. Es ist diese kollektive Verdrängung, die in den Projektionen ausagiert wird – nicht zuletzt von links.

ISBN 3-924627-08-8 • 13,50 € • ca. 200 S.

ça ira-Verlag
postfach 273
79002 freiburg

tel.: 0761/285 95 06
fax: 0761/37 949
info@ca-ira.net
www.ca-ira.net